ハイデガーの超政治

ナチズムとの対決／存在・技術・国家への問い

轟 孝夫

HM

Heideggers Metapolitik

明石書店

装幀・北尾崇（HON DESIGN）

ハイデガーの超‐政治——ナチズムとの対決／存在・技術・国家への問い　目次

序論

存在の問いの政治性 10
ハイデガー・ナチズム論の不毛 12
ナチス加担の隠蔽？ 17
近代批判の批判 20
存在の問いの基本構造――存在と存在者の区別 24
存在の意味としての時間 26
存在生起の場としての現存在 29
本書の構成 32

凡例 41

第一章　学長期の立場

第一節　「黒ノート」における超政治 46
ナチズム運動への期待 46
民族の結集に向けて 49
形而上学としての超政治 54

存在者全体を主題化する形而上学　57
ピュシスへの還帰としての超政治　59
「政治的なもの」の所在　63
第二節　学長就任演説「ドイツ大学の自己主張」　67
学問の必然性　67
ギリシア的原初への回帰　70
民族の精神的世界　74
ドイツ学生団への呼びかけ　77
学生団に課された三つの奉仕――労働奉仕、国防奉仕、知の奉仕　79
知の奉仕の強調　81
闘争共同体としての大学　84
プラトンの影　87
第三節　学長期の労働論　91
存在者全体との対決としての労働　91
労働と知　96
気遣いとしての労働　98
労働と国家　101

第四節　学長としての実践とその挫折　104
ドイツ学生団に対する失望　104
学長辞任　108
シュタウディンガー事件　112
バウムガルテン所見の「反ユダヤ主義」　117
シュタウディンガーの体制順応　121
バウムガルテンの出世　124

第二章　ナチズムとの対決

第一節　ナチ・イデオロギー批判　142
加担から批判へ　142
政治的学問の退行性　144
自由主義的学問と民族的学問の相互依存　148
人種主義批判としての身体論　153
第二節　「黒ノート」における「反ユダヤ主義的」覚書　158
ハイデガーは反ユダヤ主義者か？　158
「ユダヤ的なもの」としてのナチズム　160

ユダヤ的なものの自己無化 166
世界ユダヤ人組織の位置づけ 169
作為性の起源としてのユダヤ的なもの 175
場所から自由なユダヤ教 178
命令する神に基づいた帝国的な支配 181
全体主義の起源としての一神教 187
ユダヤ人をめぐる超政治 189

第三章 技術と国家

第一節 技術と総動員 200
技術論の生成 200
「前に－立てること」としての技術 203
技術的対象化の二つの領域：自然と歴史 205
人間は技術を支配できるか？ 208

第二節 近代国家に対する批判 213
近代国家の本質としての主体性 213
力としての国家 216

主体性の帰結としての戦争の常態化 218
コミュニズムによる人間の均質化 222
近代国家の形而上学的本質としてのコミュニズム 226
民主主義の仮象 229

第四章 「戦後」の思索

第一節 ハイデガーの非ナチ化 236

「戦後」に対する懐疑 236
戦争終結時の苦境 238
政治浄化委員会の審査 240
ハイデガー批判派の巻き返し 242
免職か、定年退官か？ 246
戦後社会との相克 250

第二節 悪についての省察 254

戦争の終わりは悪の終わりか？ 254
悪の道徳的表象に対する批判 256
悪質なものの本質 258

意志への意志としての悪 261
「戦後」に対するスタンス 265
自身の「誤り」についての反省 269
第三節　戦後の技術論 277
挑発としての技術的開示 277
駆り立て－組織 283
技術の本質としてのサイバネティックス 287
サイバネティックスと人間科学 291
技術と民主主義 295
ハイデガー技術論に対する批判 298
駆り立て－組織の自己隠蔽に抗う超政治 302
第四節　放下の思索 306
力に基づいたナショナリズム 306
「意志しないこと」としての放下 308
ものへの放下 311
存在者に対する本来的な関わり 315
ものと四方界 317

造ることの本質 320
放下は何をもたらすのか? 324

結論

「転回」という神話 334
存在の問い固有の政治性はなぜ見落とされるのか? 338
自由主義批判の陥穽 341
没政治的ハイデガー解釈の限界 344

あとがき 352
参考文献 358
年譜 365

序論

存在の問いの政治性

本書の目標は、二〇世紀ドイツの哲学者、マルティン・ハイデガー（一八八九―一九七六）の「存在の問い」の政治的含意を明らかにすることである。このように述べると、本書はハイデガーの思索のうちのある限定された領域を取り上げるにすぎないと思われるかもしれないが、そうではない。むしろ存在の問いはそれ自身が共同体の基礎づけを目指していること、したがって存在の問いのこのような政治性の理解なしには、その問いの意義も理解できないことを示すのが本書の課題である。

このように存在の問いがある固有の政治的含意をもつということは、彼の存在の思索が同時代の政治的現象や事件に対する何らかの態度決定をはらんでいることを意味する。このことをもっとも顕著な形で示しているのが、彼のナチス加担として知られる出来事である。したがって、われわれは存在の思索の政治的含意を明らかにすることにより、彼が「ナチズム運動」に加担した思想的動機を明確に捉えることができる。

かつては、ナチス加担とはまったく無関係に彼の哲学を解釈することが当たり前だった。日本ではなおこのような研究態度が支配的だが、欧米などではさすがにそうした非政治的な解釈は通用しなくなっている。一九八七年にヴィクトル・ファリアスの『ハイデガーとナチズム』が刊行されたことをきっかけとして[1]、ハイデガーの思想とナチズムの関係をめぐる論争が起こって以来、この問題に関する無数の研究が発表された。その結果、今日ではハイデガーのナチス加担が彼の哲学と無関係だとするような議論はほとんど見られなくなった。つまりハイデガーの哲学が何らかの政治的含意をもつことについては、研究者のあいだでコンセンサスが成立したと言ってよい。

しかしハイデガーの思索の政治性を問題にする場合、多くの研究者は彼の思想のうちにナチズムと親和的な要素を見つけ出して、それで事足れりとしている。極端なものになると、ハイデガーは自身の哲学においてひそかにナチズムそのものを代弁していたのだという議論さえ存在する。つまりこれまでの研究では、彼の存在の問い固有の政治性が問題にされておらず、その結果、彼のナチス加担の思想的動機も完全に取り逃がされている。

ハイデガーはまさに存在の問いに内在する政治性に立脚してナチスに加担した。そしてナチスから離反したのちは、この存在の問いの政治性に基づいてナチズムを厳しく批判するようになる。それゆえハイデガーとナチズムの関係を的確に理解するためには、まずは存在の問いの政治的含意を捉えることが不可欠である。逆に言うと、存在の問いの政治的意義が理解できない限り、彼がナチスに加担した理由を捉えることは不可能である。

このようにわれわれがハイデガー・ナチズム問題に明快な見通しを与えられるかどうかは、存在の問いの政治性をどこまで正確に捉えられるかにかかっている。そして、すでに述べたように、ハイデガーにとって共同体の本質の解明は、彼の哲学の数ある課題のうちのひとつといったものではなく、存在の問いのもっとも根本的な動機であり、つまりそれ自身が存在の問いの遂行そのものだった。このように存在の問いの政治性が、存在の問いにとって本質的なものだとすれば、ハイデガー・

ナチズム問題の取り扱いにおいても、究極的には存在の問いの理解が問われていることになる。

以上のことをまとめると、本書の目標は（一）ハイデガーの存在の問いの政治的含意を明らかにすること、（二）それと密接に関連する問題として、ハイデガーとナチズムの関係を解明すること、すなわち彼のナチス加担の思想的動機、ならびにナチス離反後に展開されるナチズム批判の思想的眼目を明快に示すことである。存在の問いの政治性がその問いにとって本質的なものだとすれば、結局、この二点に取り組むことは存在の問いそのものの意義を解明することに帰着するだろう。

ハイデガー・ナチズム論の不毛

ハイデガーは一九二七年に刊行された『存在と時間』において、それまでの西洋哲学の二千数百年の歴史においてまったく問われなかった問い、すなわち「存在の意味への問い」を哲学の根本問題として提示した。この書物は思想界に大きな衝撃を与え、ハイデガーは一躍、時の人となったのである。一九二八年にはマールブルク大学からフライブルク大学に移り、そこで現象学の創始者で彼の師でもあったエトムント・フッサール（一八五九―一九三八）の後任として正教授に就任した。

一九三三年一月に国民社会主義ドイツ労働者党（Nationalsozialistische Deutsche Arbeiterpartei, NSDAP）が政権を獲得し、再度の総選挙を経て独裁政治の基盤を確立した。これを契機として、ドイツ社会をナチズムの世界観に沿った形で再編成することを目指す「強制的同質化（Gleichschaltung）」

の波がいよいよ大学にも押し寄せる中で、ハイデガーは同年四月にフライブルク大学の学長に選出された。彼は当初からナチスを支持する立場を明確にしており、五月にはナチ党に入党した。彼は学長として自身の学問理念に基づいた大学改革を目指していた。しかしこの改革は、彼がその推進力として期待していた学生の理解を得られず、また同僚からは強い反感を買うことになったため、早晩行き詰まり、その失敗を認識した彼は翌年四月に在任一年足らずで学長を辞任した。

二〇世紀を代表する偉大な哲学者が、世界に未曾有の惨禍をもたらしたあの野蛮なナチスをなぜ支持することができたのか。ハイデガーのナチス加担は多くの人々にとってつねに困惑の種であり続けてきた。そしてその理由をめぐって、これまで無数の解釈や憶測が提示されてきた。私のように一九八〇年代のフランス現代思想ブームの感化を受けて哲学の研究を始めた者にとっては、先ほども触れたチリ出身のヴィクトル・ファリアス『ハイデガーとナチズム』のフランスでの刊行を契機として引き起こされた、いわゆる「ハイデガー・ナチズム論争」がなお記憶に新しい。それ以来、一九九〇年代を通じて今日に至るまで、この問題に対する関心は衰えることなく、ヨーロッパやアメリカなどを中心に膨大な数の研究が間断なく発表され続けている。

ハイデガーはドイツの敗戦後、ナチス加担の責任を問われて教職禁止の処分を受けた。このように彼の学術的活動がドイツでは制限される一方で、彼の哲学はフランスにおいてまず実存主義の先駆けとして高い評価を受け、また彼の西洋形而上学に対する批判はその後に現れたポスト構造主義の哲学者にも大きな影響を与えた。ハイデガーの哲学とナチズムの深い関係を告発したファリアスの書物は、それまでナチス加担の問題にはあまり頓着しなかったフランスでの彼の思想の受容に対して一石を投じるものとなった。これに対する応答として、ジャック・デリダ（一九三〇－二〇〇四）、ジャン＝フランソワ・リオタール（一九二四－一九九八）、フィリップ・ラクー＝ラバルト（一九四〇－二〇〇七）らがハイデガーのナチズム問題に関する書物を刊行し、それらは日本でも翻訳が出版された。[2] またその後、アメリカでもこの問題に関する研究書が次々と刊行されるようになった。[3]

これら一連の研究において、さすがにハイデガーの思想はナチス加担とは関係ないと主張する論者は存在せず、この時点で彼のナチスへの協力はその哲学のうちに根拠をもつというコンセンサスが確立された。まさにこのコンセンサスに基づいて「ハイデガー・ナチズム論」という研究ジャンルが成立し、それに関する膨大な書物が生み出されることになったのである。欧米ではハイデガー研究の「政治化」が起こったと言えるだろう。[4] そうした研究の大半は、先ほども述べたように、彼の思想のうちにナチスのイデオロギーと共通する点を同定し、それを批判するといったスタンスを取っている。[5]

このようにハイデガー哲学の倫理的、政治的な弱点がことさらに意識されるとともに、その弱点を克服するものとして、一九九〇年代以降、ハンナ・アーレント（一九〇六－一九七五）の政治哲学やエマニュエル・レヴィナス（一九〇六－一九九五）の他者の倫理学が高い評価を受けるようになった。こうしたこともまた、ハイデガー研究の政治化の余波と見なすことができるだろう。

このようにハイデガーのナチス加担問題が盛んに論じられていた時期、すなわち一九九〇年代以降、それまで未公開だった彼の一九三〇年代から四〇年代前半にかけての講義、論考、覚書などがハイデガー全集の一環としてちょうど相次いで刊行され、同問題に関する資料的な条件が飛躍的に整った。かつてこの問題に関する資料は『形而上学入門』や『ニーチェ』など一九三〇年代半ばから四〇年代初頭にかけての講義をもとにした単行本、ないしはグイード・シュネーベルガーがハイデガーのナチス加担時代の新聞、雑誌記事等の公開資料を収集して自費出版した『ハイデガー拾遺』[6]など、非常に限られたものしか存在しなかった。しかし一九八九年に刊行された『哲学への寄与論稿』を嚆矢としてその後、続々と出版されたナチス時代の覚書は、彼のナチスとの思想的対決を明確に示している。また二〇〇〇年には、それまで未発表だった学長時代の演説、講演、手紙、大学の行政文書、さらには戦後の釈明などを広範に収録した『演説と生涯のその他の証』が全集第一六巻として出版された。

二〇一四年には、一九三一年から一九七五年までの覚書が書き留められた通称「黒ノート」の全集版での刊行が始まった（「黒ノート」という呼び名はハイデガー自身によるもので、ノートが黒いカバーをもつことに由来する。合計三四冊が残されており、全一〇三巻のハイデガー全集のうち九四巻から一〇三巻までがこの「黒ノート」に割り当てられている）。この「黒ノート」には前述の覚書以上にナチスに対する率直な批評が記されており、これによりナチス加担問題に関わる重要な一次資料は基本的にほぼ出揃うことになった。

さて、通常はこれだけ新しい資料が現れてくれば、ハイデガー・ナチズム問題をめぐる議論も以前よりはるかに深まることが期待されるだろう。しかし実際には、そうしたことはまったく起こっていない。多くの研究者はハイデガーとナチズムの関係について論じるとき、これまでと変わらず、おもに彼の『存在と時間』などの主要著作や講義の非政治的な解釈に基づいて確定された「ハイデガーの哲学」なるものを前提にして、それをナチズムのイデオロギーと比較し、両者の共通点を指摘するという手続きを取っている。その際、先述した新たな資料のなかで、ハイデガー自身が語っているナチズム運動に対する評価、それに加担する哲学的根拠、すでに学長在任中から見られるナチズムのある種の要素に対する批判などはほとんど顧慮されていない。ハイデガー・ナチズム論は元来、ハイデガーのナチス加担の思想的動機の解明を目指しているはずなのに、奇妙なことに彼自身がその動機として提示するものはほぼ素通りしてしまうのである。このようにここ三〇年ぐらいの資料の飛躍的な充実が、ハイデガー・ナチズム問題の解釈にはほとんど生かされていないというのが今日の研究状況である。

二〇一四年には先ほど言及した「黒ノート」と呼ばれる覚書集が刊行されたが、そこに反ユダヤ主義的と見なしうるような内容をもつ覚書が見られるということで、それがマスメディアなどでもセンセーショナルに取り上げられた。このことがハイデガーのイメージを決定的に傷つけることになった。もともとドイツではナチスの過去に対する贖罪意識もあり、彼に対する風当たりは強かったが、この「黒ノート」の騒ぎ以降、彼の哲学を何かいかがわしいものとして研究に値しないものと見なす傾向にいっそう拍車がかかってしまった。あとで見るように、「黒ノート」には「ユダヤ的なもの」に関する覚書だけでなく、ナチズムに対する数多くの批判的な言及も見出されるなど、ハイデガーとナチズムとの関係を知るうえで非常に重要な資料が含まれているにもかかわらず、こうした側面はまったく無視されたままである。こうしてハイデガーとナチズムの関係をめぐる議論はさらに単純化され、彼の哲学がナチスのイデオロギーに汚染されていたことは自明のことと見なされるようになったのである。

ナチス加担の隠蔽？

ハイデガーのナチス加担を批判する論者たちに共通するのが、彼がナチス加担の事実を隠蔽、ないしは矮小化しようとしているのではないかと疑う姿勢である。ハイデガーによる隠蔽の努力に抗して、ハイデガーとナチズムの密接な関係を示す動かぬ証拠を見つけ出すのが自分たちの仕事だというわけだ。そして彼らはハイデガーの思想からナチズム的な要素を見つけ出すことに精を出し、極端な場合は彼の思想がナチ・イデオロギーの哲学への導入そのものだと言い募るのである。こうして当代一流の哲学者が、リベラルで良識的な世界観に反する危険な思想の持ち主として断罪されることになる。

しかしハイデガーはナチス加担と自分の思想との関係については、それを隠すどころか、むしろ積極的に提示している。彼はすでに学長時代に、自分がいかなる思想的動機に基づいてナチスに関わろうとするのか明確に語っている。また戦後の釈明でも、自分がいかなる思想的根拠に基づいてナチスに加担したのかについて饒舌に説明している。このように彼は自身の哲学と政治的選択の関係を隠すどころか、両者の連関につねに注意を促しているのである。

第一章で詳しく論じるように、彼の学長としての大学行政への関与は存在の問いの根本動機、すなわちニヒリズムの克服という企図によって動機づけられている（ニヒリズムは通常、この世界や人生には意味や目的、真理は存在しないとする立場を指すが、ハイデガーはその起源を「存在忘却」のうちに見て取っている。それゆえ彼は存在を問うことをニヒリズム克服の前提条件と見なすのである）。彼はナチスがこの方向に進むことを期待し、またナチスをそうした方向に導くことを試みたのだった。やがて彼はその期待が満たされないことを認識するが、そのとき彼はナチスから離反し、ナチズムが近代文明の批判として中途半端であることを厳しく非難するようになる。つまりハイデガーのナチスへの加担とそれに対する批判はまったく同じ哲学的立場からなされているのである。

したがってハイデガーがナチスに加担している時期に、彼の思想にそれまでにはなかった何か特別な政治的急進化を見て取る議論、例えばナチズムのイデオロギーに対する一時的な同化があったとするような解釈は基本的に成り立たない。また自身のナチス加担を反省することにより彼の思索にある種の転換が起こったとする議論も同じく誤りである。というのも、ハイデガーは最初からナチスの公式教義に対しては懐疑的だったし、それを是正する努力がまったく効果を示さなかったためにナチスから離反したのであって、彼自身の立場はつねに一貫しているからである。

以上の議論を見て、私がハイデガーの言い分をあまりにも真に受けすぎているのではないかと疑念をもたれる方も多いだろう。何しろこの一件についてのハイデガーの自己弁明はすべて疑ってかからねばならないものと相場が決まっているからである。しかしそもそもハイデガーのナチス加担が彼の哲学によって動機づけられていることは、ハイデガーに批判的な論者たち自身も何とか証明しようとしていたことではなかったか。ハイデガーはそのことを否定するどころか、むしろ積極的に認めており、ナチス加担の背景にある自分の思想については、ナチスを支持している時期も、また戦後にも詳しく説明している。ところが論者はそうしたハイデガー自身の説明をまったく無視する一方で、彼のテクストからナチズム的だと見なしうる文言を摘発しては、彼がナチだと騒いでいるのである。このようなすれ違いはいったい何を意味するのだろうか。

おそらくそうした論者にとって、ナチズムのような邪悪なものにもっともな哲学的理由をもって加担することなど原理的にありえないことなのだろう。つまりナチスに関わりをもつということは、ナチスと同じイデオロギーを抱いていたからに違いない。しかしそのイデオロギーがすでに歴史的に「悪」だと断罪されている以上、自分がそれと同じ考えをもっていたことは何とか隠したいと思うはずだ、こう推論しているのだろう。こうした隠蔽に抗して、自分たちは真実を暴き出さねばならないというわけだ。こうして彼らは自分がナチズムだとイメージしているものをハイデガーのテクストから探し出す作業に没頭し、膨大な数のハイデガー・ナチズム論を生み出すことになる。

しかしこうした手続きはハイデガーの思想を一般的なナチ・イデオロギーに還元するものでしかない以上、彼がまさに哲学者として独自の哲学的信念に基づいてナチスに加担したという点がまったく見落とされることになる。つまり彼が「ナチ」だったとして、それがいかなる意味においてなのかが明らかにならないのである。いったんこの点を問題にすると、ハイデガー自身が自分のナチス加担を動機づけていたと認めている思想、つまり彼が学長として推進しようとしていた学問理念を検討しないわけにはいかなくなる。そしてこの学問理念は彼の存在の問いに基づいたものである。そうだとすると、彼のナチス加担の動機の解明はひとえに存在の問いの意義を理解できるかどうかにかかっていることになる。

今述べたように、ハイデガーのナチス加担は究極的には存在の問いによって動機づけられている。これは別の言い方をすれば、彼の存在の問いはナチスへの関与という形で示されうるようなある種の政治的含意をもつということである。つまりナチス加担の思想的動機を問うということは、こうした存在の問いの政治性をあらわにすること、結局のところは存在の問いの意義そのものを明らかにすることに帰着するのである。

近代批判の批判

これまでのハイデガー・ナチズム論に欠けているのが、彼の存在の問いに固有の政治性を解明するという基本的作業である。この作業を欠いたとき、表面上は学問的な議論を展開しているように見えても、その説得力はハイデガーがどう取り繕おうとナチはナチだという決めつけに依拠したものでしかない。つまりハイデガーはナチだから、その思想もナチ的だし、実際にそれらしい文言が彼のテクストに見出されるではないか、というわけだ。こうして既存のハイデガー・ナチズム論は存在の問いに基づいた彼の政治的スタンスの独自性を見て取ることができず、結局、彼のナチス加担の思想的動機も明らかにできないのである。

こうしたハイデガー独自の政治的立場は彼のナチスへの関与を動機づけるとともに、学長辞任後はナチズムに対する批判の根拠ともなっている。つまり彼のナチス加担は存在の問いに含意されたニヒリズム批判に基づいているが、ナチス離反後はこのニヒリズム批判がそのままナチズム批判へと転化するのである。しかし多くのハイデガー・ナチズム論は、ハイデガーの存在の問い固有の政治性を度外視するため、彼のナチスに対する根源的な批判も見て取ることができなくなってしまう。

今も述べたように、ハイデガーの存在の思索はニヒリズムの克服を目指している。彼はそうしたニヒリズムの起源を西洋形而上学のうちに見て取り、したがってニヒリズムの克服は西洋形而上学の克服でなければならないと主張するのである。ナチズムもある意味で近代文明のニヒリズムに対する対抗運動という性格をもち、それゆえにハイデガーはその運動に期待をかけていた。しかし他方で、彼は今述べたような自分自身の哲学的見地から、ナチズムはニヒリズムの根拠に対する洞察が不十分だとも見なしていた。まさにこのような認識に基づいて、彼は当初、ナチスを近代批判として正しい方向に導こうと試みたのである。そしてこの試みが失敗に終わったとき、彼は近代批判を唱えつつ近代性を助長するナチスの反動性を厳しく断罪していくことになる。

二〇世紀には実にさまざまなタイプの近代文明に対する批判が現れてきた。ナチズムもそのひとつであるし、また日本でも第二次世界大戦中の「近代の超克」をめぐる知識人の言説がそうしたものに属するだろう[7]。もちろんそれだけでなく、共産主義運動、民族主義、宗教的原理主義などもつねに近代批判的な要素を含んでいる。このことは今日の環境保護運動にも当てはまる。しかしそうした対抗運動は多くの場合、近代性を個人主義、自由主義と同一視するため、それらが目指す近代性の克服は公共の利益のために個人の自由を制限するといったものになりがちである。そしてその実現のために、往々にして暴力の使用が肯定され、戦争やテロの惨禍がもたらされることもあった。

ハイデガーももちろん、自由主義を金科玉条とするようなタイプではまったくなかった。それゆえ彼の近代批判も容易に上述の対抗運動の一種と見なされてしまう。しかし実際のところ、彼は今見たような対抗運動には総じて批判的だった。彼は近代性の本質を西洋形而上学の歴史の帰結としての「主体性の形而上学」として捉えるべきだと考えていた。これに対して、在来の近代批判は近代性の本質を自由主義のうちに求めるため、単純に自由主義の克服を近代性の克服だと見なしている。しかしハイデガーからすればそのとき、近代性の真の根拠としての主体性の形而上学は依然として手つかずのままにとどまっている。にもかかわらず、対抗運動の当事者は近代性が克服されたと捉えているため、結果的に近代性が無自覚に温存されてしまうことになる。このように対抗運動が近代批判を唱えつつ、近代性を助長するといった事態をハイデガーはつねに問題視していた。

実際、自由主義が不可避的にもたらす貧富の格差や社会の分裂に対する是正措置は、必然的に公共性や共同体といった全体への顧慮を要請するものとなる。しかしこのことはしばしばそうした「全体」の無条件的肯定による絶対化をもたらし、その支配に服さないものに対する暴力的な強制に陥ってしまう。この経験は自由主義の尊さを人々に自覚させるが、かといって自由主義の根本的な欠陥が解消されるわけではなく、それが生み出す弊害に人々は不満を抱くようになり、ふたたび共同体主義ないしは全体主義へと惹きつけられていく(自由主義がみずからを否定するものをみずからの内部から生み出す実例をわれわれは今日、アメリカやヨーロッパ各国における「ポピュリズム」の伸長のうちにも見て取ることができる)。

ハイデガーはこのような自由主義と全体主義のあいだの行ったり来たりを現代政治の基本的な構造と見なし、さらにこの構造を全体として主体性の形而上学の帰結と捉えたのである。つまり彼の西洋形而上学への批判は、このような自由主義と全体主義の相互依存関係によって形作られた現代の政治空間そのものを相対化し、その超克を目指すという政治的含意をもっていた。このことからすると、ハイデガーの政治的立場は近代批判に立脚した凡百の対抗運動と同一視できず、むしろ不完全な近代批判が必然的に陥る近代性への退行を警告し、そのことを批判するものとして、「近代批判の批判」と特徴づけることができるだろう。彼のナチスへの関わりもまさにこのような政治的スタンスに基づいていた。つまり彼は近代批判が陥りがちな退行の危険からナチスを救い出そうとしたのであり、それが不可能だと認識したあとは、まさにそうした退行ゆえにナチスを厳しく批判していくことになるのである。

巷のハイデガー・ナチズム論の大半がそうであるように、人々が単純にハイデガーの思索をナチズム的なものとして退けるとき、今指摘したような、ナチズムそのものを根本的に相対化する彼の思想的、政治的立場を手放すことを意味する。そのとき彼らは、おのれの意に反して「ナチズム的なもの」や近代批判一般に含まれる危険に対する思想的免疫をもたないことになってしまう。われわれは逆に、ナチズム的なものの危険に備えるためにも、ハイデガーの存在の問いの政治性を正確に理解する必要がある。そしてこのことは究極的には、彼の存在の問いそのものをまじめに受け止めることを意味するだろう。

存在の問いの基本構造——存在と存在者の区別

最初に述べたように、本書の目標はハイデガーの存在の問いの政治的含意を明らかにすることである。彼の哲学がもつこうした政治性は彼のナチス加担、またその後のナチスへの批判においてもっとも先鋭化された形で示されるため、本書の議論の多くの部分はおのずとハイデガーとナチズムの関係の解明に向けられることになる。つまり彼の著作で言うと、一九三〇年代以降の仕事が本書ではおもな考察対象となる。

今も触れたように、一九三〇年代になると彼の哲学の政治性が明確な形で表に現れてくる。しかしこのことは彼の思想がそれ以前のものから変化したことを意味せず、むしろ基本的立場は『存在と時間』で打ち出された存在の問いをそのまま引き継いでいる。それゆえ一九三〇年代以降の議論においても、つねに存在の問いの基本的理解が前提とされている。そこで、ここでは以下の本論の理解に必要な限りで、ハイデガーの存在の問いの枠組みを簡単に示しておくことにしたい[8]。

それではまず、ハイデガーの存在の問いの理解に当たってもっとも重要な区別、つまり存在と存在者の区別について見ておくことにしよう。例えば鳥を思い浮かべていただきたい。そのときわれわれはその鳥を必ず何らかの様態——すなわち飛んでいる、木に留まっている、畑でえさをついばんでいる、巣で休んでいる等々——とともに思い浮かべているはずだ。逆にこうしたいかなる様態ももたない鳥といったものはそもそも思い浮かべようがない。このように鳥がそのつどのような存在様態をもっているか、つまりこうした鳥のあり方がハイデガー的に言うと、鳥の「存在（Sein）」である。そしてこのような仕方で存在しているもの——ここでは鳥——が「存在者（Seiendes）」である。こうした存在者と存在の区別は、ハイデガーの存在の問いのもっとも基本的な区別であるが、それはごく簡単に言えば、モノとそのモノが担っているあり方、すなわちモノとそのモノの存在様態の区別と言ってよいだろう。

さて、もう一度、鳥を思い浮かべていただきたい。われわれがこの鳥という存在者を思い浮かべるとき、われわれはそれを必ず、飛んでいるとか、木に止まっているといったような存在様態において把捉している。つまりわれわれは鳥を何らかの仕方で捉えるとき、飛んでいるとか木にとまっているといったような鳥のあり方も一緒に捉えている。ハイデガー的に表現すれば、われわれは存在者との関わりにおいて、その存在者の存在をつねにすでに了解している。

ここで注意すべきは、こうした存在了解において了解される存在が、まず鳥という存在者を把握したうえで、次いでそれが飛んだり、木に止まったりするのを見ることにより、事後的に捉えられるといったものではないということである。とくに西洋の伝統的存在論は、ヨーロッパ諸言語が存在を言い表すために用いる「SはPである（S ist P）」という言語表現に即して、存在を主語的なもの（S）に対する述語づけ（Pである）という水準で捉えるため、存在は主語的実体に対して事後的に規定されるものという見方に陥ってしまう。しかし、鳥という存在者は飛んでいたり、木に止まっていたりといったようにつねに何らかの存在様態を伴って現象しており、鳥という存在者を把握している時点で、その存在様態もつねにすでに捉えられている。つまり存在者とその存在様態は不可分のものであり、決して存在者だけが存在と切り離されて先行的に捉えられているわけではない。

存在の意味としての時間

今、暫定的にその所在が示された存在が何を意味するかについて、鳥の「飛んでいる」という存在様態を例にとって、より立ち入って分析してみることにしよう。「飛んでいる」という存在様態の了解には、その「どこから」と「どこへ」の了解が含まれている。例えば今、目の前に見える鳥は巣から飛び立って、水辺にえさを取りに向かう途中であるといったように、「飛んでいること」は必ずその前後のコンテクストとともに了解されている。逆にこうしたコンテクストを度外視して、単に現在の点的な瞬間を捉えるだけでは、そもそも「飛んでいること」を認識することさえできないだろう。このことからすれば、この前後のコンテクストこそが「飛んでいる」ことの実質を構成しているとさえ言いうる。

今述べたことからもわかるように、「飛んでいること」は本質的に過去と将来への時間的な拡がりをもった現象である。ここで「過去と将来への時間的な拡がり」と述べたが、これは今、この瞬間において過去と将来がいわば「同時に」地平として開かれ、把持されていることを意味し、単に飛ぶという運動が時間的経過として起こることを指すわけではないことに注意されたい。過去は過ぎ去ったものとしてもはや存在せず、将来はまだ到来していないものとしていまだ存在しないがゆえに、それらは単なる「無」だというわけではなく、むしろ両者は飛ぶということの実質を構成するものとして、われわれが経験しているリアリティを根本から支えるものなのだ。

ハイデガーは『存在と時間』において「存在の意味（Sinn von Sein）」の解明を標榜し、この存在の意味とは「時間（Zeit）」であると述べている。[9] このように存在の意味が時間だというのは、存在がまさに今見たような意味で過去と将来への時間的な拡がりそのものとして生起することを指している。『存在と時間』では、こうした存在の時間的性格が「存在のテンポラリテート（Temporalität）」

として分析されることになっていた。（もっとも『存在と時間』はこの分析に至る前に未完のまま途絶してしまった。ただし同書の既刊部分や同時代の講義などにはその内容の一端が示されているので、以上の議論はそうしたものを手掛かりとした私なりの再構成としてご理解いただきたい。）

　ハイデガーはここで問題にしてきたような意味での存在は、プラトン、アリストテレス以降の西洋哲学二千数百年にわたる伝統において一切、問題にされてこなかったと批判している。もちろん西洋哲学もつねに存在について論じてきたが、そのとき存在は単に存在者が「目の前にあること（vorhandensein）」として理解されてきたという。つまり古代ギリシアにおいて存在が、今、目の前に存在者が現れているという意味での「現前性（Anwesenheit）」として捉えられるようになって以来、存在は時間的観点からすれば、もっぱら「現在」だけに定位する仕方で理解されている。つまり存在は右で述べたような過去と将来を含んだ時間的な拡がりとして捉えられておらず、そうした意味での存在はまったく閑却されている。こうした事態をハイデガーは「存在忘却（Seinsvergessenheit）」と呼び、西洋のニヒリズムの起源として問題視したのだった。（ハイデガーが古代ギリシアの存在概念を表示するために用いている現前性、すなわちドイツ語の〝Anwessenheit〟という語は、日常的な用法としては誰かがある場所に居合わせていること、出席していることを意味する。これはある人がまさに今、そこにいることを示している点で、もっぱら現在のみに着目した規定であることがわかるだろう。）

　しかしこの存在忘却の一体、何が問題だと言うのだろうか。この点については次のように説明できるだろう。存在者が単に目の前にあることを存在と見なすのであれば、鳥であろうと石ころであろうと、それが目の前にある限りにおいて、存在としての意味に違いはないことになる。しかし存在をそのように理解するとき、そこではまさに鳥を鳥たらしめているもの、つまり鳥が鳥であって石ころではないことの根拠となるものがまったく見落とされている。この鳥を鳥たらしめているものが、飛んでいるとかエサを取っているといったような鳥の存在様態である。まさにこの存在様態において、鳥は石ころとは区別されるのである。

西洋哲学は存在者の存在を捉えると標榜しつつも、ある存在者をその種別的違いにおいて規定している存在をまったく見て取れず、むしろ存在を存在者が目の前に現れていること、ないしは存在者の何らかの属性と同一視してしまう（ハイデガーは自分が捉えようとしている存在と区別して、このような意味での存在を「存在者性（Seiendheit）」と呼んでいる）。これまでの西洋哲学の歴史において存在をめぐるさまざまな議論が展開されてきたが、存在を現前性として捉えるギリシア存在論の影響のもと、そこではつねにハイデガーが存在と呼んでいるものは取り逃がされてきたのである。

存在生起の場としての現存在

先ほど、鳥の「飛んでいる」という存在様態の了解には、「どこから」と「どこへ」の理解が含まれていることを指摘した。このことは時間的観点から捉えると、「飛んでいる」という存在様態は過去と未来への拡がりとして生起すると表現できる。しかし慧眼な読者はすでにお気づきだろうが、この「どこから」と「どこへ」は明らかに空間的な意味をもつものである。この観点からすると、鳥が飛んでいることの了解には、その鳥が飛んでいる「空間」の了解が含まれているとも言える。これはつまり、鳥が飛んでいることとともにある固有の空間が開かれていることを意味する。こうして「飛んでいること」が時間の拡がりとして生起するとき、それは同時に空間が開かれることを意味し、逆に鳥が飛んでいる空間が開かれるとき、時間の拡がりが生起している。

今も見たように、鳥が飛んでいることにおいて、このような「時間 - 空間（Zeit-Raum）」が開かれている。換言すると、鳥が飛んでいることをわれわれが捉えるとき、われわれはこうした時間 - 空間のうちにおのれを見出している。ハイデガーが人間を「現存在（Dasein）」と呼んでいることはよく知られている。この現存在の「現（Da）」は通常の用法としては「何かがそこにある」というときの「そこ」を意味する語だが、現存在にとっての「そこ」、すなわち「現」とはまさにある存在者の存在とともに開かれるこの時間 - 空間を指している。存在者の存在が生起するこのような場をまさにおのれの「現場」として引き受けることが人間の本質をなしているという意味で、ハイデガーはそれを現存在と名づけるわけである。このように現存在という表現は、人間の本質を存在の生起する場としての時間 - 空間に出で立つことのうちに見出そうとするものである。つまり人間の本質は、人間がそれ自身のうちにもつ実体的なものに還元することはできず、むしろ人間はつねにすでに存在の生起が形作っている時間 - 空間のうちに出で立っており、そうした意味でおのれを超え出てしまっているという「脱自的な」性格をもつものとして捉えられるのである。

このように現存在という概念は存在の生起に立ち合うことを人間の本質として捉えたものだが、この規定のうちには、そうしたあり方を直視し、それを自覚的に引き受けることが人間の本来の姿だというある種の規範性の主張が含まれている。『存在と時間』の「本来性（Eigentlichkeit）」と「非本来性（Uneigentlichkeit）」という区別も、実は人間を現存在として捉えることに由来する。つまり存在者の存在を担うというおのれの本質を成就することが、現存在の本来性である。逆にそうした存在者の存在を見失い、もっぱら存在者のみに気を取られている状態、すなわちハイデガーが存在忘却と呼んでいるあり方が非本来性である。ハイデガーは『存在と時間』では、それを「頽落（Verfallen）」とも呼んでいるが、これはまさに存在から脱落し、存在者に拘泥した状態を指している。現存在が存在者の存在を度外視するとき、あたかも存在者は任意の操作が許される対象であるかのように現れてくる。そのとき現存在にとっては存在者の支配を高めることだけが関心の的となり、こうして現存在は存在者の操作へとますます深くはまりこんでいくのである。

ハイデガーによると、そもそも西洋の歴史全般が存在忘却の歴史として特徴づけられるものだった。こうした存在忘却の究極の帰結が後年になると、近代技術の支配のうちに見て取られることにもなる。いずれにしても、西洋の歴史はそこにおいて存在がつねに忘却され、つまり「無（Nihil）」とされてきたという意味で「ニヒリズム（Nihilismus）」をその本質とするものと見なされる。ハイデガーはまさに存在の問いによって、こうしたニヒリズムの克服を目指しているのである。

本書の構成

以上で、ハイデガーの存在の問いの基本的枠組みをごく簡単にではあるが示しておいた。まさにこの存在の問いにはらまれた政治性が彼をナチス加担へと導いていくのである。しかし右で述べたような事柄が政治とそもそもいかなる関係をもつのか、今のところはまだ茫漠としてわかりにくいかもしれない。本書ではこのことを具体的に示していくことになるが、ここではその概要をあらかじめ簡単に紹介しておきたい。

まず第一章「学長期の立場」では、おもにハイデガーの学長在任中の言説に即して、彼のナチス加担の思想的背景を明らかにする。ここでは彼がナチズムをどのように評価し、また彼自身のいかなる思想的立場に基づいて、どのようにそれに関わろうとしたのかを示していく。「黒ノート」のまさに学長在任中に記された覚書で、彼は自分の存在の問いの政治性をみずから強調して、それを「メタポリティーク（Metapolitik）」、すなわち「超政治」と呼んでいる。そこで第一章ではまず、この超政治の意味を解明し、それをとおして彼の思索が政治的なものとどのように関係しているのかを明らかにしたい。

ハイデガーがフライブルク大学の学長として目指したことは、存在の問いに基づいた知によって、大学をドイツ民族の将来の指導者を育成する場へと変貌させることであった。彼の学長就任演説

「ドイツ大学の自己主張」には、学問の本質についての省察とそれに基づいた大学のあるべき姿が示されている。知、すなわち学問は民族共同体を基礎づけるものとして、まさに学問の本質についての省察それ自身が、ハイデガーにとっては政治的実践という意義をもつのである。第一章ではこの学長就任演説を詳細に分析し、ハイデガーの超政治が具体的にどのように遂行されたのかを見ていく。

ハイデガーの学長としての活動は、さしあたり大学のうちに学問の新たな本質を根づかせることを目指していた。しかしもとより彼の狙いは大学の変革だけにとどまるものではなかった。彼は知の本質の変化によって労働の本質の変化をもたらし、そのことによって共同体のあり方そのものを変革することを視野に入れていた。本章では学長期に集中的に現れる彼の労働についての言説を検討し、彼の思索の政治的含意をより具体的に示していきたい。

以上の議論はハイデガーの大学改革構想の内容に関わる議論だが、第一章では最後に、ハイデガーが超政治的な立場に基づいて学長としてどのような具体的実践を行い、またそれがどのようにして挫折したのかを見ることにする。なおここではハイデガーの学長期の実践のうち、後年とりわけ問題視されることになる、フライブルク大学の同僚の化学者シュタウディンガーと元の教え子バウムガルテンに対する彼のふるまいについても触れておきたい。われわれはハイデガーの彼らに対する接し方のうちに、良くも悪くも、彼の超政治的なスタンスが現れていることを確認できる。

第二章「ナチズムとの対決」では、ハイデガーが学長辞任後、ナチズムとどのような思想的対決を行ったかを明らかにする。ハイデガーの超政治は、当初はナチスへの協力という形を取っていた。

しかし学長職の挫折によって、彼はナチズムと自分の哲学とのあいだに飛び越えがたい溝があることを認識した。それ以降、超政治は基本的にナチズムに対する批判として展開されていく。

ハイデガーのナチズム批判は、まずはその学問政策と人種主義的な民族観に向けられた。彼はすでに学長在任中から、ナチスがリベラルな学問理念に対抗して打ち出した「政治的学問」——学問は民族にとって有用なものでなければならないという立場——を、近代的学問の本質を変えるものではないと批判し、民族の世界を開示する知に立ち返ることを求めていた。この要請が失敗に終わったことは、ナチズムが旧来の学問をそのまま是認し、同時にその民族観が人種主義から脱却できなかったことを意味していた。こうしてハイデガーは学長辞任後、それまでと同じ哲学的、学問論的立場に基づきつつ、ナチスの学問観と人種主義的な民族理解を厳しく批判していくことになる。

ハイデガーは一九三〇年代後半になると、西洋形而上学に対する批判を先鋭化させていく。これは先ほども述べたように、それ自身がナチズムとの思想的対決という意味をもっていた。ハイデガーは西洋形而上学の形成に当たって、古代ギリシア哲学とともにユダヤ-キリスト教が大きな役割を果たしたと見なしており、つまり形而上学はある意味で「ユダヤ的なもの」だと捉えている。それゆえ彼は、ナチスが一九三〇年代終わりにユダヤ人迫害を公然とエスカレートさせたときに、ユダヤ人を迫害しているナチス自身が形而上学という意味でのユダヤ的なものに規定されていることを皮肉るという仕方で、人種主義に基づいた反ユダヤ主義の無意味さを際立たせようとするのである。反ユダヤ主義的だとして厳しい非難を浴びている「黒ノート」におけるユダヤ的なものへの言及は、実はナチスの反ユダヤ主義に対する批判というコンテクストのうちに位置づけられるものである。第二章ではこの「黒ノート」のユダヤ的なものをめぐる覚書を取り上げて、それらがナチズムに対する超政治的な批判であることを明らかにしていく。

第三章「技術と国家」では、ハイデガーの主体性の形而上学に対する批判を、とりわけその政治的含意に注目しながら検討する。学長を辞任した後、ハイデガーは自身の学長としての超政治の遂行を阻んだ「力」の本性を次第に明瞭に認識するようになる。一九三〇年代後半になると、彼はそれを主体性の形而上学として主題化するのである。彼によると、主体性の本質は存在者を計算可能性、作成可能性において「前に‐立て」、支配することに存する。まさに同時期に、近代技術がこうした主体性に基づくものとして主題的に論じられるようになる。一般にはハイデガーの第二次世界大戦後の業績として知られる技術論は、すでに一九三〇年代後半にその原型が確立されており、つまりその時期のナチスとの思想的、政治的対決をとおして形作られたものである。

ハイデガーは今述べたような主体性が近代国家の本質をなすと考えていた。彼は第二次世界大戦が始まる頃には、こうした主体性によって規定された近代国家の体制を「コミュニズム」と呼んで、それに対する批判的な考察を展開するようになる。このコミュニズム批判においては、実質的に今日われわれが全体主義と呼んで問題視している政治現象そのものが俎上に載せられている。彼の主体性の形而上学に対する批判は全体主義との対決と見なしうるのである。本章ではこのハイデガーのコミュニズム論を概観し、彼の形而上学批判の政治的含意を余すところなく明らかにする。

第四章「戦後の思索」では、第二次世界大戦後（以下、「戦後」と略）の新しい政治状況に合わせて、彼がおのれの思索をどのように展開していったのかを概観する。一九四五年五月初旬にドイツが無条件降伏し、ヨーロッパでの戦争が終結すると、ハイデガーはナチス体制下で学長を務めたことに対する政治的責任の追及に直面した。本章ではまず終戦直後に始まったハイデガーの「非ナチ化」のプロセスを検討する。実はこのプロセスをとおしてハイデガーの処遇はなかなか定まらず、最終的に決着がついたのは一九五一年に定年退官が認められることによってだった。事態がこのようにこじれたのは、彼が戦後の新体制にわかりやすい形で恭順の意を示さなかったことによる。

すでに述べたように、ハイデガーはナチス体制のみならず、近代国家全般が主体性の形而上学に基づいていると捉えていた。そのため彼にとって戦争の終結は決してニヒリズムの克服ではなく、むしろその継続を意味するものでしかなかった。彼はドイツの敗戦直前から「悪」の本質についての考察を展開しているが、それはまさにナチズムが諸悪の根源であり、それが取り去られさえすれば健全な秩序が回復するという通念に対する挑戦であった。第四章ではこの「悪」についての考察を検討し、この時期のハイデガーの超政治のありようを明らかにする。

ハイデガーは戦後しばらく公での活動を控えることを余儀なくされていたが、一九五〇年前後にふたたび言論活動を再開した。この時代に特徴的な議論として知られているのが技術論である。この技術論は先ほども述べたように、一九三〇年代後半にすでに展開されていた技術の考察を引き継ぐものだが、それと比べると戦後は技術の本質が「駆り立て－組織（ゲ・シュテル）」と規定されることにより、技術の構造がより具体的に分節化された形で捉えられている。またハイデガーは現代の技術進歩の動向をつねに考慮に入れつつ、一九六〇年代にはサイバネティックスのうちに技術の本質の究極的展開を見て取るようになる。第四章ではこうした戦後の技術論を概観した上で、さらに現代の論者による彼の技術論に対する典型的な批判を検討し、そのことによってハイデガーの立場の固有性とその意義を際立たせていきたい。

ハイデガーの以上のような技術、より一般的には西洋形而上学をめぐる批判的考察は、言うまでもなくつねにその克服の可能性を視野に入れたものであった。西洋形而上学に対する批判、ならびにそれとはまったく別の思索への展望は、ハイデガー哲学において表裏一体をなしている。このような形而上学とは別の思索の可能性を見据えつつ、そこから西洋形而上学を批判的に相対化する姿勢をハイデガーは戦後になると「放下《ほうげ》」として主題化するようになる。第四章では最後に、この放下についての思索を検討し、ハイデガーがニヒリズム克服への道筋をどのように捉えていたかを明らかにしたい。放下は今述べたことにも示されているように、実質的には存在の思索そのものを意味するので、当然、存在の思索に固有の政治性によって規定されている。つまり放下はそれ自身、超政治的な実践として捉えられるのである。

以上の概要紹介でもその一端を示したとおり、ハイデガーの存在の問いは徹頭徹尾、政治的な性格をもっている。つまり存在の問いの遂行それ自身が、現代において支配的な政治体制や政治的イデオロギーに対する批判と、それとは異なる可能性の展望という意義をもつのである。彼のナチス加担もそうした存在の問いの政治性に基づいている。この彼のナチス加担を動機づけた存在の問いの政治性がまた、学長辞任後はナチスに対する批判として現れてくる。既存のハイデガー・ナチズム論は彼の思索に本質的にはらまれた固有の政治性を捉えることができていない。そのためハイデガーがナチス的な表現を用いながら、ナチズムを自分の立場によって換骨奪胎しようとしている箇所をナチスへの追従と誤解したり、果てはナチスに対する明確な批判や当てこすりもナチス賛美と曲解したりするのである。

このようにハイデガーの思索の政治的含意を捉えることができていないということは、そうした政治性が彼の哲学にとって本質的であることを顧慮すれば、結局、彼の存在の問いの意義を理解できていないことに他ならない。このことは逆に、彼の存在の問いの根本意図を捉えるためには、その政治的含意を余すところなく踏査せねばならないことを意味する。本書が以下の叙述で目指しているのは、まさにハイデガーの存在の思索の政治的含意を示すこと、そのことをとおして彼の哲学の今日的意義を明らかにすることである。

序論の注

1――ヴィクトル・ファリアス『ハイデガーとナチズム』山本尤訳、名古屋大学出版会、一九九〇年。

2――ジャック・デリダ『精神について』港道隆訳、人文書院、一九九〇年。ジャン゠フランソワ・リオタール『ハイデガーと「ユダヤ人」』本間邦雄訳、藤原書店、一九九二年。フィリップ・ラクー゠ラバルト『政治という虚構――ハイデガー、芸術そして政治』浅利誠、大谷尚文訳、藤原書店、一九九二年。

3――邦訳されたものを挙げると、トム・ロックモア『ハイデガー哲学とナチズム』奥谷浩一、小野滋男、鈴木恒夫、横田栄一訳、北海道大学図書刊行会、一九九九年。リチャード・ウォーリン『存在の政治――マルティン・ハイデガーの政治思想』小野紀明、堀田新五郎、小田川大典訳、岩波書店、一九九九年。

4――なお日本のハイデガー研究者はハイデガー・ナチズム問題を真正面から取り上げることはほとんどない。彼らの研究の大半が基本的には没政治的なものにとどまっている。この主題についての研究は、ごく限られた哲学研究者や政治思想の研究者によるものが見られるだけである。目ぼしいものをいくつか挙げておく。中田光雄『政治と哲学――ハイデガー・ナチズム論争史の一決算』(上下二巻)岩波書店、二〇〇二年。同『哲学とナショナリズム――ハイデガー結審』水声社、二〇一四年。小林正嗣『マルティン・ハイデガーの哲学と政治――民族における存在の現れ』風行社、二〇一一年。小野紀明『ハイデガーの政治哲学』岩波書店、二〇一〇年。奥谷浩一『ハイデガーの弁明――ハイデガー・ナチズム研究序説』梓出版社、二〇〇九年。

5――数少ない例外としては、ハイデガーの一九三〇年代後半以降の思索のうちにナチズムとの対決を見出す以下のような著作がある。シルヴィオ・ヴィエッタ『ハイデガー：ナチズム／技術』谷崎秋彦訳、文化書房博文社、一九九七年。

6――グイード・シュネーベルガー『ハイデガー拾遺――その生と思想のドキュメント』山本尤訳、未知谷、二〇〇一年。

7――「近代の超克」は一九四二年に雑誌『文学界』に掲載されたシンポジウムのテーマである。シンポジウムの参加者は『文学界』同人の文芸評論家、また西谷啓治、鈴木成高、下村寅太郎といった京都学派の哲学者たちであった（河上徹太郎、竹内好他『近代の超克』冨山房百科文庫、一九七九年）。また一九四一年から一九四二年にかけて京都学派の高坂正顕、西谷、高山岩男、鈴木の四人によって三度にわたって行われ『中央公論』に掲載された座談会（「世界史的立場と日本」、「東亜共栄圏の倫理性と歴史性」、「総力戦の哲学」）も西洋近代との哲学的な対決を主題としていた（その後、三つの座談会はまとめられて、単行本として刊行された。高坂、西谷、鈴木、高山『世界史的立場と日本』中央公論、一九四三年）。近代の超克をめぐるこれらの議論は欧米列強からのアジアの解放を謳う「大東亜戦争」への思想的、理念的基礎づけとして遂行されており、当時、大きな反響を呼ぶことになった。しかしそれゆえにまた戦後は「知識人の戦争協力」の典型として、左翼や進歩的知識人の厳しい批判のやり玉に挙げられることになった。京都学派の「近代の超克」論が近代批判としていかなる問題を含んでいるかについては、以下の拙論を参照。「戦後の「京都学派」像――あるいは戦後における「哲学」の不在」、大橋良介編『京都学派の思想』人文書院、二〇〇四年。

8――拙著『ハイデガー『存在と時間』入門』講談社現代新書、二〇一七年の序論をご参照願いたい。

9――同書、三六五頁以下参照。

凡例

以下の本論でハイデガーの著作の参照個所を表示する場合、次に示す省略記号と原著のページ数を（　）内に記載する。GA は“Gesamtausgabe”、すなわち「全集」の略号であり、そのあとの数字は巻数を示す。なおページ数の次に“f.”と記されている場合は、引用箇所ないしは参照箇所が次ページにまたがることを示し、“ff.”と記されている場合は、参照箇所が以下数ページにわたることを示している。ハイデガーからの引用テクスト中の傍点は、ドイツ語原文ではイタリックで強調されている箇所に付されている。また引用テクストにおける〔　〕内の記載は、ハイデガー以外の著者の作品からの引用も含めて、すべて筆者の注、ないしは補足である。

全集版はすべてヴィットリオ・クロスターマン社（フランクフルト・アム・マイン）からの刊行である。略号の右肩に付された※は、邦訳があることを示す。日本語版の『ハイデッガー全集』には上部の余白に原著のページ数も記されているので、本文に当たりたい方はそれを手がかりにしていただきたい。なお本書におけるハイデガーのテクストの翻訳は基本的に筆者自身によるものであるが、そうでない場合は、参照した翻訳を注に記載した。

一．ハイデガー全集

GA5※　『杣道』、一九七七年。

GA7　『講演と論文集』、二〇〇〇年。

GA9※　『道標』、一九七六年。

GA10　『根拠律』、一九九七年。

GA15　『ゼミナール』、一九八六年。

GA16　『演説と生涯のその他の証』、二〇〇〇年。

GA19　『プラトン：ソピステース』、一九九二年。

GA22　『古代哲学の根本諸概念』、一九九三年。

GA26※『論理学の形而上学的な原初諸根拠――ライプニッツから出発して』第二版、一九九〇年。

GA27※『哲学入門』第二版、二〇〇一年。

GA28　『ドイツ観念論（フィヒテ、シェリング、ヘーゲル）』第二版、二〇一一年。

GA29/30※『形而上学の根本諸概念　世界－有限性－孤独』第三版、二〇〇四年。

GA35　『西洋哲学の原初　アナクシマンドロスとパルメニデスの解釈』、二〇一二年。

GA36/37　『真理と存在』、二〇〇一年。

GA38※『言葉の本質への問いとしての論理学』、一九九八年。

GA39※『ヘルダーリンの讃歌『ゲルマーニエン』と『ライン』』、一九八九年。

GA40※『形而上学入門』、一九八三年。

GA42※『シェリング：人間的自由の本質について』、一九八八年。

GA44※『西洋的思惟におけるニーチェの形而上学的な根本位置』、一九八六年。

GA45※『哲学の根本的問い』第二版、一九九二年。

GA48※『ニーチェ：ヨーロッパのニヒリズム』、一九八六年。

GA51※『根本諸概念』第二版、一九九一年。

GA52※『ヘルダーリンの讃歌『回想』』第二版、一九九二年。
GA53※『ヘルダーリンの讃歌『イスター』』第二版、一九九三年。
GA54※『パルメニデス』第二版、一九九二年。
GA56/57※『哲学の使命について』第二版、一九九九年。
GA65※『哲学への寄与論稿（性起について）』第三版、二〇〇三年。
GA66『省察』、一九九七年。
GA69『存在の歴史』第二版、二〇一二年。
GA71『性起』、二〇〇九年。
GA77※『野の道の対話』、一九九五年。
GA79※『ブレーメン講演とフライブルク講演』第二版、二〇〇五年。
GA90『エルンスト・ユンガーについて』、二〇〇四年。
GA94『諸考察Ⅱ–Ⅵ（黒ノート一九三一–一九三八）』、二〇一四年。
GA95『諸考察Ⅶ–Ⅺ（黒ノート一九三八／三九）』、二〇一四年。
GA96『諸考察Ⅻ–XV（黒ノート一九三九–一九四一）』、二〇一四年。
GA97『諸注記Ⅰ–Ⅴ（黒ノート一九四二–一九四八）』、二〇一五年。

二、ハイデガー全集以外の著作

SZ※『存在と時間』マックス・ニーマイヤー社、第一六版、一九八六年。
DE『思索の経験』ヴィットリオ・クロスターマン社、一九八三年。

第一章
学長期の立場

第一節　「黒ノート」における超政治

ナチズム運動への期待

序論でも述べたように、ハイデガーの「存在の問い」はそれ自身、固有の政治的含意をもつ。ハイデガー自身がこの点を明瞭に意識していたことは、学長期に記された「黒ノート」のいくつかの覚書で自分の思索を「超政治（Metapolitik）」と言い換え、ことさらに存在の問いの政治性を強調していたことに現れている。まさにこのような政治性の強調は、彼が学長としてナチスに関与していた時期に行われている。つまりこの超政治という概念は、彼がそもそも自分の思索の政治性をどのように理解していたかを示すものであると同時に、当時の文脈においては、彼がどのような立場に基づいてナチズムに関わろうとしたのか、つまり彼のナチス加担の動機を明かすものでもあった。本節ではまずこの超政治が何を意味していたかを検討することにしたい。

一九三三年一月三〇日、ナチスが政権を獲得した。ナチスのその後の蛮行を知る者にとっては、このようにナチスが政権を獲得できたこと自体、不思議に思えるかもしれない。この点についてハイデガー自身は戦後、ある学生に宛てた手紙で、ナチスの政権奪取の背景には後に生まれた世代には想像できないような社会的混乱があったことを強調している。「三〇年代初頭、わが民族における階級差別は、社会的責任感をもって生きている全ドイツ人にとって耐え難いものとなっていました。ベルサイユ条約によって課されたドイツに対する厳しい経済的締め付けも同様です。一九三二年現在で失業者は七〇〇万人を数え、彼らはその家族とともにただ飢えと貧困の前に途方にくれるだけだったのです」（GA16, 568）。つまり一九三三年の時点では、多くのドイツ国民はそうした社会問題の解決をナチスに期待していたし、またハイデガーもその期待を共有していたのである。

このような輿望を担って政権に就いたナチスは三月にふたたび行われた総選挙を経て、三月二三日には全権委任法（Ermächtigungsgesetz）を成立させ、独裁政治の基盤を固めた。それとともにドイツ社会のあらゆる領域でナチズムのイデオロギーによる強制的同質化が推進されていった。こうした状況のもと、ハイデガーは四月二一日、フライブルク大学の学長に選出された。そして五月三日には国民社会主義ドイツ労働者党に入党した。後年のハイデガーの釈明に従えば、彼はフライブルクのナチ管区指導者の勧めに応じて、大学の政治的な影響力を強化するために、党の役職には一切つかず、また党の活動も一切しないという条件で入党したという（GA16, 384）。

ハイデガーは自分の入党について、弟フリッツ・ハイデガー（一八九四－一九八〇）に入党直後に宛てた手紙（一九三三年五月四日付け）では次のように語っている。

君は運動全体を下の方から捉えるのではなく、総統から、また総統の偉大な目標から捉えるべきだ。僕は昨日、入党したが、それは単に内的な確信からだけではなく、ただそのような手段によってのみ、運動全体の純化と明確化が可能だという意識に基づいている。君が今、入党する決心ができていないとしても、僕が君に勧めたいのは、入党の心構えをして、そのとき、君の周りで起こっている下品で不愉快な事柄には決して気を取られないことだ。[1]

ここでハイデガーはナチス運動の現状に粗野で不快な要素があることを認めつつも、その運動をそうした「下」の方から捉えるのではなく、総統に体現されている（と彼が信じている）運動の可能性から捉えるべきだと言う。そして運動に秘められたそうした可能性を純化し明確化することは、運動の傍観者としては不可能で、運動の内部からしかできないという理由によって自身のナチ党への入党を正当化するのである。

ハイデガーの学長選出は大半の同僚の支持を得たものだった。前任の学長ヴィルヘルム・フォン・メレンドルフ（一八八七－一九四四）は社会民主党員であったため、就任後、わずか五日でナチ党の圧力により辞任を余儀なくされた。ハイデガーはその後任として選出されたのである。ナチスが三月の選挙で勝利を収めた後、各州や自治体レベルでも強制的同質化が急速に推進され、大学を管轄する各州の文部省でも国民社会主義者が権力を握ることになった。それまでは比較的平穏を保っていたフライブルク大学にもいよいよ政治の荒波が押し寄せつつあった。このような状況において、同僚たちはハイデガーを学長にすれば、その学問的名声に基づいた権威によって大学の自治を守り、またよりナチス色の強い教授が学長になることを妨げることができるだろうと期待したのである。[2]しかし他方でフライブルクのナチ関係者も、ハイデガーがナチス支持者として学長になることが大きな宣伝効果をもつと考え、彼を支持していた。またハイデガー自身が学長職の遂行にあたってナチスの後押しを当てにしていたことも事実である。[3]

民族の結集に向けて

現在から見ると、ハイデガーがナチスのようなものをどうして支持できたのか、まったく理解できないかもしれない。しかし彼はその運動のうちにヨーロッパのニヒリズムを克服する端緒を見て取っていた。戦後の一九四八年にかつての教え子だったヘルベルト・マルクーゼ（一八九八－一九七九）に宛てた手紙では、「私は国民社会主義に生全体の精神的な刷新、社会的な諸対立の和解、そして共産主義の危険から西欧の現存在を救い出すことを期待しました」と述べている（GA16, 430）。また一九四五年に書かれた「教職活動への復帰申請」によれば、彼は学長職を引き受けた当時、「精神性を備えた者による自発的な協力によって『国民社会主義運動』に含まれる多くの本質的な端緒が深化、変貌させられ、そのようにしてヨーロッパの混乱した状況と西洋的精神の危機の克服に運動がそれなりの仕方で貢献できるようにすることが可能である」と信じていた（GA16, 398）。

さらに、同じく戦後の釈明「学長職一九三三／三四年　事実と思想（一九四五年）」では、学長職を引き受けた理由について、次の三つの点を挙げている。

一．私は当時、権力を握った運動のうちに、民族の内在的な結集と刷新へと至る可能性と、民族の歴史的‐西洋的使命を発見するひとつの道筋を見ていました。私は自己自身を革新する大学も民族の内在的な結集に基準‐付与する仕方で協力する使命をもつと信じていました。／二．それゆえ私は学長職のうちに次のような可能性を見て取っていました。つまり能力をもったすべての人材――党への所属とか党の教義とは関係なしに――を省察と刷新の過程に導き入れ、これらの人材の影響力を強め確かなものにするという可能性です。／三．このようなやり方により、私は不適格な人物の浸透、ならびに党の組織と教義による差し迫った支配に対抗できると期待していたのです。（GA16, 374）

今日のわれわれにはなかなか理解しがたいが、当時、ナチズムは「民族の内在的な結集と刷新へと至る可能性」をもった運動としてポジティブな期待を抱きうる存在だったわけだ。もちろんそうした側面でもなければ、あれだけ多くの国民の支持を集めることも不可能だっただろう。しかしそれはあくまで「可能性」でしかなく、党の教義に囚われることなく、大学改革をとおして運動に含まれる「本質的な端緒」を強化し、深めていくことをハイデガーはおのれの課題としたのだった。

今見たのは戦後の回想だが、ハイデガーが一九三三年時点で実際にナチズム「運動」をどのように捉えていたかが、彼の学長在任中に記された「省慮と目配せⅢ」（「黒ノート」）には一冊ごとにこのような名称が与えられている）のいくつかの覚書に示されている。その内容は基本的に戦後の証言と一致する。彼は例えば覚書二五では、「国民社会主義が真の生成する力となるのは、それがおのれのすべての行いと言動の背後に、なお何か黙して語らぬものをもち――また将来へと働きかける力強い深謀－遠慮（Hinter-hältigkeit）によって活動するときだけである」と述べている（GA94, 114）。つまりナチズムはその皮相な行いと言動を捨てて、「将来」の形成を目指さねばならないと言うのである。ここでは一方でナチズムに「真の生成する力」になる可能性が認められているが、他方でそうした可能性が十分に発揮されない場合、運動は無意味だということも示唆されている。

実際、これに続く箇所で、ハイデガーは「現在的なものがすでに達成されたもの、望まれたものだとすれば、堕落に対する恐れだけしか残らない」と警告する（GA94, 114）。国民社会主義はすでに達成したものだけで満足すべきではない。すなわち国民社会主義は「それがそう生成してきたように、またそれ自身が生成するものとなり、将来を形成していかなければならない――すなわち形成されたものとしての国民社会主義はそれ自身、将来の前で退かなければならない」(GA94, 115)。国民社会主義は権力を握っただけで満足してはならず、むしろ将来の明確なビジョンをもち、それを形成していかねばならないと言うのである。

同じような議論は、ハイデガーが学長就任前の一九三三年三月三〇日に友人のエリーザベト・

ブロッホマン（一八九二－一九七二）に宛てた手紙にも見られる。そこで彼は「現在の出来事は私にとって――まさに多くのことがはっきりせず、未決定のままであるがゆえに――並外れた引き付ける力をもっています」と述べている。そのうえで「この出来事によって偉大な責務のために働き、民族的に基礎づけられた世界の建設に助力する意志と確信が高められています」と言い、ナチスに積極的に関わろうとする姿勢を示している。これに続く箇所で、彼は「われわれ」、すなわちドイツ人の課題をニヒリズムに対抗して現存在における新たな地盤を求めることとして規定している。

以前から私にとっては、単なる「文化」の生気のなさや曖昧さ、またいわゆる「価値」の非現実性がどうでもよいものにまで下落しており、そうしたものが現存在における新たな地盤を求めるよう私に強いていました。われわれがその地盤を、そして同時に西洋の歴史におけるドイツ人の使命を見出すことになるのは、ただわれわれがおのれ自身を新たな仕方と新たな習得において存在そのものに晒し出すときだけでしょう。私は現在的なものをまったく将来から経験しています。（GA16, 71）

つまりハイデガーにとって「将来」とは、「現存在における新たな地盤」を見出すこと、すなわちおのれを「存在そのものに晒し出すこと」を意味し、しかもそれこそが「西洋の歴史におけるドイツ人の使命」を見出すことでもあった。ハイデガーはナチズムに対して、まさにこのような「将来」の形成を期待するわけだ。

ハイデガーは右に引いた手紙で「多くのことがはっきりせず、未決定のままである」と述べていた。実際にナチスは大学－学問政策については、この時期にはまだ具体的な構想をまったくもち合わせていなかった[4]。彼はここに自分の働きかけの余地を見出し、「将来」の形成へとナチスを導こうと試みるのである。

しかし「多くのことがはっきりせず、未決定のままにとどまっている」状態には、当然のことながら、今日の出来事がニヒリズムの克服という将来的展望から理解されず、ナチズム運動が皮相なものに絡めとられてしまう可能性も含まれる。それゆえハイデガーは同じ書簡で、自分たちは現状に満足せずに、さらに「第二のより深い覚醒」を勝ち取らねばならないと強調するのである。

> これに対して、新たな事態に対するあの到るところで蓬生しているあまりに性急な同調は、冷静にやり過ごしておかねばなりません。表面的なものへのああいった追随ですが、それは今や突然ありとあらゆるものを「政治的」に捉え、こうしたことが最初の革命のひとつの手段でしかありえないことを熟慮しないのです。もちろんこれは多くの者にとっては、最初の覚醒のひとつの手段となりうるし、またそうなったということはありえます――われわれが第二のより深い覚醒に対する心構えをもつ気があるならば。(GA16, 71f.)

当時、ドイツの諸大学において強制的同質化を担っていたのが、「ドイツ学生団（Deutsche Studentenschaft）」という学生組織であった。手紙で述べられている「表面的なもの」とは、ドイツ学生団が大学内で推進していた強制的同質化の諸措置を念頭に置いている。この大学における強制的同質化のもっとも目立つ実践はユダヤ人の教員や学生の排斥運動であった。大学が政治に対して超然としていることがもはや許されないというのはもっともだが、その政治はこうした表面的なものにとどまるべきではなく、「第二のより深い覚醒」を目指すべきだと言うのである。（そもそもこの手紙が宛てられたブロッホマンはユダヤ人で、この数か月後に当時勤務していたハレ教育アカデミーの教授職から解雇され、イギリスに移住することになるのだが、こうした彼女に対してナチスへの期待について語るのはあまりにも鈍感であるように見える。しかし今述べたことにも示されているように、ハイデガーはこの時点ではまだ、反ユダヤ主義がナチズムにとって本質的なものではないと楽観していたのである。）

形而上学としての超政治

ハイデガーが「超政治」について語るのは、まさに以上のような文脈においてである。この超政治は「黒ノート」のうちでも、一九三二年秋から一九三四年までの時期に成立した「省慮と目配せIII」だけに見られる概念である。この「省慮と目配せIII」の覚書の大半は、すでに学長に就任していた一九三三年五月から学長を辞任した一九三四年四月の少し後の時期までに執筆されている。その中でも超政治という語はとりわけ学長在任中の前半、すなわち一九三三年一二月までの覚書だけに現れている[5]。

超政治にはじめて言及される覚書二九では、ハイデガーは次のように述べている。「『哲学』の終わり。――われわれは哲学を終わらせて、それとともにまったく別のもの――超政治――を準備しなければならない。／それにしたがって、また学問の変貌も」（GA94, 115）。ここで超政治は終わりに至った哲学に取って代わる「まったく別のもの」と規定されている。そうだとすると、この超政治はいったいどのような営みを指すのだろうか。

覚書三二には「超－政治としての形而上学（Metaphysik）」とだけ記されている。つまり形而上学が超政治だと言うのである。この意味を理解するためには、ハイデガーが当時、「形而上学」をどのように捉えていたのかを知る必要がある。形而上学の克服を唱えるようになる一九三〇年代後半以降とは異なり、この時代、すなわち一九二〇年代終わりから一九三〇年代半ばにかけて、彼は形而上学を自分自身の思索の立場を表す語として用いている。このことに注意しながら、ハイデガーがこの時期、形而上学ということで何を考えていたのかを以下で見ることにしよう。

一九二八年夏学期講義『論理学の形而上学的な原初諸根拠――ライプニッツから出発して』（以下『ライプニッツ』と略）の付論「基礎存在論の理念と機能の特徴づけ」において、ハイデガーは「形而上学の概念は基礎存在論（Fundamentalontologie）とメタ存在論（Metontologie）によって形作られている」と述べている（GA26, 202）。このうち前者の基礎存在論は「現存在の分析論」であり、それは「存在了解の内的可能性の露呈のために」遂行されるものである（GA26, 178）。

この基礎存在論としての現存在の分析論は『存在と時間』（一九二七年）で遂行されている。そこでは現存在が「将来（Zukunft）」、「既在（Gewesenheit）」、「瞬間（Augenblick）」という「時間性（Zeitlichkeit）」の三つの「脱自態（Ekstase）」によって構成されていることが示される。つまり現存在はこのような三つの脱自態の統一として捉えられる。こうした三つの脱自態は全体として、現存在がその時々において関わっている存在者の存在への脱自を形作っている。脱自態とはすなわち、序論で見たような、存在へと脱自するという現存在のあり方を捉えたものである。それゆえ脱自態としての時間性の生起は、存在了解そのものの成立を意味するのである[6]。

先ほどの引用によると、形而上学はこの基礎存在論だけでなく、メタ存在論といったものも含んでいる。このメタ存在論は『存在と時間』には見られない概念である。『ライプニッツ』の説明に即して、このメタ存在論が何を意味するか見ることにしよう。同講義において、メタ存在論は「存在者全体（das Seiende im Ganzen）」を主題化するものとして導入されている（GA26, 199）。ハイデガーによると、このメタ存在論は基礎存在論の「徹底化と普遍化」による「転換」によってもたらされる。つまり基礎存在論を掘り下げていくと、おのずとメタ存在論へと転換すると言うのである。

すでに序論で、存在者の存在が時間的拡がりとして生起することを指摘した。つまり存在者の存在を了解することとは、そうした時間的拡がりにおのれ自身を晒すことを意味する。現存在が存在者の存在を経験するとき、こうした時間の地平に関わっており、ハイデガーはこのことを現存在が時間の地平へと「脱自」することと表現するのである。存在者の存在は序論でも述べたように、将来－現在－過去という時間的拡がりとして生起するため、存在の了解は今述べた時間の三つの次元への脱自として捉えられることになる。現存在の時間性が将来－現在－既在性という三つの脱自態から構成されているのは、現存在がそのつど関わっている存在者の存在が将来－現在－過去という時間的拡がりとして生起することに対応する。つまり現存在の時間性は、それを突き詰めると、究極的には存在のテンポラリテート、すなわち時間的性格に基づいていることが示されるのである。

存在者全体を主題化する形而上学

ここで講義『ライプニッツ』の付論に立ち返ると、ハイデガーは存在のテンポラールな分析が同時に「転回（Kehre）」であり、まさにこの転回において、「存在論自身が、つねに暗黙の裡に立っていた場所である形而上学的存在者論（Ontik）へと表だって還帰していく」と述べている（GA26, 201）。この転回、すなわち転換はいったいどのようなことを意味するのだろうか。

存在のテンポラリテートの分析で示されるのは、すでに述べたように、存在が将来－現在－過去という時間的な拡がりとして生起するということである。そして時間のこのような統一について、ハイデガーはこの講義のあとの方で、それは「世界の可能性の時間的条件に他ならない」と述べている（GA26, 269）。要するに『存在と時間』で「世界」と呼ばれていたものは、存在の生起としての時間の拡がりとして捉え直されるのである。序論で鳥の存在の例を挙げたが、例えば鳥が飛んでいるのを見るとき、その鳥が飛んでいるある固有の「時間－空間」、すなわち世界も同時に了解されている。鳥の存在はこの世界に根ざしており、それによって可能になっている。したがって鳥の存在を了解することは、それが根ざしているある固有の世界を了解することと不可分である。

このような意味での世界をハイデガーは『存在と時間』以後、「存在者全体」と呼ぶようになる。今、存在者の存在が世界に根ざしていると述べたが、これは存在者の存在が周囲の存在者全体との関係として生起していることを意味する。こうして存在の意味を突き詰めると、それは結局、その存在が根ざしている時間的地平としての世界、すなわち存在者全体を捉えることに帰着するのである。このように存在の意味の追求がおのずと世界そのものの主題化に至ることをハイデガーは「転換」と表現するわけである。まさにこうした存在者全体、世界をその根源的な姿においてあらわにする学がメタ存在論（形而上学的存在者論）と呼ばれるのである。

ハイデガーがメタ存在論に言及するのはこの一九二八年夏学期の『ライプニッツ』講義だけである。しかし存在者全体を主題化する学の構想はその後も残り続け、一九二〇年代終わりから一九三〇年代半ばまで繰り返し論じられている。この時期には、自然と歴史をその根源的な統一において捉えるという課題についてしばしば語られるが、これがメタ存在論の問題設定をそのまま引き継いでいる。

例えば一九二八／二九年冬学期講義『哲学入門』において、ハイデガーは「存在者の根本諸力、すなわち歴史の生起における自然の支配」を問う、固有の問題設定について語っている（GA27, 393）。そして彼はこの問いをさらに次のように説明している。「ここではそれぞれ、とくに存在論的な意味での自然という領域と歴史という領域が問題になっているわけではなく、歴史の生起における自然の存在、すなわち存在そのものの根本諸力の内的連関が問題となっているのである」（GA27, 393）。ここには既存の学問がそうであるように、自然と歴史を異なる領域として別々に捉えるのではなく、両者をその内的連関において統一的に把握するという課題が示されている。この観点からすると、ハイデガーがこの時期に導入する存在者全体という表現も、自然や歴史がその領域的区別に先立って形作っている根源的統一を指し示していると言えるだろう。

ピュシスへの還帰としての超政治

一九二〇年代の終わり以降、一九三〇年代半ばまでの講義に繰り返し見られる、古代ギリシアの「ピュシス（φύσις）」（自然）概念の解釈も、基本的にはそれ以前に存在者全体について語られていた内容をなぞっている。このことから明らかになるのは、ハイデガーによるこの存在者全体の主題化がピュシスへの還帰を意図するものでもあったということである。

ハイデガーは一九二九／三〇年冬学期講義『形而上学の根本諸概念』では、ピュシスは「生長（Wachstum）」を意味すると述べて、この「生長」を次のようにより詳しく規定している。「人間の原経験において立ち現れているような、きわめて始原的で幅広い意味での」生長は、「単に切り離された出来事としての植物や動物の生長、すなわち植物や動物の発生と消滅というだけでなく、季節の変化のただ中での、また季節の変化によって支配された、昼と夜の転換のただ中での、星辰の運行のただ中での、嵐、天候、諸元素の猛威のただ中での発生や消滅の生起としての生長」であって、「これらすべてがひとまとまりとして生長することである」(GA29/30, 38)。ハイデガーは以上をまとめて、ピュシスを「存在者全体がおのれ自身を形成しつつ支配すること」と規定する(GA29/30, 38f.)。

その際、ハイデガーはこのようなピュシスには人間の存在も含まれる点に注意を促している。すなわち「人間がおのれ自身において経験する諸々の出来事、すなわち出産、誕生、幼年期、成熟、老化、死」といったものも、「人間の運命とその歴史をそれ自身のうちに包含する」「存在者の全般的な支配」に属している(GA29/30, 39)。このようにピュシス、すなわち存在者全体の支配は「人間の運命とその歴史」も含んでいる。

もっとも人間は単に存在者全体に含まれ、それによって支配されるだけではなく、そうした存在者全体を開示し、それについて語るという独特のあり方をもつ。こうした点をハイデガーは次のように表現する。「ピュシスは、人間自身がそれによって支配され、また人間が支配できない、こうした全体的支配を指しており、この全体的支配はまさに人間を貫き、また取り巻いて支配しているが、そうした人間はこの全体的支配についてつねにすでに語りだしている」(GA29/30, 39)。ここで指摘されているのは、現存在が存在によって規定されつつも、同時に存在を開示するというあり方をもった存在者だということである。

こうした議論から明らかなことは、このようなピュシスの説明において、実質的には講義『哲学入門』で語られていたような「歴史の生起における自然の支配」、すなわち自然と歴史を含む存在者全体が問題にされているということである。逆に言うと、存在者全体を主題化する知は、古代ギリシアにおけるピュシスの知への還帰という意味をもつものだった。

以上でハイデガーが一九二〇年代終わりから一九三〇年代前半にかけて、形而上学をどのような意味で捉えていたのかを紹介した。「黒ノート」で超政治が形而上学と言い換えられていたが、その形而上学はまさに以上で見たような存在者全体を主題化する知を指している。

「黒ノート」で超政治にはじめて言及していた覚書二九で、ハイデガーは「哲学の終わり」について論じており、超政治を「哲学」に取って代わるものと規定していた。これが意味することについては、一九三二年に記された「省慮と目配せII」の覚書が手がかりを与えてくれる。彼はそこで「哲学はまさにその偉大な原初においては、われわれがデカルト以来の近代的学問の支配を思い浮かべる際に、哲学に割り当てているような優位性は決してもっていなかった」とし、「こうした空虚で不毛で見かけだけの優位性から外に出て哲学すること——哲学に対してそれにふさわしい確実性の偉大さをふたたび与えることが必要である」と述べている（GA94, 97）。彼によると、この偉大さは「存在のかまどに向かって」「悠々と退く能力によって導くこと」に存する（GA94, 97）。

同じ覚書ではさらに「哲学の撤回」についても語られており、この「撤回」は「おのれの本質への還帰、そのことによる原初への帰還――『存在生起』と説明されている（GA94, 97）。ここで述べられているように、「哲学の撤回」において「存在生起」という「原初」への還帰が問題になっていることからすれば、撤回されるべき哲学は存在を忘却し、それを問うてこなかった伝統的な西洋哲学を意味していたことがわかる。要するにここでは、西洋哲学においてこれまで問題にされなかった存在を問い直すという、ハイデガーの存在の問いの根本的立場が表明されているのである。

存在者の存在、すなわち何かが「ある」ということは、右でも見たように、本質的に他のものとの連関において成り立つものであり、まさに存在者全体のうちで生起するものである。すでに挙げた例だが、「鳥が飛んでいる」とき、「飛んでいる」という存在様態の了解はその「どこから」と「どこへ」の了解を含んでいる。「どこから」とは森の中の巣であったり、また「どこへ」とは水辺のえさ場だったりするわけで、結局それは鳥が存在する環境全体を包含している。このように鳥が飛んでいることの了解には、鳥が生息する環境としての存在者全体の了解が含まれている。

今述べたことをより一般化すれば、ある存在者の存在を問題にすることは、必然的に存在者全体を主題化することに帰着すると定式化できよう。こうした存在者全体の主題化をハイデガーは形而上学と呼び、さらにそれを超政治と言い換えたのだった。ハイデガーによれば、既存の哲学や領域的な諸学問においてはこのような存在者全体は捉えられることはなかった。それゆえこの哲学や諸学問に代わるものとして、存在者全体を主題化する形而上学＝超政治が導入されるのである。

「政治的なもの」の所在

ここまでで、「黒ノート」において学長在任中に言及される超政治が何を意味するかを検討した。超政治は「黒ノート」では形而上学と等置されていた。ハイデガーは学長就任に先立つ時期に形而上学を、存在者全体を主題化する知と規定しており、またこれは存在の問いの展開そのものでもあるので、結局、超政治は存在の問いの遂行に他ならないことが明らかになった。しかしそうだとすると、なぜ存在の問い、ないしは形而上学が超政治と呼ばれるのだろうか。つまり形而上学は政治といったい何の関係があるというのだろうか。

ハイデガーは「省慮と目配せⅢ」の覚書五四において、超政治に関して次のように述べている。「現存在の形而上学は自分のもっとも内面的な構造に即しておのれを深めていき、歴史的民族『の』超政治へと展開していかなければならない」(GA94, 124)。これまでの議論に基づいて、この箇所はどのように理解したらよいだろうか。

一九二八年夏学期講義『ライプニッツ』では、現存在の分析論は存在者全体を主題化するメタ存在論へと転換するとされていた。一九二八／二九年冬学期講義『哲学入門』において、存在者全体が「歴史の生起における自然の支配」と規定されていたように、この存在者全体には歴史、すなわち現存在の存在も含まれている。つまり存在者全体はある固有の自然のうちでの人間の歴史的存在を包括的に捉えるものである。ハイデガーにとって、現存在の存在には本質的に他者との共存在が属しているので、この歴史の生起は共同存在の生起を意味する。こうして存在者全体を主題化する形而上学において、事実上、ある固有の世界における人間の共同存在が問題にされることになる。

ハイデガーはすでに一九二〇年代前半から、現存在の共同存在のうちに政治の本来的な意味を見て取っていた。[7] 現存在が「政治的」であるというのは、現存在が本質上、他者と共同体を形作り、そうした意味でポリス的存在であることを指している。したがって形而上学も人間の共同存在を捉えている点において、まさに政治を主題化していることになる。こうした意味で形而上学が政治に関係することはとりあえず認めるとしよう。しかしそうだとすれば形而上学は政治に関する考察であり、すなわち「政治哲学」ないしは「政治学」ではあっても、それ自身を政治と呼ぶのはいささか奇妙ではないか。しかもそこになぜ「超＝メタ」という接頭辞が付加されているのだろうか。

ここで注意すべき点は、ハイデガーが形而上学によって捉えようとしている現存在の共同存在は任意のものではなく、右でも見たように、「自然の支配」のもとでの「歴史の生起」であり、つまりピュシスによって規定された現存在のあり方が問題になっているということである。ハイデガーはこのような共同存在をこれまでの西洋哲学においては度外視されてきた次元としてあらわにしようとするのである。そしてこの次元をあらわにすることのうちには、それ自身、そうした共同存在に立ち返ることへの要請が含まれている。つまり形而上学は単に政治の本来的次元を主題化するにとどまらず、そうした主題化は同時にそこで主題化されている真の政治への還帰を要求するものでもある。すなわち形而上学の遂行それ自身が、真の共同性という本来的な意味での政治の追求となる。しかもそこで追求されている真の政治は、われわれが通常、政治として理解しているものとはまったく異質のものである。このことが超政治の「超」という接頭辞によって表示されるのである。こうして超政治とは、既存の政治を超えた真の政治を思索する営みそのものを意味することになる。

ハイデガーの超政治は既存の政治を否定するものである以上、そうしたものとの深刻な葛藤のうちに置かれることになる。それは世間から隔絶されたところでなされる無邪気な思索の営みといったものでは済まないのだ。超政治はワイマール共和国の自由主義的な政治と相容れないのはもちろんだが、同時にそれに対抗するものとして現れたナチスの政治とも衝突するものだった。当時、大学内でドイツ学生団が「学問の自由」をブルジョワ的な学問理念として排斥し、学問は民族に貢献すべきだという意味でことさらに政治的であることを求めていた。[8] ハイデガーはこのような政治の通俗的理解に対抗して、そのような理解を超える「政治的なもの」の本来の次元を自身の超政治によって明示しようと試みたのである。

今述べたようなハイデガーのスタンスは、例えば次に引く「省慮と目配せIII」の覚書二〇〇に明確に示されている。彼はここでドイツ学生団が喧伝していた「政治的学問（politische Wissenschaft）」の理念、すなわち「学問の意味と価値は、それが民族に対してどのような実際的有用性をもつかによって測られる」（GA16, 654）といった考え方を批判して、次のように述べている。[9]「学問が本当に学問だったならば――学問は真の意味で『政治的』だったし、こうした目的づけをする必要はまったくなかった。今、人々はこのことを皮相なやり方で、わざとらしく民族的－人種的な仕方で（völkischrassisch）行っている」（GA94, 191）。真の学問、すなわち形而上学はそれ自身がすでに民族の歴史的存在を捉えるものであり、そうした意味で政治的なのだ。それに対して、既存の学問に民族、人種への貢献という目的を与えることは政治的ということのまったく皮相な理解でしかないと言うのである。

このように超政治という表現に込められた存在の思索と政治の関係は、時代は少し下るが、「黒ノート」の一九四六年頃に書かれた覚書で明快に説明されている。ハイデガーはそこでまず、「ひとは政党同士の関係や政治的潮流について知っていて、それらに参与することで『政治的』だというわけではない」と注意する。そうしたものは本来の「政治的なもの（das Politische）」にとっては表面的なものに過ぎないのだ。彼によると、「政治的なもの」は「ただ人間－存在の本質と運命の方からのみ、すなわち存在の真理に基づいてのみ思惟されうる」（GA97, 131）。彼にとって、人間の運命とは「存在の運命のうちで固有化される」ことを意味するが、こうした意味での人間の運命が「人間の共同体に関わる限りにおいて『政治的』である」と言う（GA97, 131）。

ここで人間の本質ないし運命が存在の真理への関係として捉えられているが、これは一九三〇年代前半までの定式化に従えば、存在者全体のただ中におのれ自身を見出すことを指している。このことは存在者全体のうちである固有の共同存在を担うことを意味する。したがって存在者全体（存在）によって規定された人間の共同存在のうちにこそ、真に「政治的なもの」が見出されることを右の覚書は指摘しているわけだ。まさにこのように理解された、存在の思索の政治性は、通常の意味での「政治的なもの」を超えているため、その点が学長在任中には超政治と表現されたのである。

第二節　学長就任演説「ドイツ大学の自己主張」

学問の必然性

以上で見たように、超政治は既存の哲学や学問に取って代わるものとして位置づけられていた。それゆえ超政治に初めて言及される覚書二九でも、それは「学問の変貌」と結びつけられていたのである。ハイデガーはさらに、覚書四八で「知の変貌の準備」について語っている。数十年を必要とするこの準備は「現実の教師のうちに、また教育共同体のうちに現れる知の育成（Wissenserziehung）のある様式を要求する」(GA94, 122)。そして彼は覚書五一で、このような「知の育成」の役割を大学に課している。「大学がわが民族に今後もなお属するべきならば、知の育成というその任務は今なお、まったく別の仕方で、根源的に根を下ろし、明瞭にされ、鋭くされる必要がある――わが民族の存在の根本様式としての知の苦難から」(GA94, 123)。すなわち、大学は今や、存在者全体を耐え抜くという知の根源的なあり方に根差した教育を展開すべきだと言うのである。

ハイデガーは大学をこうした「知の育成」の場にすることを目標として、フライブルク大学の学長に就任するのである。あの悪名高い学長就任演説「ドイツ大学の自己主張」(以下「自己主張」と略)で示されているのは、まさにこの知の育成の構想であり、結局これこそ「黒ノート」ではほとんどその名前が言及されるにすぎなかった超政治の具体的な内容を示している。それゆえ彼は第二次世界大戦後に自身のナチス加担について釈明するときも、自分が学長職を引き受けた理由は学長就任演説に示されていると述べ、つねにその参照を促すのである(GA16, 430, 654)。本節では以下で、この学長演説「自己主張」に示された新たな知の構想と、それに基づいたナチズムに対する彼の姿勢を明らかにしたい。

この演説の冒頭でハイデガーは、「ドイツ大学の自己主張」を「ドイツ大学の本質への根源的で共同的な意志」と規定する(GA16, 108)。そうだとすれば、この「自己主張」の意味を明らかにするには、まず「ドイツ大学の本質」を解明する必要がある。彼によると、ドイツ大学は「学問に基づいて、また学問によってドイツ民族の運命の指導者かつ守護者を教育し、陶冶する上級学府を意味する」(GA16, 108)。したがってドイツ大学の本質への意志は、まずは「学問への意志」として、また同時に「ドイツ民族の歴史的、精神的課題への意志」として規定される。つまりドイツ大学の本質への意志は、学問とドイツ民族の運命を同時に意志するものでなければならないのである。

ハイデガーによると、このことが達成されるのは、「われわれ——教師と学生——が、一方で学問を自身のもっとも内的な必然性に晒すときであり、また他方でドイツの運命をまさにその究極の苦難において耐え抜くときである」(GA16, 108)。ここで学問を内的な必然性に晒し出すこととドイツの運命を究極の苦難において耐え抜くことという二つの課題が提示されている。大学がおのれの本質を意志するということは、この二つの課題を担うことを意味するのである。前節で見たように、ハイデガー的意味での真の学問、すなわち形而上学が民族の歴史的存在をあらわにするものである限り、学問の必然性を取り戻すこととドイツ民族の運命を担うことという二つの課題は結局のところ、こうした形而上学の遂行に収斂していく。実際、以下でも示されるように「自己主張」では、学問の本質が民族の精神的世界の開示として規定されることになる。

ハイデガーが学問の必然性について問うとき、この問いの背景には、今日の学問からはその必然性が失われているという現状認識がある。つまり現代において学問は何のために存在し、また何のためになされているのかが見失われていると言うのである。しかしこうした学問の必然性を取り戻すには、当時、ナチスが喧伝していた「新しい学問概念」のように「あまりに今日的な学問（自由主義的な学問）に対して、その自律性と無前提性を疑ってかかる」だけでは不十分である（GA16, 108）。この新しい学問概念は、すでに前節でも触れた政治的学問概念を指している。これは「価値判断からの自由」という自由主義的な学問理念に反対し、学問は決して自律的で無前提的な営みではなく、民族にとって有用なものでなければならないと主張するものである（GA16, 656）。

ここでハイデガーは、「単に否定するだけで、ここ数十年間を越えて振り返ることもしない、こういったふるまいは、まさしく学問の本質を求める本物の努力を装うだけのものになってしまう」

と批判する（GA16, 108）。つまり政治的学問概念は、ここ数十年のあいだに学問がすっかり細分化、専門化されてしまい、その意味が見失われつつある状況を批判的に捉え、学問に対して民族への貢献という意味で政治的であることを求めるものだが、ハイデガーはそうしたやり方によっては学問の真の必然性を取り戻すことはできないと言うのである。

ギリシア的原初への回帰

さて、そうだとすれば、われわれは学問の必然性をいかにして取り戻すべきだろうか。ハイデガーがここで問うているのは、学問の意義とは何なのか、そもそもそれは何のために存在するのかという問いである。この問いに対して、ハイデガーは学問が真に存在しうるのは、「われわれがふたたび、われわれの精神的－歴史的現存在の原初（Anfang）の力に服するとき」だけだと答えている。そして彼はこの「原初」を次のように説明する。

この原初はギリシア哲学の勃興です。このときに西洋の人間は民族性に基づいて、自分の言葉によって、はじめて存在者全体に反抗し、存在者全体をそれが実際にそのようなものとしてあるような存在者として問い尋ね、把握します。あらゆる学問は哲学です。（……）あらゆる学問は哲学のかの原初にしっかりと結びつけられています。学問はこの原初から、学問の本質の力を汲み取るのです（……）。(GA16, 108f.)

つまり学問は哲学というその原初に立ち返るときのみ、その意義を取り戻すことができると言うのである。この哲学は今の引用箇所では、自分の言葉によって存在者全体に反抗し、それを把握することと規定されている。つまりここでもハイデガーが一九二〇年代終わり以降、形而上学として論じてきた存在者全体を捉える学が問題になっていることがわかるだろう。

ハイデガーはこれに続く箇所で、原初における学問の本質を明らかにするために、伝説上、最古の哲学者とされるギリシアの神プロメテウスが、古代ギリシアの代表的な悲劇作家アイスキュロス（前五二五－前四五六）の悲劇『縛られたプロメテウス』のなかで語っている「しかし、知は必然よりもはるかに無力である」という言葉を参照している。これはプロメテウスが人間に火を与えたためゼウスの怒りを買い、罰として山頂に縛り付けられている状態で述べたという設定になっている。ハイデガーはまず、この言葉が「事物についてのいかなる知も、あらかじめ運命の圧倒的力に委ねられていて、この圧倒的力の前では無力である」ことを述べていると解釈する。

しかし知は単にこのような無力に甘んじているだけではない。まさにこの無力ゆえに「知は自分に能う限りの反抗を展開せざるをえず、その反抗に対してはじめて存在者の隠蔽性の総力が立ちはだかり、知は実際に無力をさらけ出す。かくしてまさに存在者はそのなぞめいた揺るぎなさにおいておのれを示し、知におのれの真理を委ね渡す」(GA16, 109)。つまり原初の知とは「運命の圧倒的力に委ねられ」つつ、それをあらわにすること、すなわちおのれの意のままにできない存在者の存在を開示し、そのことにおいて自分の無力をあらためて自覚することを意味するのである。

すでに前節でハイデガーが超政治を原初への還帰として捉えていることを指摘した。彼が「自己主張」で求めているのも、ギリシア哲学という学問の原初への還帰である。しかもこの原初は存在者全体を問い、把握することとして規定されている。つまりここで問題となっているのは、前節ですでに形而上学、超政治として論じられた知そのものである。学問の必然性は存在者全体に圧倒されながらも、それに対して問うという仕方で立ち向かわざるをえない点に存するのである。

こうして学問の必然性は、われわれが本質上、存在に晒されており、それを問うことを強いられていることのうちに見て取られる。このことはつまり、存在の問いがわれわれにとって必然だということである。しかしハイデガーがここで述べている原初はいずれにせよ二千数百年前のことであり、学問はその後の「進歩」によって大きく変化してしまったのではないか。まさにハイデガー自身が「自己主張」で、「後のキリスト教的－神学的世界解釈と近代の数学的－技術的思考は、学問をこうした『原初』から遠ざけてしまった」と認めているように（GA16, 110）。

しかしそうだとしても、ハイデガーによると、原初は過去のものとしてすでに克服されてしまったわけではない。むしろ原初はわれわれの課題として、われわれの将来のうちにある。「原初は私たちの将来へと侵入してしまっており、原初は私たちに対する、原初の偉大さをふたたび取り戻せという遠くからの命令としてそこに立っている」（GA16,110）。われわれはこの遠くからの命令に従うとき、学問の必然性を取り戻すことができるのである（GA16, 110f.）。本章の最初の部分で取り上げたブロッホマン宛ての書簡で、ハイデガーはナチズムが「将来」によって規定されねばならないと述べていた。まさにその将来の具体的な内容がここで示されている。この将来とはまさにギリシア哲学の原初を意味し、こうした原初＝将来を省察することが形而上学、超政治の意味なのだ。

しかしながら、ハイデガーは現代においてこうした原初的な知をただちに反復できるものと考えているわけではない。というのも、今日に生きるわれわれにとっては存在者全体に襲われるという経験はすでに消失しており、したがってそれを問うという必然性も失われているからである。このようにわれわれが今日、ニーチェの「神は死んだ」という言葉に示されているような固有の状況のうちに存在し、「存在者のただ中で現代人がこのように打ち捨てられている状態をわれわれが真剣に受け止めなければならない」とすると、学問もそれに応じた変化が求められる（GA16, 111）。すなわち「ギリシア人たちの、存在者を前にして原初的に驚きつつ耐え抜くという」学問の本質は、今日においては「隠蔽され不確かなもの、すなわち問うに値するものにまったくむき出しのままで晒されていることへと変化する」（GA16, 111）。

ここで「問うに値するもの（das Fragwürdige）」と言われているものは、「存在（Sein）」を指している。ハイデガーは一九三二年夏学期講義『西洋哲学の原初　アナクシマンドロスとパルメニデスの解釈』において、問うことを「存在に本質的かつ根源的に帰属する尊重の仕方である」と規定し、存在の尊さは「それ自身において、ただ問うことにおいてのみ尊重されるような尊さ（Würde）

であり、すなわち問うに値する尊さ（Fragwürdigkeit）である」と述べている。そのうえで、彼は端的に「人間の実存とともに、存在の本質的な問うに値する尊さが成立している」と結論づけている（GA35, 95）。つまり人間はつねに問うに値するものとしての存在に晒されていると言うのである。今見たことから、「自己主張」で「問うに値するもの」と述べられているものが存在そのものを指していることは明らかだろう。

民族の精神的世界

さて、ここで「自己主張」の議論に戻ると、古代ギリシアにおいてはまだ存在の圧倒的で生々しい経験があり、それに耐え抜くということが人間にとっての最大の課題だった。これに対して、現代はそうした存在の経験そのものが消失し、真に問われるべきものが何であるかが見失われている。それゆえわれわれは今あらためて、真に問われるべきものとしての存在がいったい何を意味するのかをまずは問わねばならない。存在が問うに値するものと呼ばれるゆえんである。こうして今日においては、さしあたり隠されている存在を問うことそのものが「知の最高の形態」となる。このとき問うことは、「あらゆる事物の本質的なものを開示するという、それがもつもっとも固有な力を発揮し」、「不可避のものに対する眼差しを極限まで単純化させる」（GA16, 111）。

ハイデガーはこの「問うこと」をさらに次のように特徴づけている。「こうした問うことは、学問が別々の諸専門に閉じこもることを打破し、ばらばらの領域や一隅に際限なく、無目的に拡散していくことから学問を連れ戻し、学問を人間的－歴史的現存在の世界形成的な諸力すべての豊かさと恵みにふたたびじかに晒し出す」（GA16, 111）。「問うこと」は既存の領域に分断された学問を前提することなく、直接的に「世界形成的な諸力」と向き合うことをわれわれに強いるのである。

ここで「世界形成的な諸力」としてハイデガーは具体的に以下のようなものを挙げている。「自然、歴史、言語。民族、風習、国家。詩作、思索、信仰。病、狂気、死。法、経済、技術」（GA16, 111）。これらが「世界形成的」と呼ばれるのは、そのそれぞれがわれわれの世界を形作るものとして、われわれが世界のうちに存在する限り、不可避的に出会わざるをえないものだからだろう。しかもそれらは相互に切り離されて存在するわけではなく、他の諸力と関係しあいながら、ひとつのある固有の世界を形作っている。したがって、われわれはこうした世界形成的な諸力のどれを捉えるにしても、そのことによってそれらが根ざしている存在者全体に向き合うことになる。

こうした事情をハイデガーは次のように表現している。「われわれは存在者全体の不確実性のただ中で問いながら、むき出しのままで持ちこたえるという意味での学問の本質を意志するとき、この本質への意志こそ、もっとも内在的かつ極限的な危険に満ちた、わが民族の世界、すなわちわが民族の真に精神的な世界をわが民族にもたらす」（GA16, 111f.）。学問の本質は存在を問うことだが、それはここで述べられているように、「民族の世界」を捉えることに帰着するのである。

今見た引用において興味深いのは、「精神的（geistig）」という語が積極的な意味で用いられていることである。『存在と時間』では「精神（Geist）」はまさに西洋の伝統的な人間学に属する概念として退けられていた（SZ, 48）。それとは対照的に、この学長就任演説では、民族の世界が存在開示に基づくものとして精神的だと言われており、つまり精神が自分の立場に引きつける形で用いられている。この精神の強調は、民族性を「生物学的なもの」に還元するナチスの人種主義との対比を際立たせるためになされており、つまり人種主義に対する批判の意図が込められている。[10]

ハイデガーは「自己主張」で、精神を「根源的に気分づけられ、知りつつ、存在の本質に対して覚悟すること」と特徴づけている（GA16, 112）。すなわち精神とは現存在が存在に対して開かれていることを意味し、『存在と時間』の表現で言うと、存在了解を指している。彼によると、「民族の精神的世界」は「民族の大地と血に根ざした諸能力をもっとも深くから保護する力であり、この力は民族の現存在をもっとも内側から刺激し、もっとも大きく揺り動かす力」である（GA16, 112）。

ここでハイデガーは「血と大地」というナチズム的用語を用いており、これがしばしばナチスへの妥協と追従として解釈されるのだが、それは誤解である。というのも、彼はここで「血と大地」がそれ自体として意味をもつものではなく、むしろ民族の精神的世界という「精神的なもの」に依存したものであることを強調しているからである。身体的なもの、物質的なものは精神的なもの、すなわち民族の世界によって規定されることにより、はじめてそれ本来の意味を得るということだ。ハイデガーはこうした指摘によって、文化的、精神的現象を人種的素因から直接的に導き出そうとする人種主義を暗に批判するのである（こうしたハイデガーの人種主義に対する批判については、第二章第一節で詳しく取り上げる）。

ドイツ学生団への呼びかけ

以上でハイデガーが「自己主張」において、学問の本質をどのように規定したかについて概観した。彼はそれを民族の精神的世界の開示と捉えるのである。これは結局、存在者全体を主題化する形而上学以外の何ものでもない。彼は大学の教師たちがこうした学問の本質を体現し、そのことに基づいて学生を指導することを要求したのだった。彼によると、ドイツ学生団に必要とされるのはこのような指導者である（GA16, 112）。

ところでハイデガーが「自己主張」で提示する学問論的立場は、今も指摘したように、ナチズムの人種主義との対立をはらんでいた。大学において、こうした人種主義に立脚した強制的同質化を主導していたのがドイツ学生団であった。つまり「自己主張」はドイツ学生団との緊張関係のもと、それを「精神的な」方向へと導くことを目指していた。こうして「自己主張」は学問の本質についてひととおり論じたあと、今度はドイツ学生団への呼びかけに議論の重心を移していく。

ドイツ学生団は元来、ドイツの各大学の学生自治会の連合として組織されたものである。しかしドイツ学生団はナチスの政権獲得以前にすでに「ナチス学生同盟（Nationalsozialistischer Deutscher Studentenbund）」によって支配されていた。ナチスはドイツ社会の他のどの領域よりも早く、大学において成功を収めていたのである。[11] そしてドイツ学生団はナチスの政権掌握後、まだナチスが具体的な大学政策をもたない状況に乗じて、大学の国民社会主義的な強制的同質化を主導し、大学運営にも直接的な影響力を及ぼすようになっていた。[12] 大学の教授たちは自分たちの伝統的な権威を掘り崩す学生団に苦々しい思いを抱きながら、その急進化に対する対応に苦慮していたのである。

ハイデガーはこうした状況のなかで学長に就任した。先ほども述べたとおり、彼は一方でドイツ学生団の人種主義を否定する立場を取っていた。しかし他方で、彼はドイツ学生団が学問の本質に目覚め、自身の大学改革構想を支持する力になることを期待していた。彼は同僚の教授たちが旧来の体制に固執する抵抗勢力になることは最初から織り込んでいた。したがってハイデガーの大学改革の基本的な戦略は、学生たちの変革への衝迫を正しい方向へと向け変えて、それを自身の改革の駆動力にするといったものだった。

ハイデガーはこのような学生たちへの期待を背景に、「自己主張」ではドイツ学生団の大学改革への意欲を肯定して次のように述べている。「ドイツの運命をその極限的な苦難の中で持ちこたえるというドイツ学生団の決然たる覚悟に、大学の本質への意志は由来する」(GA16, 112)。ただしこの意志は何ら制約を受けないものではなく、学生の本質を目指すものでなければならない。「この意志はドイツ学生団が新学生法をとおして自己の本質の法に服従し、そのことによってこの本質を真っ先に確定するとき、真なる意志なのだ」(GA16, 112f.)。ここで言及されている新しい「学生法(Studentenrecht)」は、プロイセンの諸大学では五月一日に祝典において告知されていた。しかしフライブルク大学では、その告知は学長の就任式典と統合されることになっていた[13]（GA16, 32）。

学生団に課された三つの奉仕――労働奉仕、国防奉仕、知の奉仕

具体的にドイツ学生団は新学生法をとおして、いかなる制約に服するべきだと言うのだろうか。ハイデガーは「自己主張」において、ドイツ学生団が果たすべき三つの奉仕について語っている。すなわち「労働奉仕（Arbeitsdienst）」、「国防奉仕（Wehrdienst）」、「知の奉仕（Wissensdienst）」である[14]。最初の労働奉仕と国防奉仕は、ドイツ学生団が一九二〇年代からその導入を強く求めていたものであり、まさに新たな学生法で学生の義務として規定されたものだった。一九三三年七月にはドイツ学生団の強いイニシアティブにより、大学に入学して四学期目までのすべての男子学生に対して、講義のない期間に一〇週間の労働奉仕が義務づけられた[15]。また国防奉仕はベルサイユ条約により義務兵役が禁じられているなかで、軍事教練の代替として位置づけられていた「国防スポーツ」への参加を意味していた[16]。

これに対して、知の奉仕はハイデガー独自のものである。先ほども述べたように、ドイツ学生団は大学における労働奉仕と国防奉仕の制度化を強く迫っていたが、この要求は多分にドイツ学生団の反知性主義的な姿勢を背景としていた。つまりドイツの学生には干からびた知など必要ない、労働奉仕や国防奉仕こそが大切なのだ、といったように、労働奉仕や国防奉仕の重視は、知や学問の

軽視と結びついていた[17]。

ハイデガーはすでに一九三三年五月の段階で、ドイツ学生団について次のような「批判的見解」を記している。「学生団は統一的で、精神的‐国防的‐労働奉仕的な教育を望んでおらず、軍事的な突撃隊‐養成を、同じく反復訓練的な労働奉仕と余裕のない専門主義（『先端』業績）の実施とあわせて望んでいる」（GA16, 100）。ここではドイツ学生団が要求している突撃隊による軍事教練、労働奉仕、専門主義的教育が有機的な統一を欠いていることが批判的に捉えられている。この引用ではドイツ学生団が専門主義的教育を望んでいることが指摘されているが、ドイツ学生団の反知性主義は旧来の教養主義を干からびた知性として軽蔑し、手っ取り早く「役に立つ」知識を要求するという形でも現れていた。学問は国家、民族に有用なものであるべきだという彼らの「政治的学問」の主張も今述べたような姿勢と結びついていたのである。

もっともこうしたドイツ学生団の反知性主義的な態度は、大学の旧来の体制を否定する点においては、ハイデガーの立場と重なるところもあった。しかし彼はもちろん知を全面的に否定するわけではなく、これまでの学問のあり方を問題視し、それを新たな知によって置き換えることを目指していた。こうしてハイデガーは「自己主張」では知の奉仕を重視し、労働奉仕と国防奉仕も究極的にはこの知の奉仕のうちに統合するような形で再定義することを試みるのである。

ハイデガーは「自己主張」で、以上の三つの奉仕の必然性をドイツ学生団の三つの拘束から導き出している（GA16, 113）。彼が最初に挙げているのは「民族共同体への拘束」である。これは「民族のあらゆる身分や成員の労苦、希望、能力をともに担い、また行動しつつ分かち合うことを義務づける」ものである。この拘束は労働奉仕によって学生に植えつけられる（GA16, 113）。また二番目の拘束は「他の諸民族のただなかにおける国民の名誉と運命への拘束」である。これは「知と能力により裏打ちされ、規律によって引き締められた、献身への徹底した準備態勢を要求する」。この拘束は国防奉仕として学生に浸透させられる（GA16, 113）。

知の奉仕の強調

しかし先ほども述べたように、ハイデガーの力点は明らかに知の奉仕に置かれている。彼はドイツ学生団を拘束するものとして「ドイツ民族の精神的任務」を挙げている。この任務は次のように規定されている。

> この民族が自分の運命のもとで活動するのは、民族が自分の歴史を人間的現存在の世界形成的な諸力すべての圧倒性の顕現（Offenbarkeit）のうちに置き入れて、自分の精神的世界をつねに新たに戦い取るという仕方によってである。このように自分の現存在における究極的な問うに値するものに晒されつつ、この民族は精神的な民族であろうと意志する。（GA16, 113）

つまりドイツ民族の精神的任務は世界形成的な諸力、すなわち存在におのれを晒し出すことである。ドイツ民族がこの精神的任務を果たすために、学生たちには民族の将来の指導者として「民族の精神的世界」をあらわにし、それを保護する知への奉仕が求められるのである。「この民族は自分に対して、また自分のために、民族の指導者と守護者がもっとも高く、もっとも広く、もっとも豊かな知のもっとも厳しい明晰さをもつことを要求する」(GA16, 113)。

大学生は民族の指導者になるべき存在として、このような知の奉仕を求められる。ハイデガーによると、この知の奉仕は単に高度な専門職に就くための訓練として、そうした職業に従属するものではない。逆に職業が民族の世界を開示する知を守護し、そうした知に奉仕せねばならない。「政治家や教師、医師や裁判官、牧師や建築士は、民族的-国家的現存在を導き、またそうした現存在を見守って、人間的存在に属する世界形成的な諸力への根本関係のうちにしっかりと保持するがゆえに、こうした職業やこの職業への教育は、知の奉仕に委ねられている」(GA16, 114)。

大学に実用的な職業教育を期待することは、今日では当たり前のこととなっているが、ドイツ学生団も生にとって無意味な干からびた学問ではなく、国家、民族に役立つ実践的な教育を要求していた。それに対してハイデガーは、知とは職業に従属するものではなく、職業こそ民族の精神的世界を開示する知を保持し、それによって民族を導くという仕方で知に奉仕せねばならないことを強調する。つまり「知が職業に奉仕するのではなく、その逆であって、職業が民族の現存在全体に関する民族自身のあのもっとも高貴で本質的な知を勝ち取り、管理する」(GA16, 114)。

ハイデガーはこうした知について「存在者の圧倒的力のただなかで、現存在をもっとも激しい危険に晒すこと」と特徴づけている。この直後に述べられているように、こうした知がまさに職業、すなわち労働によって担われるのである。「存在一般の問うに値する尊さは民族に労働と戦いを強い、職業がそこに属しているおのれの国家へと民族を押しやる」(GA16, 114)。このように存在は民族に対して、おのれを労働という仕方で担うことを要求する。そして存在は民族の世界に根ざしたものである以上、労働は存在を担うことによって、民族の世界、すなわち「国家」に参与するのである(労働と国家の関係については、ハイデガーの労働論を取り上げる本章第三節で詳しく論じる)。

ハイデガーは以上の三つの拘束、すなわち「精神的課題のうちでの、国家の運命への、民族による拘束」はドイツ的人間にとって等しく根源的であると述べ、それゆえこれら三つの拘束に基づいた先述の三つの奉仕も等しく必然的であるとする。そしてハイデガーは「共同行為を伴った民族についての知、いざというときの覚悟を伴った国家の運命についての知は、精神的課題についての知とともに、はじめて学問の根源的で完全な本質を生み出す」と結論する(GA16, 114)。

ここで言及されている「民族についての知」は民族への拘束に由来する労働奉仕によって、また「国家の運命についての知」は国家の運命の拘束に由来する国防奉仕によって培われるものだが、これらの知は究極的には知の奉仕によって生み出される民族の精神的世界についての知と異なるものではないだろう。つまり労働奉仕と国防奉仕は実質的には知の奉仕へと収斂していき、学問を民族に根ざしたものにすることによって、学問の本質を完成するものという意義を与えられるのである。ハイデガーがドイツ大学の本質を「学問に基づいて、また学問によってドイツ民族の運命の指導者と守護者を教育し訓練する上級学府」として規定するとき念頭に置いているのは、まさにこのような学問であった（GA16, 114）。

闘争共同体としての大学

ハイデガーは右で規定したような学問が「ドイツの大学という団体を形成する力」にならなければならないと主張する。彼によると、そのことはまずは教員と学生がこの学問概念によって揺り動かされることを必要とする。さらにこうした学問概念が、教員と学生が活動する場としての「学部（Fakultät）」と「学部学生会（Fachschaft）」を規定するものとならなければならない（GA16, 115）。

ここで言及されている学部学生会はわれわれにはあまりなじみがない組織だが、学部ごとに組織された団体を指し、ドイツ学生団の学生は全員、これに所属しなければならなかった。ドイツ学生団によるさまざまな研修、学習会が基本的にはこの学部学生会を単位として行われた。この学部学生会は国民社会主義的な学問の学習の場、すなわち自分の専攻と政治、すなわち国民社会主義との相互関係について考察する場として位置づけられていた。[18] こうした学部学生会による学習会は大学の通常の講義に対抗する意図をもったもので、自由主義的な教授たちの教育を内部から破壊することを目指していた。[19] つまり学部学生会はすでに先ほども触れた、ドイツ学生団の政治的学問という学問理念を大学内に浸透させていくための実働単位であった。

なお学部は「自己主張」では学部学生会と対置する形で語られているので、基本的には正教授を中心とした教員によって構成された大学自治の基本的単位を指すものと考えてよいだろう。「自己主張」では終わりに近い部分で、学部と学部学生会がそれぞれどうあるべきかが語られているが、要するにそこでは大学における教師と学生のあり方が問題にされているのである。

ハイデガーによると、学部が真に学部であるのは、学部が「学問の本質に根ざした、精神的法則設定の能力へと自己展開し、おのれに切迫する現存在の諸力を民族のひとつの精神的世界へと形作っていく」ときだけである（GA16, 115）。また学部学生会の課題も「あらかじめこうした精神的な法則設定の領域に身を置き入れて、そのことによって専門の枠を取り払い、皮相な職業訓練というつまらない偽物を克服する」ことだとされる（GA16, 115）。右の引用で言われている「精神的法則設定」は存在におのれを晒し出し、存在を知の基準にすることを意味するだろう。つまりここでは学部と学部学生会、それぞれが存在を問うことにより、専門の枠を超えて民族の世界をあらわにすることが要求されているのである。

以上のことを述べたあとで、ハイデガーはドイツ大学の本質を解明し、展開していくことの困難さについて触れて、それが今学期や来学期には実現できると思ってはならないと釘を刺す。つまり本章の冒頭で取り上げたブロッホマン宛ての書簡でも述べられていたように、真の革命はこれからだというわけだ。しかし彼によると、とにかく次の一点だけは明らかである。すなわちすでに見た学問の本質に即して「ドイツの大学が明確な形態と力を獲得するのは、三つの奉仕——労働奉仕、国防奉仕、そして知の奉仕——が根源的に単一の形成力へと結集するときのみである」(GA16, 115f.)。つまりドイツ学生団のように単に労働奉仕や国防奉仕を大学に導入することで満足してはならず、逆に大半の教授がそうであったように、労働奉仕や国防奉仕を授業の妨げと捉えるのでもなく、三つの奉仕を学問の本質をもたらすものとして統一的に把握し、実践していくことが重要だと言うのである。まさにこうした観点から、ハイデガーは教師と学生がそれぞれ何をなすべきかについて次のように規定する。

> 教師の本質意志は学問の本質についての知の単純さと拡がりに目覚め、そうしたものへと強化されねばならない。学生の本質意志は知の最高の明晰さと規律へとおのれを無理にでも高め、〔労働奉仕と国防奉仕に由来する〕民族とその国家についての共同的な知を学問の本質のうちに、要求し規定するという仕方で入れ込んでいく必要がある。(GA16, 116)

このように述べたあとで、ハイデガーはこの教師と学生の意志が相互に闘争するものになることを求めている。すでに見たように、ドイツ学生団は学問が実生活にとって有意義であることを求め、旧態依然とした大学のあり方を批判していた。逆に教授たちはそうした学生たちの要求を脅威と見なし、大学が一刻も早く平穏を取り戻すことを希求していた。

ハイデガーはこうした学生と教員の対立関係を念頭に置きつつ、それを創造的で実り豊かな闘争へと変貌させることを試みる。つまり教員は学生の民族と国家に対する憂慮、また彼らが労働奉仕と国防奉仕をとおして獲得した知を受け止め、みずからの専門性に自足することなく、民族の精神的世界の知の単純さと拡がりに目覚めるべきである。また学生も単なる反知性主義を脱して、教師が求める学問的厳格性に則って、労働奉仕と国防奉仕の経験を民族の精神的世界の知へと昇華していかなければならない。こうした教員と学生の関係をハイデガーは「問う者たちによる知を求める戦い」と呼び、大学が「教師と学生の闘争共同体」となることを求めるのである（GA16, 116）。

プラトンの影

以上で「自己主張」に示されたハイデガーの大学改革構想を概観した。この学長演説はドイツ学生団と教授陣の対立を背景として、ドイツ学生団による旧来の学問に対する批判を肯定しつつ、彼らを存在の問いに基づく学問の本質に目覚めさせることによって、その破壊力を建設的な力へと変えようとする努力を示している。もとよりハイデガーは大学を変革する力が正教授たちの中から出てくることはあまり当てにしておらず、既存のものを否定する学生たちの変革への衝迫に彼は大きな期待をかけていた。したがって彼の大学改革の成否はまず何よりも学生たちが粗野な反知性主義から脱して、学問の本質に目覚めるかどうかにかかっていた[20]。そのために彼は「自己主張」では知の奉仕を強調し、ドイツ学生団が求めていた労働奉仕、国防奉仕も民族の世界についての知を体得させるものとして、それらを知の奉仕へと統合することを試みたのだった。

もちろんこうした試みが容易ではないことはハイデガー自身、よくわかっていた。彼は学長就任演説の末尾で、プラトンの『国家』の一節「すべて偉大なものは嵐の中に立つ」(497d9)を引用している。[21] この言葉はまさにソクラテスが哲人王統治についてひとしきり論じたあと、まだ残されている困難な問題があると述べているところで語られる言葉である。この『国家』からの引用は、まさにハイデガーが自分の学長としての任務の難しさを自覚していたことを示している。

ハイデガーは学長就任前の一九三一/三二年冬学期講義『真理の本質について』と学長在任中の一九三三/三四年冬学期講義『真理の本質について』の二度にわたって、『国家』の「洞窟の比喩」を取り上げて、ほぼ同じ内容の解釈を展開している。そこではまさに哲学者の使命の困難さが強調されており、「自己主張」での『国家』からの引用も、まさにこの時期の『国家』解釈を背景とする。洞窟の比喩では、洞窟の外で太陽(真理)を直接、見ることができるようになった人物がふたたび洞窟の中に戻り、洞窟の壁に映った影絵を真理だと信じているかつての同胞にそうではないことを教えようとする。ところが彼はそのことを不快に思う人々によって憎まれ、殺害されてしまうのだった。もちろんプラトンはここで自分の師ソクラテスの死を念頭に置いている。

ハイデガーはこの洞窟の比喩の最終段階の解釈において、そこで述べられている死は必ずしも肉体的な死に限られるものではないと指摘する。むしろ死において真に困難なものは、「死が人間にとって自分の存命中にその完全な厳しさをもって眼前に迫ること」に存するのであり、これは「内的生が無化され、無力化されること」である。そしておよそ哲学者であれば、こうした運命を免れることはできない。殺害はすでに「哲学者と彼の問いがいつのまにか洞窟の住人の言葉へと変換され、彼らの前で笑いものになる」ことにおいて起こっている（GA36/37, 182）。

ハイデガーがこうした哲学者の運命を自身の境遇に重ね合わせていることは明らかだろう。彼は学長としての使命も洞窟の住人を解放する哲学者になぞらえていたのである。ということは、自分の言葉が理解されないという意味で、自分が洞窟の住民に殺害されかねない可能性も明確に意識していたわけである。このことからすれば、彼の学長職の受託は、まさに『存在と時間』で論じられた「死への先駆（Vorlaufen in den Tod）」そのものだったとも言えるだろう。

ハイデガーは『真理の本質について』の一九三四年一月三〇日に行われた講義では、洞窟の住人をはっきりと名指すことさえしている。そこで彼はいつの時代、どの民族も洞窟とその住人をもつものだと述べたうえで、「今日の洞窟の住人の典型例」として、前日にフライブルクで講演を行ったナチスの御用作家エルヴィン・グイード・コルベンハイヤー（一八七八－一九六二）の名前を挙げている。ハイデガーは彼の生物学的、人種主義的世界観に対する激越な批判を展開したあとで（GA36/37, 209ff.）、彼のような「洞窟人」について次のように皮肉を述べている。「洞窟人は自分の殻の中に座して、暴力的な解放と最高度の拘束の歴史について何も知ることがない。彼はすべてを自分の尺度で測り、こう考える。一九三三年には革命があり、一九三四年とそれに続く年には精神の追加納品がなされるのだと」（GA36/37, 212f.）。

ハイデガーの人種主義批判については第二章で詳しく取り上げるが、ここでとりあえず確認したいのは、彼が学長在任中から公然と人種主義を批判しており、また人々をそこから救い出すことを明確に自身の使命として意識していたということである。学長就任演説「自己主張」の末尾におけるプラトン『国家』からの引用には、以上のようなハイデガーの「洞窟の住人の解放者」としての自己理解が示されている。そして洞窟の比喩でその解放者が結局、殺されてしまうように、彼の学長職も実際に失敗に終わったことからすれば、その引用は皮肉なことに、彼がその後たどることになる運命の不吉な予告にもなっている。

先ほども見たように、そもそも彼は学長就任以前から、洞窟の比喩の解釈を講義で繰り返していた。彼の哲学者としての自己理解がすでにその時期から、洞窟人の解放者というイメージによって規定されていたとすれば、この哲学者像が学長職を引き受けるにあたっても、強い作用を及ぼしていたと想定することも許されるだろう。つまり彼の超政治は、まさにプラトンの洞窟の比喩における解放者のイメージに則って遂行されていたと見なしうるのである。[22]

第三節　学長期の労働論

存在者全体との対決としての労働

前節で学長就任演説「ドイツ大学の自己主張」に示された彼の学問理念、ならびにそれに基づいた大学改革の構想を概観した。すでに「自己主張」でも述べられていたように、彼の唱える新たな知は単に大学内部に留まるものではなく、学生たちがその後に就く職業、すなわち「労働（Arbeit）」をとおして社会に浸透させられることが期待されていた。つまりハイデガーの学問の本質をめぐる言説は、労働のあり方の変革によって社会秩序そのものを変えることを視野に入れたものだった。

このように労働は学問と共同体を媒介する結節点として、学長在任中の言説では頻繁に取り上げられている。しかしながらハイデガーのナチス加担を取り上げた無数の研究の中で、彼の労働論に注目しているものはほとんどない[23]。その理由としては、彼が労働について論じているのが、おもに学長として参加した公的行事におけるスピーチであるため、労働論がナチスにおもねった時流迎合的な言説と誤解され、まじめな哲学的検討には値しないと見なされたことが大きい。

たしかにドイツ学生団は反資本主義的な傾向をもち、労働による社会の再構成を唱えており、労働をとおして社会を変革するというハイデガーの議論が当時のそうした言説を意識していたことは事実だろう。また同時期にはエルンスト・ユンガー（一八九五－一九九八）の『労働者――支配と形態』（一九三二年）が刊行されたばかりでもあり、労働や労働者についての考察自体がある種、時代の流行という趣をもっていた。しかも学長辞任後ほどなくして、労働への言及はまったく見られなくなるので、このことからしても労働論は彼の思索のうちでは一種の際物でしかないと捉えられやすい。[24]しかしわれわれは、ハイデガーが労働についてもある意味ナチス的な言説に便乗しつつ、それを自身の哲学的立場に即したものへと換骨奪胎していることを確認できる。つまり彼の労働論は彼の哲学から逸脱したものではなく、それ自身、超政治の実践と見なしうるものである。

そうだとすると、ハイデガーは労働をどのように規定したのだろうか。この点については、大学の入学式典での演説「労働者としてのドイツの学生」（一九三三年一一月）で詳しく論じられているので、以下ではまずそこでの議論を見ていくことにしたい。

その演説で彼は「自己主張」と同様に、世界形成的な諸力の開示を知の本質と規定する。彼によると、この知は「民族が国家になること」において実現され、すなわち「この知が国家である」（GA16, 200）。ここで非常に簡潔に述べられているように、ハイデガーにとって、国家とは世界形成的な諸力、すなわち存在におのれを晒しだす知に基づいており、そうした知が国家の本質をなすのである。

つまり存在の思索はそれ自身、国家の思索を意味するわけだ。ハイデガーは同じ演説で、具体的にこうした国家において世界形成的な諸力がどのように支配しているかについて語っているので、それを見ることにしよう。

例えば自然は民族の空間として、風景や故郷として、地所としてあらわになります。自然は重要な素質や嗜好の遺伝による、かの秘められた伝承の力と法則として解き放たれます。自然は健康という規範的な規則になります。自然がより自由に支配すればするほど、真の技術の形成力はより見事に、また抑制的に自然に奉仕するものになりえます。（GA16, 200f.）

自然は自然科学において対象化された自然ではなく、まさに民族が固有の仕方で生を営む空間、いわば「風土」として捉えられる。また同時に自然は素質や嗜好の遺伝という形で身体をも支配している。ある固有の風土における身体的な自然の十全な発現が健康の規準となる。こうした風土と身体という二重の意味での自然はそれに即した技術を生み出すが、このような技術は自然を支配したり無化したりせず、逆に自然の支配を承認し、それに仕えるものとなるのである。

一九二〇年代後半の形而上学に関する議論でも強調されていたことだが、入学式典演説では人間の歴史が自然の制約のもとで生起することが次のように語られている。「自然に結びつけられ、自然によって担われ、また覆われて、自然によって鼓舞され限界づけられて、民族の歴史が現実化します。自分自身の本質に道を切り開き、持続性を確保する戦いにおいて、民族はその自己を成長する国家体制の中で把握します」(GA16, 201)。

ハイデガーはこのように、自然の支配における歴史の生起を民族の共同体、すなわち国家の成立そのものとして捉え直している。そして次に見るように、このような自然と歴史の抗争を捉え、民族の本質を可視化する役割が芸術に与えられる。「自分の偉大さや使命といったものを担う能力を、本質的な真理として獲得しようとする戦いにおいて、そうした能力は芸術のうちに模範的に示されます。芸術はそれが民族の全体的現存在を民族の本質という型において捉えることによってのみ、偉大な様式となります」(GA16, 201)。このように芸術は存在をもっとも根源的な仕方で受け止めること、すなわち存在開示の範例的な様式として位置づけられる。

ハイデガーは以上のように述べたあと、そうした諸力——自然、歴史、芸術、技術、国家——が貫徹されるとき、民族は国家になると言う。彼によると、これら諸力の顕現こそ「真理の本質」である(GA16, 201)。それゆえ国家とはまさにこうした真理の本質そのものの生起を意味することになる。要するに彼は、存在の顕現そのものを国家と見なすのである(存在＝国家)。

演説「労働者としてのドイツの学生」では、労働の本質が世界形成的な諸力の開示として規定されている。このような立場から、ハイデガーは同じ演説で、まさに既存の労働概念がこうした労働の本質を見落としていることを批判する。そこでは当時、支配的だった労働観が「民族に疎遠で民族を破壊する労働のエセ概念」と呼ばれ、その例として労働者を「搾取の単なる対象へと貶め」、「無産階級を形成し階級闘争に参入すべきもの」とするようなマルクス主義的な労働概念、「労働を財の生産として、賃金獲得の機会として単に経済的に理解するだけ」の経済学的な労働概念が挙げられている（GA16, 204f.）。これらは「民族に疎遠で民族を破壊する労働」として、すなわち民族の世界を開示し、創造するという労働の本質を捉え損ねたものとして否定されるのである。

以上のように既存の労働概念を退けたうえで、ハイデガーは労働の本質をあらためて規定して、それは単なる「ふるまいの遂行」でもなく、またふるまいの「成果」でもなく、「人間が労働する者として存在者全体との対決に入ること」だと述べている（GA16, 205）。つまり労働の本質は存在者に働きかけるふるまい、ないしはそれによって生み出された製作物や成果に還元されるものではなく、存在者全体と対決し、そのことによって存在者全体の支配を承認することに存するというわけだ。「こうした対決において、先述した大地を形成する諸力への全権委任、そうした諸力の貫徹、諸力による定めと抑制が生じる」（GA16, 205）。

例を挙げてみると、たとえば農夫にしても職人にしても、彼らの労働は単に作物や製品といった対象との関わりに尽きるものではなく、まず何よりもおのれを取り巻く世界についての知に基づいている。農夫は自然環境を斟酌しつつ、そのうちで作物を育てるのである。また農夫が使用する道具を作成する職人も、農夫が委ねられている自然環境を念頭に置きつつ、そこでの使用に堪えうる道具を制作する。彼らの労働はつねに世界の開示に基づいており、その制約の下でおのれの可能性を模索し、それを実現していくという意味で、世界との対決と言われるのである。

労働と知

今も述べたように、労働という営みは単に目の前に現れている存在者との関わりに尽きるものではない。そうした存在者との関わりをとおして、労働者はその存在者の存在を可能ならしめる世界と関わっている。ハイデガーは既存の労働概念が、労働をもっぱら存在者との関わりとして捉え、その背景にある世界との関わりを閑却していることを問題視するのである。

今日では科学技術をその典型とする「対象化」が存在者に対する唯一の真なる接近様式だとされ、対象化によってこそ物事の真の姿が捉えられると考えられている。ハイデガーはこうした対象化の優位に対して、逆に対象化のほうが本来的な労働における存在者の根源的な開示に基づいてはじめて可能になる点に注意を促している。つまり対象化は存在者への二次的な関わり方でしかない。

この点について、学長を辞任した直後の一九三四年夏学期講義『言語の本質への問いとしての論理学』(以下『論理学』と略)では、次のように述べられている。すなわち存在者が根源的にあらわとなるのは、「人間的現存在が気分づけられ労働する者として、自然と自然の諸力の存在へとはめ込まれ、また制作された作品の存在、また勝ち取られた運命と状況の存在へとはめ込まれるといった仕方において」である。そして「このような根源的な顕現に基づいて、はじめて存在者の対象化といったようなことが可能になる」(GA38, 158)。存在者はある固有の世界、状況のうちでのみその本来のあり方を発揮するため、ここでも述べられているように、この存在者の真理を捉えるには現存在はこうした世界におのれを晒し出す必要がある。これに対して、存在者をこのような世界との連関から切り離して、われわれに対して呈する姿だけに注目して捉える対象化は、真の労働において開示される存在者の存在には決して迫ることはできないのである。

このように学問的対象化は決して知の唯一のあり方でもなく、もっとも根源的なあり方でもないということ、むしろ労働の方がより根源的な知を備えていることを強調することにより、ハイデガーは学問と労働、知的労働と肉体労働のあいだに通常認められている序列関係を否定する。労働の本質はおのれを取り巻く存在者全体、すなわち世界を開示し、世界をそのものとしてあらしめるという点に存する。このように世界を開示するという「知的」性格をもつという点で、学問と労働とのあいだには何の区別もない。また労働が知によって基礎づけられている限りで、肉体労働と精神労働の区別もなくなるのである。

こうした点について、一九三四年一月の演説「市の失業救済事業対象者のために大学で行われる講習会の開講にあたって」では、「真正なる学問の知は、農夫、木こり、土木鉱山労働者、手工業者のもつ知と本質においてまったく区別されません」と述べられている。なぜなら、知とは今や次のことを意味するからだ。すなわち「われわれが共同体的、かつ個別的な仕方でそのうちへと置かれている世界の勝手を知ること」であり、また「決断において、また行動において、そのつどわれわれに課された任務に対処できること」である（GA16, 234f.）。ここではこうした任務として、「畑を耕すこと、木を切り倒すこと、溝を掘ること、自然にその法則を問い尋ねること、歴史をそれがもつ運命的力において際立たせること」などが挙げられる。こうして知は「われわれが置かれている状況を掌握していること」と規定される（GA16, 235）。

ハイデガーはこのように学問の特権性を否定することにより、ドイツ学生団、ひいてはナチス一般の反知性主義的、反ブルジョワ的な態度にある意味で接近している。もっとも彼は知の意義を完全に否定するわけではない。彼は本来の労働が民族の世界の開示という知に基づいていることを強調し、すなわちこのような労働のうちに、西洋において知の範例的なあり方と見なされてきた理論的－対象化的な知よりも根源的な知を見出すのである。

気遣いとしての労働

ハイデガーは演説「労働者としてのドイツの学生」で、こうした労働の本質がすでに『存在と時間』において「気遣い（Sorge）」として捉えられていたことに注意を促している（GA16, 205）。つまり労働についての議論は学長期に固有のものだが、そこで捉えようとしているものはすでに以前から自分の思索において気遣いとして主題化されていたと言うのである。

この気遣いとは『存在と時間』において、現存在の本質として取り出されるものである。そこでは気遣いの構造が「（世界内部で出会われる存在者）のもとでの－存在として、おのれに－先だって－すでに－（世界の）－内で－存在すること」と分節化されていた（SZ, 192）。そして同書の後半部分では、この気遣いがさらに現存在の時間性という観点から、将来、既在性、瞬間という三つの脱自態の統一として捉え直されるのである（SZ, 325ff.）。

気遣いは現存在が存在者と関わる際に、その関わりの根底にある存在との関わりを捉えようとするものである。われわれは通常、存在者との関わりのうちに存在者との関わり以上のものを見ないが、ハイデガーはそうした関わりが根源的には存在了解に基づいていることに注意を促し、この存在との関係を気遣いと呼んで際立たせている。こうした議論には、存在者との本来的な関わりは、それをおのれの意のままに操作することではなく、その存在者をそれ固有の存在においてあらしめること、そうした意味で存在者の存在を気遣うことだという主張がこめられている。

序論ですでに見たように、ハイデガーは存在者の存在を将来－現在－過去といった時間的拡がりの生起として捉えている。それゆえ存在を気遣うこととしての気遣いは、このような時間的拡がりへの脱自として解釈される。つまり存在を気遣うということは、現前する存在者への関わり（現在）はもちろんだが、さらに存在者の可能性（将来）、またそうした可能性を根拠づけるその存在者の来歴（過去）への関わりを含んでいる。気遣いが将来、現在、既在性という脱自態の統一として規定されるのは、気遣いが時間的拡がりとして生起する存在への関わりであることを反映している。

ハイデガーは自分が労働として主題化しているものは、こうした気遣いに他ならないと言うわけだが、この労働と気遣いという二つの概念の関係については一九三四年夏学期講義『論理学』でより具体的に語られている。そこでは将来が「課題（Auftrag）」、既在性が「負託（Sendung）」、現在（瞬間）が労働と言い換えられている。そのうえでハイデガーはそれら三者の関係について次のように述べている。われわれの課題は恣意的に設定されたものではなく、「われわれに対してわれわれの負託のほうから先行的に規定されている」。こうした「負託としての課題」がわれわれにとって「使命（Bestimmung）」であり、「時間そのものの力」である（GA38, 127）。

この「負託としての課題」、「時間そのものの力」と呼ばれているものは、要するに、存在の生起としての時間の拡がりを指している。このように現存在に使命として課されたそうした「時間の力」を担うことが労働の本来の意味とされるのである。すなわち労働は作品を現前性と現実性へと至らせる「現在」として規定されるが、この「歴史的現在は労働として負託と課題から発し、かくして現在は将来と既在性から発する」のである（GA38, 128）。

具体的な例に即して考えてみよう。例えば農夫の労働はさしあたり、ある特定の作物を育て、それを「現前化」させることと捉えられる。しかしその労働はわれわれの意のままにはならないその作物の存在に依存したものである。意のままにならないということは、われわれがその作物に固有の過去の来歴を引き受け、またそうした過去に基づいた将来の可能性に委ねられているということだ。しかもそうした作物の来歴と今後の可能性はそれ自身、作物がそこで育ってきたところ、またそこで育っていくところとしての環境、すなわち存在者全体によって規定されたものである。こうして作物を育てるとは存在者全体の制約に服することを意味することになる。結局、「負託としての課題」、「時間の力」とはわれわれが労働において従わねばならない存在者全体の支配を時間という観点から表現したものであり、要するに存在者全体の支配そのものを意味するのである。

このように、さしあたり目の前の存在者との関わりとして捉えられる労働の根底には、その存在者の存在を可能にする存在者全体、すなわち世界との関係が潜んでいる。まさにこうした世界との関係が『存在と時間』では気遣いとして捉えられ、また学長期には労働の本質をなす知として強調される。さらにこの世界が時間的観点からわれわれの将来と過去を規定するものとして捉え直されることによって、労働は「時間の力」を担うことと特徴づけられるのである。

労働と国家

こうして先ほども述べたように、農夫、木こり、土木・鉱山労働者、手工業者、学者は、それぞれがおのれの労働において世界を開示し、そのことによって世界を保護し創造する。労働者は自分の仕事に従事することにおいて世界に晒し出され、同様に世界に晒し出されている他者とひとつの世界を分かち合うことになる。つまり同じ世界のうちで他者と共に存在するという共存在は、労働を媒介として生起するのである。

この点について、ハイデガーは講義『論理学』で次のように述べている。「労働はよりよく遂行するという目的のために、事後的に他者の労働へと差し向けられるのでは」なく、逆に「労働は人間の根本的ふるまいとして共同‐相互存在の可能性の根拠であり」、すなわち「労働そのものがたとえ個々人によってなされていようとも、人間を他者との共存在、そして他者のための共存在へと引きさらう」(GA38, 156)。つまり労働において労働者がそれぞれの仕方で世界を気遣い、そのことにより世界を維持し保護するとき、そのことは同じ世界のうちで共に生き、またその世界によって存在を保証された他者を気遣うことを意味する。したがって、労働それ自体がすでに他者の「ための」共存在という性格をもつことになる。

ハイデガーは演説「労働者としてのドイツの学生」で、まさにこうした労働に基づく共存在を国家と呼んでいる。「労働は民族を存在のあらゆる本質的諸力の作用する場へと置き移し、適合させる。労働において、そして労働としておのれを形成している民族的現存在の組織が国家である」(GA16, 205f.)。すなわち国家は労働に基づいて実現されるのである。そして労働はこのように国家を成り立たせるものであるがゆえに、労働者があらためて政治活動するまでもなく、労働それ自身が「政治的な」営みと見なされることになる(GA40, 161f.)。

ハイデガーによると、このような国家においてはじめて、民族はおのれ固有の存在様式を発揮するという意味で真の「自由」を獲得する。学長辞任後のギムナジウムの同窓会でのスピーチ(一九三四年五月)では、ドイツにおける新しい運動は「民族の自由へのもっとも深くもっとも広い気遣い」と規定される。この民族の自由とは単に「行動が拘束されないこと」ではなく、「われわれの本質のもっとも内的な法則と秩序への拘束」、すなわち「民族におのれの歴史的、精神的存続を保証するあの諸力に結集すること」を意味する(GA16, 281)。この「諸力」とは学長就任演説などで「世界形成的な諸力」と呼ばれていたものを指し、これは結局、存在そのものである。

労働によっておのれを存在に晒し出し、それが形作っている秩序によって拘束されることこそが「ドイツ的社会主義の本来的な意味」である。「ドイツ的社会主義はわが民族の本質にふさわしい諸秩序の基準と法を求める闘いです。ドイツ的社会主義は真の実力と功績にしたがった序列を意志します。ドイツ的社会主義は奉仕の無条件性とあらゆる労働の不可侵の栄誉を意志します」(GA16, 281f.)。ハイデガーはこのように、ドイツ的社会主義を存在への献身として再定義するのである。

本節では以上で、学長在任中に展開されたハイデガーの労働論を概観した。そこでは労働は存在者の世界形成的な力に対して開かれること、すなわち存在者の存在が形作る秩序におのれ自身をはめ込むこととして捉えられていた。そして今も確認したように、彼はこの労働論に基づいて「社会主義」を再定義し、そのことによって「国民社会主義ドイツ労働者党」が何を目指すべきかの指針を与えようとしたのである。もちろんこのことの背景には、当時のナチズムが依拠していた近代的な労働概念に対する批判があったことは言うまでもない。したがってこの時期の労働論もナチズムに対する単なる迎合ではなく、まさに自身の思索に基づいて労働の意味をあらためて規定し、それによってナチズムを導こうとしている点で、超政治の遂行と見なしうるのである。

第四節　学長としての実践とその挫折

ドイツ学生団に対する失望

ハイデガーは学長在任中に書きつけられた「黒ノート」の覚書において、一九二〇年代終わり以降、形而上学という名のもとで展開していた自身の哲学的立場を超政治と言い換えて、その政治性をあえて強調した。この形而上学は存在者全体を主題化するものだったが、これは実質的には民族の歴史的存在を規定する世界の開示を意味していた。ハイデガーはこのように民族共同体の真の根拠をあらわにすることを通常、政治として理解されているものを超える政治の本来的な実践と捉え、それゆえに形而上学を超‐政治と名づけたのだった。

まさにこの時期、ハイデガーが自分の哲学を超政治と呼び、その政治性をあえて強調する背景には、フライブルク大学の学長に就任するという現実世界での出来事があった。彼はそのことによって、学長職の受託が自身の哲学に動機づけられていることを明示しようとしたのである。学長就任演説「ドイツ大学の自己主張」も自分の学長としての所信の表明として、学問の本質を民族の世界の開示として規定し、大学をそうした知を育成する場として再定義する試みであり、それ自身が超政治の遂行であった。

ハイデガーはドイツ学生団という若い力がこうした本来的な知を担うことを期待していた。もともと彼はかなり早い時期から大学のあり方には問題意識をもち、その改革に強い関心をもっていた。[25] その彼にとって、ナチス政権奪取後に大学を席巻したドイツ学生団の変革への要求は大学の旧来の秩序を転換する千載一遇のチャンスと映ったのである。ただしドイツ学生団は基本的に反知性主義的な性格をもち、イデオロギー的には人種主義によって規定されていた。そのためハイデガーは学生団を建設的な勢力へと変貌させるために、自分の超政治的実践によって人種主義という非精神的な基盤に代わる精神的な基盤を与えることを試みたのである。学長演説が労働奉仕と国防奉仕に対して、知の奉仕を強調するのはこのような事情が背景にあった。

今も述べたように、ハイデガーの大学改革は学生を自身の哲学によって教化できるかどうかにかかっていた。学長就任演説をはじめとする、大学の諸行事での演説、講演、さらには講義もまさにハイデガーの学生教化の努力を示している。それ以外にハイデガーが学生の教育の場として大きな力を注いだのが、選抜された学生、さらには若手教官を対象とした学術キャンプであった。

この学術キャンプは一九三三年一〇月にハイデガーの山荘があるトートナウベルクで実施された。彼によると、このキャンプは若手教官と学生に「真の学業に対する心構えを与え、学問の本質についての自身の見解を説明し、討議する」場として計画された（GA16, 386）。具体的にはキャンプは「ドイツ精神からなる将来の高邁な大学を勝ち取るための方途と手段を考えるため」のものだとされ、大学制度の現状、大学制度のナチズム的な変革の目標、学部や学部学生会のあり方などを検討することが予定されていた[26]。ところがハイデガーの意気込みに反して、このキャンプは彼自身の後の回顧に従えば、フライブルク大学におけるナチ党の影響力の浸透と強化を狙ったハイデルベルク大学のグループが「キャンプを破壊する」意図をもってそこに参加したことにより、何の成果ももたらさないまま混乱のうちに終わった（GA16, 386f.）。

このキャンプの失敗はハイデガーにとっては大きなダメージだったが、すでにそれ以前から、彼は学生の指導がうまくいかないことを自覚していた。学長期の前半に執筆された「黒ノート」のいくつかの覚書に、早くもドイツ学生団に対する批判的なコメントが記されており、学生たちに対する苛立ちと失望が吐露されている。一九三三年夏学期の段階で、彼はドイツ学生団に対して次のような辛辣な批評を加えている。「学生団が今、この夏学期の始まりに到るまでに示したことすべてから、次の結論を導かざるをえない。つまり学生団はまったく無能だということである――新たな建設においてはじめてそうだというのでなく、すでに大学内部の革命において無能である。／完全な精神的な未熟さはいかに多くの勇気や熱狂によっても代替できない」（GA94, 116）。

ドイツ学生団が何かを建設する力をもたないという苦情は、「省慮と目配せIII」ではその後も繰り返されている。「現状について（一九三四年二月終わり）」と題された覚書一〇五では、次のように述べられている。「有能で、頼りになる、地に足のついた人材は若者たちのあいだには存在するが、学生団のうちにはいない。なぜならば、学生団は今自分たちに委ねられた大学の世界に建設的にではなく、単に論争的にしか『対処できない』からである」（GA94, 157）。さらに覚書一一〇でも、学生団は「将来の精神的世界を建設すること」は決してできない、なぜならば「学生団は本質上、精神的‐世界観を備えた創造的な成熟の年頃ではないからだ」と言われている（GA94, 159）。要するに学生団は十分に「精神的」でないため、ドイツの大学にとって何ら建設的で積極的な力になりえないというわけだ。

こうしてハイデガーは、すでに一九三三年の終わりの時点でドイツの大学が「自己主張」する力をもたないことを認めざるをえなかった。すなわち覚書一〇一で、彼は「終わりつつある、学長在任の年の本質的な経験」について次のように語っている。その経験とは「真の『自己主張』に対する無力に由来する、大学のとどめがたい終わりである。自己主張は最後の、何の反響もなく消え去りつつある要求にとどまったままである」（GA94, 154）。

ここからハイデガーは自身の学長職について、次のように総括する。「私の参画の時期はあまりに早すぎた、ないしより正確に言うと、まったく無駄だった」。そして彼は自嘲気味に次のように述べている。「時代に適った『指導』は内的な変貌と自己教化を目指すべきではない――そうではなく、新たな諸施策の、できる限り目に見える積み重ね、ないしは既存のものの印象深い変更を目指すべきなのだ。しかしこうしたふるまいによっては、本質的なものは古いもののもとにとどまることしかできない」(GA94, 155)。つまりナチス政権下で求められているのは、しょせん「新たな諸施策の目に見える積み重ね」でしかなく、そこで自分のように「内的な変貌と自己教化」を目指すことはまったく無意味だったと言うのである。

学長辞任

ハイデガーは一九三四年四月、学長に就任してからわずか一年足らずで職を辞した。このことについて、彼は「省慮と目配せIII」の覚書一一三で苦々しく次のように述べている。「学長職の終わり。一九三四年四月二八日。――私は辞職した。なぜなら責任を負うことはもはや不可能だからである。いいいいい凡庸さと喧騒、万歳!」(GA94, 162)。こうしてナチスの「精神的」指導を目指した学長ハイデガーの超政治は挫折に終わった。

ハイデガーは学長を辞任した直接的なきっかけとして、後年の説明では、自分が指名した法学部長の更迭をバーデン州文部省から迫られたことを挙げている。一九三三年八月のバーデン州の大学条例の改定により、大学にもトップダウンの指導者原理が導入され、文部大臣が学長を指名し、学長が学部長を指名することが可能となった。ハイデガーはそれに従って、彼自身の言によれば、学問的に有能で、しかもナチ党からの影響を受けない人物を学部長として指名した(GA16, 386)。

ところがハイデガーによると、彼の前任の学長でもあったフォン・メレンドルフの医学部長への指名とエリック・ヴォルフ（一九〇二－一九七七）の法学部長への指名はそれぞれの学部の内部からの強い抵抗に遭うことになった。そして冬学期の終わり頃に、ハイデガーはバーデン州文部省大学局長のフェーレ参事官から二人の解任を求められたと言う。その際、ヴォルフの解任は法学部の強い希望だということも伝えられた（GA16, 388）。

ヴォルフは若き法哲学者で、ハイデガーの腹心とも言うべき人物だった。このヴォルフの学部行政、とりわけ突撃隊奉仕や国防スポーツの導入、また国民経済学講座の代講者の指名などが同僚の不興を買っていた[27]。この対立にバーデン州の文部大臣が介入し、一九三四年四月にヴォルフの罷免をハイデガーに提案するに至った。ハイデガーはそれに抗議して、大臣に学長の辞任を告げたのである[28]。

ハイデガーは学長職を後任に引き継ぐ式典への出席を拒否した。その式典はこれまでは大学自身が選んだ学長を前学長が宣誓させる行事だったが、今は文部大臣が学長を選んでいる以上、新学長を宣誓させるのは文部大臣であり、前学長が出席する意味はないというのが出席を拒んだ理由だった（GA16, 278）。しかしこれは不服の表明以外の何ものでもないだろう。

今も見たように、ハイデガーの学長職辞任の直接のきっかけは、自身が指名した学部長の更迭を求められたことだった。しかしこの出来事がなかったとしても、早晩、学長を退かざるをえなかっただろう。というのも、すでに指摘したように、一九三三年の終わり頃には、彼は大学運営が行き詰まっていることを明確に認識していたからである。彼が学長就任後、早い段階でドイツ学生団の無能さに失望していたことはすでに見たとおりである。彼の大学改革の成算は学生団が学問の本質に目覚め、自身の改革の推進力になるかどうかにかかっていた。したがってその学生団が自分の期待どおりに動かないとき、彼の大学改革は頓挫せざるをえないのである。

もちろんハイデガーは同僚の正教授たちの協力を得ることもできなかった。そもそも今も指摘したように、彼の学長としての基本的な姿勢が、ドイツ学生団の変革への要求の力を借りて、同僚の抵抗を排除しようとするものだった以上、同僚と対立関係に陥ることは不可避だった。彼は学長に就任してから評議会をしばらく開かなかったため同僚教授たちから不満が噴出し、前任の学長フォン・メレンドルフの注意でようやく六月に開催するありさまだった。

また教授陣はドイツ学生団が要求する労働奉仕や国防スポーツの導入に対しても、大学の授業を妨げるという理由で消極的だったが、ハイデガーはむしろ学生団の意向に寄り添う姿勢を見せたため、これも同僚の怒りを買った。また右でも触れた、大学に指導者原理を導入する新しい大学条例は、正教授たちから学長や学部長の選出権を奪い取るものであったため、同僚はそれを大学自治の破壊と見なし、両者の対立は決定的なものとなった[29]。

先ほども述べたように、ハイデガーは正教授の抵抗はもともと織り込み済みだった。こうした正教授を抑える力としてドイツ学生団のほかに彼が期待していたのが、正教授以外の若手の教官たちである。正教授からは徹底的に忌み嫌われた新しい大学条例だったが、この条例はそれまで大学運営を完全に独占していた正教授からその権限を奪う一方で、非正教授や私講師、助手、学生などに大学運営への参加を認めるものであった。[30] その意味でこの大学条例の導入も若手の力を大学改革の推進力として取り込むという意義をもっていた。

しかし若手教官がこのような状況を単に自分の出世のチャンスと見なすのではなく、そこで建設的な役割を果たすためには、彼らがハイデガーの学問理念とそれに基づいた大学改革構想を共有する必要がある。学長就任演説も含めて、彼が学長時代に行ったさまざまな演説は、そうした教育的意図をもっていたことは言うまでもない。それ以外に先ほど述べた学術キャンプも学生とともに若手教官を対象としたものであった。ただこのキャンプが失敗に終わったことにも示されているように、若手教官の教化についても、ハイデガーは望んだ成果を収めることができなかった。[31]

このように一方で同僚からは徹底的に反感を買い、他方で期待していた学生や若手教官も思うとおりに教化できなかったハイデガーが大学運営に行き詰まるのは事の必然だった。彼は一九三三年の終わりにはすでにこのことを認識せざるをえなかった。「クリスマスの休暇のあいだに私にはっきりしてきたことは、長い間の哲学的作業に基づいて私に生じてきた精神的な根本姿勢に基づいて、国民社会主義運動の精神的、もしくは非精神的基礎の変化に対して直接の影響を勝ち取ることができると考えていたことは誤りだったということです」(GA16, 400)。彼の大学改革の成否は、とりわけドイツ学生団を自分の指導によって建設的な力へと変貌させられるかどうかにかかっていたが、それが失敗に終わったとき、彼は大学内で自身が完全に孤立していることを見出したのだった。

ハイデガーはナチス、とりわけドイツ学生団の「非精神的基礎」が精神的なものへと変貌することを期待しており、その限りにおいてドイツ学生団に積極的な可能性を見出していた。ハイデガーはその運動の力を取り込むことにより、民族の世界を開示するという本来の使命を見失い、専門学校化しつつあった大学の変革を推進しようとしていた。しかし結局のところ、ドイツ学生団が新しい知の本質に目覚めないとき、そのことは彼らが政治的学問という学問理念にとどまり続けることを意味する。ハイデガーからすれば、単に民族への有用性という目標を学問に与えるだけでは、学問の本来の必然性を取り戻すことはできず、つまり政治的学問は旧来の自由主義的な学問と本質において異なるものではなかった。それゆえ彼は学長辞任後、ナチズムが変革を唱えつつ、結局、旧来のものにとどまっているという反動性を強調し、それを厳しく批判するようになるのである[32]。

まさにこうした反動性を皮肉って、彼は学長辞任直後、一九三四年夏学期講義『論理学』で次のように述べている。「学長は今日、昔ながらの法服の代わりに、突撃隊の制服を着て登場することができる。彼はそのことによって、大学が変化したことを証明したか。せいぜいのところ、根本においてすべてが昔のままであるということを覆い隠しているにすぎない。われわれは新たな義務や行事に完全に適応しつつも、本来的な出来事には閉ざされたままでいることができる」(GA38, 74)。

シュタウディンガー事件

ハイデガーは学長在任中に自身の超政治的立場に基づいて、ナチズムをその人種主義という非精神的な基礎から脱却させ、政治の本来的次元へと導こうと努力していた。このように彼は学長時代、少なくとも言説のレベルにおいては単純にナチズムに追従していたわけではないことはたしかである。しかし彼の学長としての具体的な実践についてはどうだろうか。例えば彼は学長として大学の同僚やかつての教え子を追い落とそうとしたということで、戦後に厳しい道義的な非難を浴びているが、そうした点はどのように捉えればよいだろうか。具体的に言うと、フライブルク大学の同僚ヘルマン・シュタウディンガー（一八八一－一九六五）の免職を画策したという一件と、かつての教え子だったエドゥアルト・バウムガルテン（一八九八－一九八二）に対して反ユダヤ主義的な言い回しを含んだ悪意ある所見を書いたという一件である。

以上の行動を顧慮すると、やはり行動のレベルでは権力の濫用やナチスへの後ろ暗い迎合が認められるのではないだろうか。以下ではハイデガーの学長職の意義をより多角的に評価するために、今述べた二件の告発を検討することにしたい。この検討をとおして明らかになるのは、そうした彼の行動が良くも悪くも超政治の一環として捉えられること、その意味でそれらも彼の思想を背景にしているということである。

まずフライブルク大学の同僚シュタウディンガーをめぐる一件を見ることにしよう。シュタウディンガーは一九五三年に高分子化学の業績によりノーベル化学賞を受賞した著名な化学者である。ハイデガーは彼の第一次世界大戦中の非愛国主義的行動を根拠にして、公務員職再建法第四条の適用による免職を提案したが、このことが後に非難の的になった。このシュタウディンガーの一件は、歴史学者フーゴ・オットが『マルティン・ハイデガー――伝記への途上で』でハイデガーの学長在任中のきわめて陰険なふるまいとしてクローズアップして以来、人々に広く知られるようになった。[33]

公務員職再建法は一九三三年四月に公布された法律で、「非アーリア人」、すなわちユダヤ人の公務員や「これまでの政治的活動により、つねに留保なしに国民国家の側に立つという保証を与えない公務員」を解雇するという内容をもつものだった。この法律は大学にも適用され、多くのユダヤ人学者がドイツの大学から流出することになった。

ハイデガーは学長として、まずユダヤ人同僚の免職問題に直面することになった。彼は一九三三年七月一二日にバーデン州文部省大学局長のフェーレ参事官に対して、化学者ゲオルク・フォン・ヘヴェシー（一八八五－一九六六）と古典学者エドゥアルト・フレンケル（一八八八－一九七〇）を免職の対象から外すよう要請する書簡を送っている。[34] そこでは海外における両者の学問的な評価を顧慮した場合、彼らの免職はドイツの大学の評判を傷つけることになるだろうと述べて二人を擁護している（GA16, 140f.）。フレンケルはハイデガーと同じ哲学部所属でもあったため、七月一九日には学部を代表する形で、彼には解雇を免除する例外規定が当てはまり、また人格的に高潔であるゆえに、学部に残留することを認めてほしいと訴える書簡を同じ宛先に出している（GA16, 144ff.）。

これに対して、シュタウディンガーはユダヤ人ではなかったが、公務員職再建法第四条の規定、すなわち過去の政治的行動から国家への忠誠が疑われる者というカテゴリーで免職の手続きにかけられたのである。一九二五年にシュタウディンガーをフライブルク大学に招聘する際に、第一次世界大戦中の彼の非愛国主義的な行動がすでに問題となっていたが、そのときは彼の釈明が受け入れられた。一九三三年になって、ふたたびそのことが蒸し返されたのである。

このシュタウディンガーに対する公務員職再建法の適用について、フーゴ・オットはハイデガーの側からの積極的な働きかけがあったことを示している[35]。ハイデガーは九月にバーデン州文部省のフェーレ参事官に対して、シュタウディンガーの件についての報告を行った。というのも、九月三〇日が公務員職再建法に基づいた告発の期限となっていたからである。

文部省はその報告を受けて、この件をフライブルク警察本部に通報した。これを契機として、秘密国家警察（ゲシュタポ）によるシュタウディンガーの調査が開始された。それからしばらくして出てきたその調査結果には、彼がチューリッヒ工科大学の教授としてスイスに在住していた一九一七年にドイツの化学物質製造方法を敵国に漏洩したこと、同じく一九一七年に徴兵を逃れるためにスイス市民権の取得を申請したこと、さらに一九二〇年にもスイス市民権の取得を試みたこと、また愛国主義に反対する立場から戦争協力は行わないことを公言し、また軍旗への誓いを拒んだ平和主義者を支援していたことなどが記載されていた[36]（GA16, 248f.）。

ハイデガーはこの調査結果に基づいて、一九三四年二月一〇日にバーデン州文部省のフェーレ参事官に宛てて、公務員職再建法第四条の適用を求めた。ハイデガーは「これらの諸事実はシュタウディンガーの招聘に関する審議が行われた一九二五／二六年以降、ドイツの各界に、より広く知られることとなり、それ以来、周知の状態ですから、フライブルク大学の声価を保つためにも対応が必要です」とし、このことは「シュタウディンガーが今日、愛国的高揚の一一〇パーセントの友と自称しているだけになおさら必要です」と述べている。ハイデガーの結論は「年金付き退職よりも免職がむしろ考慮されるべきです」といったものだった（GA16, 249）。

問題はハイデガーがなぜこれほどまでにシュタウディンガーの件にこだわったのかということである。オットはその真意を測りかねているが、とにかくハイデガーの行動を、同僚を陥れようとした極めて悪辣な行為として描き出している。[37] しかし彼がなぜそのような行動を取ったかの理由は、その良し悪しは別として、むしろ明らかである。彼はユダヤ人の同僚、フォン・ヘヴェシーやフレンケルについては免職差し止めのために尽力しているのに対して、ユダヤ人ではないシュタウディンガーに対してはむしろ厳しい態度を取っている。ハイデガーはシュタウディンガーがかつては明らかに反戦主義者であり、愛国主義に否定的だったにもかかわらず、今日では「愛国的高揚の一一〇パーセントの友」を標榜していることを機会主義的な態度として嫌ったのだろう。ユダヤ人でありながらもこれまで非の打ちどころのない仕方でドイツに貢献してきたフォン・ヘヴェシーやフレンケルが免職の危険に晒されるのならば、自分の学問的業績を売り物にして祖国をその危急の際に裏切ろうとしながら、今になって急に愛国主義的姿勢を示してナチスに取り入ろうとしているシュタウディンガーの方がよほど免職にふさわしいと考えたのだろう。つまりここには人種的なものよりも、むしろ精神的な態度を問題にするハイデガーの超政治的な姿勢が示されているのである。

バウムガルテン所見の「反ユダヤ主義」

さて、もともとは自由主義的だった人物がナチスに機会主義的に接近することに対するハイデガーの強い反感はシュタウディンガーだけに向けられたわけではなかった。ここではもう一人、バウムガルテンの事例を見てみよう。

エドゥアルト・バウムガルテンは一八九八年にフライブルクで生まれた[38]。彼の父はマックス・ヴェーバー（一八六四－一九二〇）のいとこで、彼自身、ヴェーバーのもとで学び、学問的に大きな影響を受けた。ヴェーバーの死後ハイデルベルクに移り、一九二四年にヴェーバーの弟アルフレート・ヴェーバー（一八六八－一九五八）のもとで博士号を取得した。その後、奨学金を得て、アメリカに数年留学した。その際プラグマティズムを学び、ジョン・デューイ（一八五九－一九五二）の著作を翻訳するなど、彼はドイツにおけるプラグマティズム紹介の先駆者となった。

バウムガルテンはアメリカからの帰国後、一九二九年から三一年までハイデガーのもとで教授資格の取得を準備した。しかしバウムガルテンとハイデガーのあいだにプラグマティズムの評価をめぐって対立が生じ、両者の関係は決裂するに至った。バウムガルテンはその後、ゲッティンゲン大学に移り、そこでアメリカ学の講師を務めていた。一九三三年にバウムガルテンは突撃隊（正確には「航空突撃隊（Flieger-SA）」）とナチ大学教官団への加入を申請した。このように若い研究者が自分のキャリアを有利にするためにナチスに接近することは当時、ごく当たり前のことだった[39]。

ハイデガーはゲッティンゲン大学のナチ大学教官団のトップから、バウムガルテンの学問的能力についての照会を受けた。そこではバウムガルテンの国民社会主義者としての「信頼性」もまた問われていた（GA16, 417）。彼はそれを受けて、一九三三年一二月一六日付けで所見を送った。[40] この所見の原本は存在しないが、若干内容の異なる二つのバージョンの写しが存在する。それらはすでに一九三〇年代から出回っていたものだが、戦後になってその内容が厳しい非難に晒された。とくに問題とされた箇所では次のように述べられている。

> バウムガルテン博士はその血筋からしても、またその知的態度からみても、マックス・ヴェーバーを中心とする自由民主主義的なハイデルベルク・知識人サークルの出です。ここでの彼の滞在期間中、彼は国民社会主義者とは似ても似つかぬものでした。私は彼がゲッティンゲンで私講師をしていると聞き、驚いております、なぜならどのような学問的業績を基にして彼に大学教授資格が許可されたのか、私には想像がつかないからです。バウムガルテンは私のところで挫折したあと、かつてゲッティンゲンで勤務しており、今はもうここを解雇されてしまったユダヤ人フレンケルと、つねに活発に交流していました。私が推測するに、バウムガルテンはこのルートでゲッティンゲンに就職したようで、このことからして、彼の現在のそちらでの人間関係も説明がつくかと存じます。目下のところ私は、彼がナチの突撃隊に入るのは、彼が教官団に入ることと同様に不可能なことと考えています（GA16, 774）。

「ユダヤ人フレンケル」は言うまでもなく反ユダヤ主義的な言い回しである。また「マックス・ヴェーバーを中心とする自由民主主義的なハイデルベルク・知識人サークル」も、国民社会主義者がリベラル知識人を敵視していたことを前提として述べられている。まさにこのハイデルベルクの知識人サークルの一員だったカール・ヤスパース（一八八三－一九六九）はのちの回顧によれば、一九三五年にこの写しを読んで大きなショックを受けたという。彼は戦後にフライブルク大学の政治浄化委員会の依頼により執筆したハイデガーについての鑑定書でもこの所見に言及している[41]。

ハイデガーは戦後、フライブルク大学の政治浄化委員会の委員長に宛てた手紙で、バウムガルテンについての所見は、基本的には彼の学問的能力についての問い合わせに応じたものであることを強調している。そのとき彼の国民社会主義者としての信頼性「もまた」問われていたので、その点に関しては彼の「出自」に触れておいたと言う。つまりハイデガーの釈明によると、この所見は決してバウムガルテンの党支部への加入の可否についてだけ態度を表明したものではなかった（GA16, 417）。またその釈明ではバウムガルテンの所見は抜粋された写しにすぎず、それをもとに非難されることは不当だとも述べられている。すなわち問題の言い回しは「党のジャーゴン」であり、その写しは自分の所見をもとに起草された党職員による所見の写しだと言うのである（GA16, 417f.）。

問題の表現がハイデガー自身のものにせよ、そうでないにせよ、もともとハイデガーは自由主義にいかなる思い入れももたなかったし、自分とは哲学的な志向がまったく異なり、けんか別れしたバウムガルテンが、ナチスに公然と取り入ることにより、学問的キャリアを築こうとしたことに強い不快感をもったことは事実だろう。「ユダヤ人フレンケル」という言い方は、バウムガルテンがナチスに接近しようとしていることに対して、彼がユダヤ人の助力を得て、ゲッティンゲンに移った人物であることを強調しようとするものである（もっともバウムガルテン自身はフレンケルとの関係を強く否定した）[42]。これはユダヤ人との関係そのものを問題視しているというよりも、かつてはユダヤ人の支援を受けながら、今はナチスに取り入ろうとしている節操のなさ、その機会主義的態度を際立たせる趣旨で述べられているのだろう[43]。実際、ハイデガーは政治浄化委員会の委員長に宛てた釈明の手紙では、バウムガルテンは「同僚から私にもたらされた他の報告によれば、彼は党の助力によって出世しようとする者に属しているように見えました」と述べている（GA16, 417）。

以上でハイデガーの学長としての行動のうちで、これまでもっとも問題視されてきたシュタウディンガーとバウムガルテンに関する二つの事案の概要を紹介した。彼の両者に対する態度を公務員職再建法の対象となったフライブルク大学のユダヤ人同僚に対する態度と比較すると、ハイデガーが二人のどのような点に嫌悪感を覚えていたかがはっきりする。かつては平和主義者や自由主義者だと自認していた人物がナチスの政権獲得後、急にナチスに接近し、大学内で地歩を固めようとする機会主義的な態度を彼は嫌ったのである。しかもそうした人物がナチスに取り入ることにより、ナチズムが結局、旧来の学問的体制のもとに引き留められ、自身の目指している大学のラディカルな変革が妨げられることにハイデガーは強い危機感を抱いたのであろう。

シュタウディンガーの体制順応

さて、学長ハイデガーのこのような悪名高い介入によって、シュタウディンガーとバウムガルテンは結局どうなったのか。

バーデン州文部省はフライブルク大学学長の報告を受けて、シュタウディンガーに第一次世界大戦中の「非ドイツ的行動」について事情聴取を行った。彼は自分の平和主義は宗教的なものではなく、戦争における技術の意味についての捉え方に基づくものだと弁明した。またその際、ナチスの「国民革命の勃興」を大いに喜んで歓迎していること、自分は化学者としてナチズムの国家において広範な活動の可能性をもちうることなどを述べた[44]。

このシュタウディンガーの弁明にも関わらず、彼は事情聴取の際、過去の非ドイツ的行動についての嫌疑を晴らすことができず、それゆえ公務員職再建法第四条に即してフライブルク大学から免職する条件が与えられたとして、文部省は国務省に対してシュタウディンガーを免職するよう提議した。しかし国務省はその申請を受け付けなかった。その理由は明らかではないが、同時期にはフライブルク市長が免職を避けるための介入を始めており[45]、またシュタウディンガー自身の釈明の努力もあり、彼にとって状況は好転しつつあった。そうした状況を知ってか知らずか、ハイデガーは三月五日にバーデン州文部省のフェーレに宛てて、シュタウディンガーの海外での高い評価を顧慮して措置の緩和、すなわち免職ではなく年金付き退職にすることを提案している（GA16, 260）。

最終的には、文部省はシュタウディンガーに自発的に辞職願を提出するよう求めた。ただし問題視された彼の行動はかなり以前のことなので、辞職願は新たに問題が生じたときのみ発効するという条件で、その後六カ月は棚上げにするというものだった。これは要するに、文部省がその面子を保つための表面上の措置だった。実際、その後とくに何の問題も起こらなかったため、シュタウディンガーは一九三四年一〇月に辞職願の取り下げを認められたのである。

シュタウディンガーは第一次世界大戦中に戦争反対の論陣をスイスで張っていた[46]。その趣旨は、科学技術の著しい発展に鑑みると、今後の戦争は人類破滅の惨禍をもたらすことが予想されるため、われわれは平和を実現してその破局を避ける道徳的な責任がある、そのことによってまた技術を人類の繁栄のためだけに用いる可能性が開かれるというものだった[47]。こうした技術の戦争利用と平和利用を区別するような議論はハイデガーの後年の技術論でまさに批判の対象となるのだが、とにかくこれはこれで科学者の良心から出ているものと認めることはできるだろう[48]。

しかし今の議論にも見られるように、シュタウディンガーは技術の民生上の有用性は否定しておらず、むしろ自身の化学研究の意義を積極的に強調していた。化学の技術によって、ドイツ国内で取れる石炭からさまざまな合成品（合成ゴム、合成繊維、合成肥料）を生み出すことが可能となる。この技術によって、ナチスが目指していた自給自足体制の確立に貢献できるということを彼は最大限に強調して、自分の売り込みを図ったのである。

この売り込みはそれなりの成功を収めた。一九三八年、ハイデガーはフライブルクで催された連続講演の演者の一人として「形而上学による近世的世界像の基礎づけ」という講演を行った（この講演は「世界像の時代」として全集第五巻『杣道』に収録されている）。この講演の報告がナチ系の新聞『アレマン人』に掲載された。そこでは哲学が時代遅れの学問として嘲笑され、『存在と時間』の「見せかけの独自性」は不必要な造語によって生み出されたものにすぎないと揶揄されていた[49]。まさにこのハイデガーの講演の報告記事のすぐ下に、「四カ年計画と化学」というシュタウディンガーの講演予告が掲載されていた。自分自身がナチの新聞で酷評されているのに対して、同じ紙面でかつては自分が追い落とそうとした人物が肯定的に取り上げられているのは、ハイデガーにとっては屈辱的な事態だっただろう。彼は戦後にこの出来事を自分がナチスによって迫害を受けていた証拠として言及している[50]（GA16, 412f.）。

四カ年計画は一九三六年に開始され、自給自足経済を確立し、戦争遂行を可能にすることを目指したものだった。シュタウディンガーの研究は、まさに化学による代替材の生産というこの四カ年計画の目標に適合するものだった。シュタウディンガーが一九三七年にナチ党への入党を希望したとき、それはまだ認められなかった。しかし戦争が始まるころには彼はもはや政治的にいかがわしい存在とは見なされなくなっており、一九四〇年には産業界の資金を利用し、高分子化学研究所の設立を果たし、それまで禁止されていた外国出張も認められるようになる[51]。

第二次世界大戦後もハイデガーとシュタウディンガーの境遇はある意味、対照的だった。ハイデガーはナチ加担の責任を問われて、教職禁止処分を受け、マスメディアなどからの非難を受け続け、今日においてもそれはやむことはない。それどころか、「黒ノート」の刊行以後、ますますエスカレートしている。それに対して、シュタウディンガーはナチ政権下における行動はおおむね問題なしと見なされ、とくに処分を受けなかった。その後、大戦中に空襲で破壊されたフライブルク大学の高分子化学研究所の復興に尽力し、一九五三年にはノーベル化学賞を受賞した。そして高分子化学研究所の建物には彼の名前が冠され、その業績が顕彰されている。

バウムガルテンの出世

次にバウムガルテンのその後を見てみることにしよう。ハイデガーの所見はそれなりに影響を及ぼした。ゲッティンゲン大学のナチ教官団は当初はバウムガルテンの教授資格審査の申請を受け付けず、アメリカ学の講師任期の延長も認めなかった（ハイデガーは所見で、バウムガルテンが教授資格をすでに得ているかのように記しているが、それは誤りである）。バウムガルテンはその後、ハイデガーの所見を入手し、それに対する釈明としてハイデガーとの関係についての長い報告書を作成し、教官団の指導者に提出した。

バウムガルテンのナチス体制下での運命が好転したのは、ローゼンベルク機関の学術局長を務めていたナチスの御用哲学者アルフレート・ボイムラー（一八八七－一九六八）の知己を得てからだった。彼の後押しもあり、バウムガルテンは一九三六年に教授資格を取得し、一九三七年に同大学の私講師となることができた[52]。彼はさらに一九三七年にナチ党に入党、一九四〇年にはケーニヒスベルク大学の正教授に招聘され[53]、そこでは哲学研究室の主任も務めた。ヤスパースはハイデガーによるバウムガルテンの所見を一九三五年に入手し、その内容に驚愕したと言うが、その裏でバウムガルテンはボイムラーとの関係をバックにして、順調な出世を遂げていたのだった。

戦後、ハイデガーが非ナチ化の審査の過程で、この所見をめぐってヤスパースの厳しい非難を受け、窮地に陥ったことは先ほど触れた。それとは対照的に、バウムガルテンは非ナチ化審査の影響をほとんど受けることなく、戦争終結後にはまずフライブルク大学の社会学客員教授を務めたあと、一九五七年にはマンハイム商科大学の正教授に就任し、そこで一九六三年に定年を迎えている[54]。ハイデガーのナチス加担があれほどまでに非難される一方で、ナチス体制に順応し、しかもボイムラーの庇護の下で順調な出世を遂げたバウムガルテンが免責されるのは、どう見ても不公平である。バウムガルテンは自分の非ナチ化の審査の際にこのハイデガーの所見を提出したというので[55]、この所見はバウムガルテンがナチ体制の下でむしろ不利な扱いを受けていたというイメージを与えるのに役立った可能性もある。とにかくバウムガルテンは今日、ハイデガーの悪意の犠牲者として描かれ、彼自身がナチスに取り入り、そのことにより見事な出世を遂げていることは一切不問に付されている。ハイデガーの所見がその点を目立たなくさせたとすれば、皮肉なことである。

オットの伝記では、シュタウディンガーもハイデガーの陰謀による犠牲者として描かれており、彼がナチス体制下でハイデガーよりもよほどうまく適応していたことはまったく問題にされていない。それどころか、そのことをハイデガーの失敗としてむしろ痛快であるかのような筆致で描いているのはきわめて倒錯的である。しかもシュタウディンガーは公然たる反ユダヤ主義者でもあった。[56]

結局、ハイデガーの正義感は空回りに終わったのである。多くのユダヤ人の大学教員が免職されるなかで、むしろ彼らよりもシュタウディンガーやバウムガルテンのほうが、ハイデガーが「真のナチズム」と考えているものを阻害する存在であり、それゆえ彼らを看過するのは不公平だと考えたのであろう。しかし問題はその「真のナチズム」を信奉しているものは彼以外にはおらず、それを基準にすれば、問題視すべき人物はシュタウディンガーやバウムガルテン以外にもいくらでも存在したということである。要は彼らのような人物のほうが圧倒的な多数派だったのであり、それゆえこの二人はやがてナチスに適合的な存在として受け入れられることになるのである。

しかもハイデガーが彼らを追い落とすために依拠した権力が、のちに彼自身が「悪」と捉えるようになったナチスのそれだとすれば、その点において彼の権力行使は彼自身から見ても重大な誤りだったことになる。もっともシュタウディンガーやバウムガルテンはその後、ナチス体制下で出世したのであるから、結果的にナチスの権力をうまく利用したのは彼らだった。しかもハイデガーの彼らに対する告発は、彼らが戦後になって陰湿な政治的攻撃の被害者として捉えられることを可能にし、彼ら自身のナチス加担を打ち消す効果をもったことも皮肉と言えば皮肉なことである。

すでに触れたことだが、ハイデガーのシュタウディンガーやバウムガルテンに対する行動も彼の超政治的態度の表れとして理解することができる。旧来の学問を体現する彼らのような人物がナチス体制に順応することにより、学問の根本的な刷新が妨げられることに彼は危機感を抱いたのだろう。[57] 彼は学長辞任後、近代的学問の本質についての洞察を深めるにつれて、シュタウディンガーやバウムガルテンが示した時代適応性が近代的学問の本質そのものに由来することを強く意識するようになった（この点については、第二章第一節で詳しく論じる予定である）。

本章では以上で、ハイデガーが学長在任中に「黒ノート」で言及している超政治の概念とそれに基づいた彼の大学学長としての言説、ならびに実践を概観した。彼がナチスの内的変革に期待を抱いていたとき、それへの積極的関与そのものがある意味で超政治の遂行だった。学長職の挫折はそうした試みが無駄だったこと、すなわちナチスが既存の政治の枠内にとどまるものでしかないことを示していた。それゆえその後、彼の超政治はナチズムに対する批判という形を取るようになるのである。したがってハイデガーの学長職の辞任も決して超政治の放棄を意味するものではなく、そのこと自身が超政治の帰結である。本章で示したように、超政治は実質的には存在の問いの遂行そのものを意味する。したがって彼の思索にとって存在が根本問題であり続ける限り、彼の思索はつねに超政治であり、つまり学長時代に先鋭化された形で示された政治性を失うことがないのである。

ハイデガーは学長辞任後、かつて自分をまきこみ、やがてはじき飛ばした大きな力の正体を次第に明瞭に認識するようになる。それこそまさに彼が一九三〇年代後半から主体性、作為性、力、技術という名を与えて、その本質の解明を行ったものである。次章以下では、ハイデガーが学長職の経験をその後、どのように後期の「存在の思索」へと昇華していったのかを見ることにする。

第一章の注

1——Walter Homolka, Arnulf Heidegger (Hrsg.), *Heidegger und der Antisemitismus. Positionen im Widerstreit*, Freiburg, 2016, S. 36.

2——フォン・メレンドルフの前任の学長、ヨーゼフ・ザウアーの日記によると、学長就任早々、辞任を余儀なくされたフォン・メレンドルフ自身がハイデガーを後任の学長にすることを彼に提案したと言う。(*Heidegger und der Nationalsozialismus, Heidegger-Jahrbuch* 4, Freiburg/München, 2009, S. 229.) ハイデガーが学長に選出されるまでの経緯については、以下の書物も参照。Holger Zaborowski, *Eine Frage von Irre und Schuld? Martin Heidegger und der Nationalsozialismus*, Frankfurt am Main, 2010, S. 232ff.

3——Bernd Martin, Universität im Umbruch: Das Rektorat Heidegger 1933/34, in: Eckhard John, Bernd Martin, Marc Mück und Hugo Ott (Hrsg.), *Die Freiburger Universität in der Zeit des Nationalsozialismus*, Freiburg/Würzburg, 1991, S. 13f.

4——Michael Grüttner, Wissenschaft, in: Wolfgang Benz, Hermann Graml und Hermann Weiß (Hrsg.), *Enzyklopädie des Nationalsozialismus*, München, 2007, S. 143.

5——超政治という語は「省慮と目配せIII」の覚書二九、三二、五四に現れている。覚書九の前に「学長時代より」という見出しが付されている。また覚書三三では「この夏学期のはじめまでに」という言及があり、覚書六八で「今(一九三三年一二月)」と述べられている。したがって超政治への言及は基本的に学長就任後、一二月までのあいだになされていることがわかる。

6——拙著『ハイデガー『存在と時間』入門』講談社現代新書、二〇一七年、一三二頁以下を参照。

7——ハイデガーは一九二六年夏学期の講義『古代哲学の根本諸概念』で、ギリシア語の「ビオス・ポリティコス」

を「共同体における生（Leben in der Gemeinschaft)」と訳していた（GA22, 313）。また別の講義（『プラトン：ソピステース』）でも、「アントローポス〔人間〕はゾーオン・ポリティコン〔政治的動物〕である以上、プラクシスは共同相互存在（Miteinandersein）における存在として理解されねばならない」（GA19, 140）と述べており、「共同存在」そのものを政治と見なしていた。

8――ドイツ学生団が「政治」をどのように捉えていたかについては、田村栄子『若き教養市民層とナチズム』（名古屋大学出版会、二〇〇二年、四二九頁）を参照。それによると、ドイツ学生団は政治を、「民族の一体性」を破壊している政治勢力、思想を「本質において」排除、根絶することと規定していた。そのために学生は「民族を本質において把握する」という「内奥において政治的な存在」であることを求められていた。

9――政治的学問については、山本尤『ナチズムと大学』の以下の記述も参照。「『政治的学問』を標榜してウェーバーに対立したエルンスト・クリークが『純粋理性の時代、無前提的で価値から自由な学問の時代は終わった。学問は自らが多彩な諸前提をもつとの意識を獲得した。そして自らがこれまで離れようと努力しつつ果たせなかった現実に、意識的に組み込まれていることによって、学問は前進し、再びその建設的意味、偉大な生の使命への関与を獲得する』と述べ、ハンブルク大学の教授G・A・ラインが『政治的大学の理念』をあらわし、教授と研究の自由に制限をつけ、国家の現実に関与した学問の推進を説いたのも、ウェーバーの用語を逆手に使っての、つまりそれを『はずみ板』としての学問の自由の切り崩しであった」（山本尤『ナチズムと大学』中公新書、一九八五年、五三頁）。

10――この点については、ジャック・デリダが『精神について』で学長就任演説を解釈する際にすでに指摘している（ジャック・デリダ『精神について――ハイデガーと問い』、六三頁）。

11――ミヒャエル・グリュットナーは第三帝国時代の大学生に関する詳細な研究で次のように述べている。「実際のところ国民社会主義者はドイツ社会のいかなる他の領域においても、学生団においてほど、このように急速な、また早期の勝利を収めることはできなかった。五年の活動ののちにはすでに、ナチス学生同盟はほとんどあらゆる大学で、大学政治上もっとも強い力をもつに至っていた〔同学生同盟の創設は一九二六年〕。」（Michael Grüttner, *Studenten im Dritten Reich*, Paderborn, 1995, S. 19.）ナチス学生同盟の権力掌握に伴って、一九三三年七月にはドイツ学生団に指導者原理が導入され、学生自治会の連合だったドイツ学生団はその自治的性格を失うことになった。この点については、田村栄子『若き教養市民層とナチズム』、四二七頁以下を参照。

12——「非ドイツ的精神に抗して」なされた焚書は各大学のドイツ学生団によって主催されたものであった。また公務員職再建法による免職を例外規定によって免れたユダヤ人教員に対する授業ボイコットなども扇動し、大学によっては教官人事に影響を及ぼすこともあった。大学と学生団が対立したときには、国や各州の官庁は学生団のほうに肩入れしたため、学生は自分たちが大学を支配できるという全能感をもち、また教授の伝統的権威と大学の自治は広範に無力化されたのである。（Michael Grüttner, *Studenten im Dritten Reich*, S. 62ff.）グリュットナーはこの点を事典の記述では以下のように簡潔にまとめている。「国民社会主義を信奉する学者の組織は『権力掌握』時にはまだ存在しなかった。この真空をナチス学生同盟、また同じく国民社会主義者によって支配されたドイツ学生団が利用し、一九三三／三四年には自分たちの力で『国民社会主義的な大学革命』を演出しようと試みたのである。彼らの『反動的で』『硬直化した』教授に対する激しい攻撃により、『権力掌握』期は大学では世代間抗争の性格を帯びることとなったが、これは伝統的なヒエラルキーを一時的に無効とするものだった。」（Michael Grüttner, Wissenschaft, S. 143.）

13——この新たな学生法は各大学の普通選挙で選ばれる学生自治会に代わって、ドイツ学生団をすべてのドイツの学生を代表する団体として公的に認定し、非アーリア人を除くすべての「ドイツ人の血統を有し、ドイツ語を母語とする」学生がそこに所属することを義務づけるものである。さらに学生法はドイツ学生団に対してその代表が大学の評議会に陪席する権利を認めており、これによりドイツ学生団は大学行政にも関与できるようになった。また本論でも触れるように、「国防奉仕、労働奉仕、肉体訓練を通じて」「学生をフォルク共同体に組み入れる」という任務も規定されていた。田村栄子『若き教養市民層とナチズム』、四三五頁。

Michael Grüttner, *Studenten im Dritten Reich*, S. 63.

14——ホルガー・ザボロースキーは労働奉仕、国防奉仕、知の奉仕の三分法に、プラトン『国家』における生産者階級、戦士階級、統治者階級の三分法の影響を見て取っている。（Holger Zaborowski, *Eine Frage von Irre und Schuld? Martin Heidegger und der Nationalsozialismus*, S. 310f.）学長就任演説に見られる『国家』の影響については、本節の最後の議論も参照（八八頁以下）。

15——Michael Grüttner, *Studenten im Dritten Reich*, S. 78. 労働奉仕の導入に当たっては、田村栄子『若き教養市民層とナチズム』でも述べられているように、肉体労働者と大学卒業者のあいだの垣根を取り払い、民族共同体に根ざした学生を生み出すという意義が強調されていた（同書、四四九頁）。

16——「国防奉仕」は具体的には大学における「国防スポーツ（Wehrsport）」の導入が念頭に置かれている。これは突撃隊の指導の下で一週間から二週間程度にわたって行軍や射撃の訓練などを行うものであった。これは実質的にはスポーツという名を借りた軍事教練だった。ベルサイユ条約によって義務兵役が禁じられていたなかで、その代替としてこうした国防スポーツを大学に導入することは、すでにワイマール共和国時代から愛国主義的な学生たちが強く要求していたものだった（田村栄子『若き教養市民層とナチズム』、四五〇頁以下参照）。またこうした軍事教練的なもの以外に、身体訓練は大学の課程におけるスポーツの授業という形でも行われた。このスポーツ訓練には体操、陸上競技、球技が含まれていた。フライブルク大学におけるスポーツ訓練の導入の経緯については、以下を参照されたい。Hermann Bach, Körperliche Wiederaufrüstung: Die Einführung des Pflichtsports für Studenten, in: Eckhard John, Bernd Martin, Marc Mück und Hugo Ott (Hrsg.), *Die Freiburger Universität in der Zeit des Nationalsozialismus*, S. 57f.

17――ナチス学生同盟や突撃隊に蔓延していた反知性主義的な態度については以下を参照。Michael Grüttner, *Studenten im Dritten Reich*, S. 254.

18――Michael Grüttner, *Studenten im Dritten Reich*, S. 331.

19――Michael Grüttner, *Studenten im Dritten Reich*, S. 253, 335.

20――ハイデガーのドイツ学生団に対する両義的な態度については、「黒ノート」の次に引く覚書に明確に示されている。「学生たちの不遜さは、学生たちが旧来のものに対抗して、彼ら自身の欲求の方向の確かさと彼らの前進意欲を引き合いに出している場合は正当化されるが、その不遜さが不当にも思い上がって、今や学生団も将来の精神的世界を建設するだろうと考えるに至るなら、それはお笑い草でしかない」(GA94, 159)。

21――その箇所の通常の翻訳を示しておく。「すべて大きな企ては危険に満ちていて、諺にいみじくも言われているように、『立派なことは難しい』からだ」(プラトン『プラトン全集11 クレイトポン 国家』藤沢令夫訳、岩波書店、二〇〇五年、四五三頁)。

22――一九二〇年代初頭にハイデガーのもとで学び、日本でもっとも早くハイデガーの思想を紹介した田邊元(一八八五-一九六二)は、ハイデガーの学長就任演説を批判する論評「危機の哲学か哲学の危機か」を発表した。彼はハイデガーが運命に対する知の諦観を説いているとして、それがアリストテレスの「理観説」と立場を等しくすることを指摘し、「実践的に参与することなく単に運命的なる存在に従属するならば、如何に自覚の優越を主張するも哲学の否定で」あり、「ハイデッガーの哲学は危機の哲学たる代わりに、哲学の危機を誘致するものではなかろうか」と非難した(田邊元「危機の哲學か哲學の危機か」、『田邊元全集 第八巻』筑摩書房、一九六四年、六頁以下)。田邊はこのようなハイデガー=アリストテレス的な立場に対して、プラトン哲学をまさに「危機の哲学」として積極的に評価する。「政治的危機に際して人間理性に依る国家の改造、立法と教育による国民の秩序更改、を企図したプラトン哲学の如きを措いて、何処に危機の哲学を求めることが出来るか」（同書、六頁）。しかし本論でこれまで見たことによれば、田邊の批判とはまったく逆に、この時期のハイデガーの超政治にはむしろプラトンの強い影響が刻印されている。

23――リチャード・ウォーリンも『存在の政治』において、ハイデガーの「労働奉仕」の言説に触れている。しかしウォーリンは、彼の労働概念とナチズムのイデオロギーを即座に同一視し、それを哲学的に主題化するには至っていない（リチャード・ウォーリン『存在の政治――マルティン・ハイデガーの政治思想』、一六〇頁以下）。フィリップ・ラクー＝ラバルトは『政治という虚構』において労働について次のように述べている。「労働の問題、したがって、要するに『社会主義』の問題は省略しよう。（……）私は、この主題がハイデガーの思想のなかでは比較的、些細なものであるか従属的なものであると思う。そうでなければ、この主題はこれほど早く消滅しはしなかったであろう（これは国民‐社会主義の綱領に対するまれな哲学的譲歩の一つであり、それゆえ時代に対するまれな哲学的譲歩でもある。時代とはこの場合、マルクスの時代でありまたユンガーのニーチェの時代でもある）」（フィリップ・ラクー＝ラバルト『政治という虚構――ハイデガー、芸術そして政治』、一〇一頁以下）。本節の以下の議論から、労働のテーマが「比較的、些細なもの」であるどころか、むしろ彼の哲学の核心に位置づけられることが示されるだろう。

24――Michael Grüttner, *Studenten im Dritten Reich*, S. 249.

25――例えば一九一九年夏学期には「大学と大学における勉学の本質について」という講義を行っている（GA56/57, 205ff.）。全集版のテクストは聴講者の講義ノートから採録されたもので、講義全回の内容が記録されているわけではない。そのため大学についての言及はほとんどなく、むしろ「生連関の状況」から学問がどのように派生するかが扱われている。しかし大学問題を論じるにあたって、学問の本質の考察から出発するという手続きは、学長就任演説「自己主張」と同じである。またハイデガーは一九二九年夏学期講義「大学における勉学への導入」では、大学が知識をモノのように売り買いする百貨店のようになり、専門学校化してしまったことを嘆いている（GA28, 347f.）。ハイデガーはそれに対して、「大学における勉学の本質」を「世界全体の近くに迫ることへの共同体的な衝動」と規定し、その具体的なあり方をプラトン『国家』の「洞窟の比喩」に即して説明することを試みている。本章第二節ですでに見たように、ハイデガーは自身の学長としての役割を、洞窟の比喩における洞窟人の解放になぞらえていたが、すでに一九二〇年代の終わりには、彼の学問論的省察は洞窟の比喩によって強く規定されていたのである。

26——フーゴ・オット『マルティン・ハイデガー——伝記への途上で』北川東子、忽那敬三、藤沢賢一郎訳、未来社、一九九五年、三三六頁以下。

27——同書、三五一頁、三六五頁以下。

28——同書、三六三頁以下。

29——注2でも参照したザウアーの日記から、学長就任式がまだ済んでいない五月中旬の段階で、ハイデガーが評議会に諮ることなく独裁的に大学運営を行っていることに対する不満をザウアーも含めた同僚が抱いていたことがわかる。七月にはハイデガーが国防スポーツの実施に大学教員が協力的ではないことを学生たちの前で貶したことが同僚の怒りを買ったことが記されている。ハイデガーが同僚の信頼を失うにあたって決定的だったのは、ハイデガーがバーデン州文部省と協議の上、八月に施行された大学条例の変更であった。これにより大学における指導者原理が強化され、学長が学部長を直接指名できるようになったが、自分たちの選んだ人物によって「大学の終わり」がもたらされるのは皮肉なことだとザウアーは嘆いている。（*Heidegger und der Nationalsozialismus, Heidegger-Jahrbuch* 4, S. 232f.）ただしハイデガー自身は戦後に、バーデン州の大学条例の制定に自分が積極的に協力したことはないと述べている（シルヴィオ・ヴィエッタ『ハイデガー：ナチズム／技術』、七二頁に引用された教育学者ヘーリベルト・ハインリスの一九五九年一〇月一四日の日記による）。

30——Bernd Martin, Universität im Umbruch: Das Rektorat Heidegger 1933/34, S. 15f.

31——若手教官を育成しようとする努力は、学長辞任後も完全に放棄されたわけではなかった。ハイデガーはプロイセン文部省次官の諮問を受けて、一九三四年八月二九日付けでプロイセン大学教官アカデミーの設立案を送っている。この教官アカデミーは若い大学教官をナチズムの精神をもつ学者に育て上げることを目的とするものだった。これをハイデガーは学長就任演説などと同様に、自分自身の学問理念によって換骨奪胎する形で、その教育内容から設備に至るまで、かなり詳細な提言を行っている（GA16, 308ff.）。ハイデガーはこのアカデミーの指導者の有力候補だったが、ナチスの有力な御用学者だったエルンスト・クリーク（一八八二－一九四七）らの反対運動により、この案は日の目を見ることはなかった（フーゴ・オット『マルティン・ハイデガー——伝記への途上で』、三七五頁以下）。ところでこうしたナチスとの関わりは、まだ学長辞任直後の時期にはナチスを「真のナチズム」へと導くという姿勢がなおも残っていたことを示している。このことは一九三四／三五年冬学期、一九三五年夏学期の講義でハイデガーがなおも「国民社会主義の内的真理」について語っていた事実と符丁が合っている（この点については第二章の注2を参照されたい）。

32——一部の論者はハイデガーが突撃隊のシンパであり、それゆえ彼がナチスを完全に見限ったのは、一九三四年六月末のエルンスト・レームをはじめとする突撃隊の粛清をきっかけとするという説を唱えている。しかし突撃隊とドイツ学生団の密接な関係を考慮に入れると、ハイデガーがドイツ学生団に見切りをつけながら、突撃隊にはシンパシーを抱いていたとは考えにくい。というのも、ドイツ学生団がその導入を要求していた国防スポーツは突撃隊の指導によるものだったし、しかも一九三三年一〇月にすべての大学に突撃隊大学局が設立されて以降、ドイツ学生団は事実上、突撃隊の統制下に置かれるからである。（Michael Grüttner, *Studenten im Dritten Reich*, S. 251f.）ハイデガーも国防スポーツの実施をめぐって突撃隊大学局と対立したことがあった。突撃隊大学局のフライブルク支部の指導者が自分たちの予定した野外キャンプを大学側が認めないという苦情を申し出たことに対して、ハイデガーは突撃隊全国大学局からすべての大学に一律に出された文書による指示がない限り、その実施は認められないと拒否した（GA16, 256f.）。以上のことから、ハイデガーがドイツ学生団に示していた批判的見解は突撃隊にもそのまま当てはまると考えるべきであろう。

33——フーゴ・オット『マルティン・ハイデガー——伝記への途上で』、三一〇頁以下。

34——フォン・ヘヴェシーとフレンケルの免職の経緯については、ベルント・マルティンの以下の論考「フライブルク大学におけるユダヤ人教員の解雇と一九四五年以降の彼らの再雇用に向けての努力」に詳しい説明が見られる。Bernd Martin, Die Entlassung der jüdischen Lehrkräfte an der Freiburger Universität und die Bemühungen um ihre Wiedereingliederung nach 1945, in: *Schicksale. Jüdische Gelehrte an der Universität Freiburg in der NS-Zeit. Freiburger Universitätsblätter* 34, Heft 129, Freiburg, 1995, S. 21-23.

35——フーゴ・オット『マルティン・ハイデガー——伝記への途上で』、三二三頁。

36——同書、三二五頁以下。オットによれば、敵国に化学物質製造方法を漏洩したというのは濡れ衣らしい。一九一七年の帰化申請は失敗に終わったが、一九二〇年には帰化が認められた。

37——シルヴィオ・ヴィエッタは、オットがハイデガーのシュタウディンガーに対する態度を単なる個人の深層心理的な問題に矮小化していることを厳しく批判して、ハイデガーの行動の背景にあった学問論的動機を正当にも指摘している（シルヴィオ・ヴィエッタ『ハイデガー：ナチズム／技術』、三三〜三七頁）。リュディガー・ザフランスキーもそのハイデガー伝において、シュタウディンガーやバウムガルテンに対するハイデガーの行動のうちに日和見主義者たちを革命的決起から遠ざける努力を見て取っており、すなわちそこから国家と専門科学との実利的な同盟に対するハイデガーの強い不信感を読み取っている（リュディガー・ザフランスキー『ハイデガー　ドイツの生んだ巨匠とその時代』山本尤訳、法政大学出版局、二〇〇七年、四〇四頁以下）。

38——バウムガルテンの伝記的記述については以下の論文を参照した。Dirk Kaesler, Die Zeit der Außenseiter in der deutschen Soziologie, in: Karl-Ludwig Ay, Knut Borchardt (Hrsg.), *Das Faszinosum Max Weber. Die Geschichte seiner*

Geltung, Konstanz, 2006, S. 170ff. Hans-Joachim Dahms, Aufstieg und Ende der Lebensphilosophie: Das philosophische Seminar der Universität Göttingen zwischen 1917 und 1950, in: Heinrich Becker, Hans-Joachim Dahms und Cornelia Wegler (Hrsg.), *Die Universität Göttingen unter dem Nationalsozialismus*, München, 1998, S. 299ff.

39——この点について、グリュットナーは次のように述べている。「党に加入したのは、主に若手の助手、私講師、員外教授、すなわち学問的キャリアの主目標、正教授にまだ到達していない人々だった。すでにナチスの権力掌握前に正教授職を保持していた大学教師は、その大半がナチ党には加入していなかった。利用可能な統計のすべてからこの上なく明瞭に示されるこうした状況は、入党がとりわけ自分のキャリアを政治的に保障するという目的に役立つものであったことを想定させる。」（Michael Grüttner, Wissenschaft, S. 156f.）

40——ザフランスキーはハイデガーがこの所見を頼まれもしないのに書いたと述べている（ザフランスキー『ハイデガー　ドイツの生んだ巨匠とその時代』、四〇二頁）。それに対してハイデガーはここにも記したように、ゲッティンゲンからバウムガルテンの学問的能力の照会を受け、そこでは彼の国民社会主義者としての信頼性も問われていたと説明しており、また同じ釈明文では「私がバウムガルテンの願い出た『党支部』への加入に対してだけ態度を表明したということはありえません」とも明言している（GA16, 417）。

41——フーゴ・オット『マルティン・ハイデガー——伝記への途上で』、四八九頁以下。

42——バウムガルテンは一九三五年五月に、そもそもフレンケルとはまったく関わったことがないと宣言している。（Hans-Joachim Dahms, Aufstieg und Ende der Lebensphilosophie: Das philosophische Seminar der Universität Göttingen zwischen 1917 und 1950, S. 300.）

43——実はハイデガーは当初、バウムガルテンを助手にするつもりでいた。しかし結果的に彼とは決別し、代わりにユダヤ人のヴェルナー・ブロックを助手に採用した。（Hans-Joachim Dahms, Aufstieg und Ende der Lebensphilosophie: Das philosophische Seminar der Universität Göttingen zwischen 1917 und 1950, S. 299.）こうした

点ひとつ見るだけでも、事態はハイデガーを反ユダヤ主義者として片づけられるほど単純ではないことがわかる。

44——フーゴ・オット『マルティン・ハイデガー——伝記への途上で』、三一九頁。

45——同書、三二〇頁。

46——同書、三二一頁。

47——奥谷浩一『ハイデガーの弁明——ハイデガー・ナチズム研究序説』、二四四頁。

48——なお彼はナチス政権下では、戦争のために化学研究の成果を利用することを全面的に肯定するようになった。一九三九年九月一日の第二次世界大戦勃発の直前に、教育省の指示によりドイツのすべての大学の活動が休止された。フライブルク大学はフランスとの国境近くに位置していたため、疎開の可能性も取りざたされ、他の大学ではただちに許された活動の再開も遅れていた。こうした状況のもと、大学のいくつかの研究所は自身の国家に対する有用性を強調することにより、フライブルクにおける活動の継続の認可を得ようとしていた。当時、大学の化学実験室長だったシュタウディンガーも学長に対して、研究所のこれまでの軍事分野における貢献を強調しつつ、化学の新しい研究施設を国防化学のために利用することを提案した。以上の点については次の論文を参照。Thomas Schnabel, Die Universität Freiburg im Krieg, in: Eckhard John, Bernd Martin, Marc Mück und Hugo Ott (Hrsg.), *Die Freiburger Universität in der Zeit des Nationalsozialismus*, S. 222.

49——シルヴィオ・ヴィエッタ『ハイデガー：ナチズム／技術』、三七頁。フーゴ・オット『マルティン・ハイデガー——伝記への途上で』、四二四頁。

50——ナチ体制下におけるハイデガーの加害者としての側面が強調されることと反比例して、彼が同体制によって抑圧されていたことはこれまで過小評価されがちだった。オットは親衛隊保安部（SD）によるハイデガーの監視が一九三六年頃に始まったことを報告している（フーゴ・オット『マルティン・ハイデガー——伝記への途上で』、三九二頁)。実際、ハイデガー自身も戦後の釈明書「学長職一九三三／三四年　事実と思想」などで触れていることだが、一九三七年夏学期のゼミナールに出席していたハンケ博士という人物が、親衛隊保安部南西地方本部を統括するシェール博士の委嘱で監視活動を行っていることをハイデガーに告白したということがあった(GA16, 391f.)。同じ「学長職一九三三／三四年」ではナチ体制下における自身に対する抑圧について、一九三八年以降、彼の名前を新聞や雑誌において言及したり、彼の著作について論評したりすることが禁止されていたこと、また最終的には『存在と時間』と『カントと形而上学の問題』の再版が禁じられたこと、さらに国際哲学会議のドイツ代表団から外されたことなどが挙げられている(GA16, 393f.)。

51——Thomas Schnabel, Die Universität Freiburg im Krieg, S. 230. なおこの箇所の記述には、シュタウディンガーがナチ党の信頼を得られなかった理由として、フリーメーソンの会員だったことが挙げられている。彼の第一次大戦中の反戦主義にはフリーメーソン思想の影響もあったのかもしれない。

52——Hans-Joachim Dahms, Aufstieg und Ende der Lebensphilosophie: Das philosophische Seminar der Universität Göttingen zwischen 1917 und 1950, S. 301.

53——バウムガルテンのケーニヒスベルク大学への招聘については以下を参照。Christian Tilitzki, *Die deutsche Universitätsphilosophie in der Weimarer Republik und im Dritten Reich* Teil 2, Berlin, 2002, S. 793f.

54——Dirk Kaesler, Die Zeit der Außenseiter in der deutschen Soziologie, S. 172.

55——Hans-Joachim Dahms, Aufstieg und Ende der Lebensphilosophie: Das philosophische Seminar der Universität Göttingen zwischen 1917 und 1950, S. 312.

56——注34に挙げたベルント・マルティンの論文では、シュタウディンガーについて次のように述べられている。「シュタウディンガーはすでに一九三六年に、自分の学科ではあまりにも多くの『非アーリア人』が学んでいることを憂慮していた。そして一九四二年五月には、彼はふたたび書簡で学長に対して——今やドイツの大学にはユダヤ人は存在しなかったのだが——化学の学生のなかにあまりに多くの『混血』がいることに対する懸念を表明していた。」(Bernd Martin, Die Entlassung der jüdischen Lehrkräfte an der Freiburger Universität und die Bemühungen um ihre Wiedereingliederung nach 1945, S. 11.) ここで「混血」と言われているのは、「二分の一ユダヤ人」、「四分の一ユダヤ人」を意味する。

57——この点については、注37でも指摘したように、ザフランスキーも彼のハイデガー伝において的確に捉えている(リュディガー・ザフランスキー『ハイデガー　ドイツの生んだ巨匠とその時代』、四〇四頁以下)。

第二章 ナチズムとの対決

第一節　ナチ・イデオロギー批判

加担から批判へ

ハイデガーは学長として自分の「精神的な根本姿勢」に基づいて、ナチズムの非精神的基礎を精神化することを試みたが、この努力は失敗に終わった。このことはナチスの権力掌握直後には「まさに多くのことがはっきりせず、未決定にとどまっているがゆえに」ナチズムの運動に読み込むことができた積極的な可能性が消失し、ナチズムが彼にとってもっぱら否定的な存在でしかなくなったことを意味する。学長職の辞任は彼がこの点を明瞭に認識したことを示している。

したがってハイデガーは学長を辞任したのち、自分のそれまでの哲学的立場をまったく変えることなく、今度は一転してナチズムを批判する側に立つことになる。彼はこうした事情について、一九四五年に書かれた「教職活動への復帰申請」では次のように述べている。

学長職の辞任後、私は次のことをはっきりと認識していました。すなわち私の教職活動の続行は、国民社会主義の世界観の基礎に対してのさらなる抵抗にならざるをえないということです。そのためには私の側から何も特別な攻撃を仕掛ける必要はなかったのです。ローゼンベルクが流布していた生物学主義のドグマ的な硬直化と素朴さに対して、私の哲学的な基本姿勢を言葉にもたらしさえすればよかったのです。（……）国民社会主義の世界観がますます硬直化し、そもそも何らかの哲学的対決に参入しようとすることもますます少なくなっていたので、私が哲学者として私なりの仕方で活動しているという事実だけで、すでに十分な抵抗でした。（GA16, 401）

ハイデガーのナチス加担を動機づけていた思想それ自身が、学長辞任後にはそのままナチズムに対する批判の根拠になっていたと言うわけだ。

ただし学長を辞任したのち、ハイデガーの思想はそれまでとまったく同じものにとどまっていたわけではなく、今述べたナチズム批判がハイデガーの思索にある種の深化をもたらしていることも認められる。彼はまさにナチズムとの思想的対決を通して、近代のニヒリズムの本質に対する理解を格段に深めていくのである。つまり彼の一九三〇年代後半の思索において先鋭化する西洋形而上学への批判は、ナチスに対する批判そのものでもあった。このような意味において、彼のナチス加担とその挫折の経験はそれ以後の思想の展開に大きな影響を与えたと言うことができる。しかしこうした変化は多くの論者が好んで指摘するような、彼の思想の基本的立場の「転回」といったものではない。それは今も述べたように、ニヒリズム（存在忘却）の現代的様相とその本質についての洞察の深化と捉えるべきである。

本章ではハイデガーによるナチズムの世界観との対決の具体的様相を、まずはその学問政策に対する批判について、次いで人種主義的な反ユダヤ主義に対する批判について見ていくことにしたい。こうしたナチズムとの対決は、究極的には本書第三章で取り上げるような主体性の形而上学、ないしはその完成形態としての近代国家に対する批判的考察として結実する。

政治的学問の退行性

ここではまず、ナチスの学問政策に対するハイデガーの批判を見ることにしよう。何と言ってもハイデガーのナチス加担は学問の刷新を目指して行われたのであり、それゆえその失敗は自分の立場がナチズムの学問観と根本的に相容れないことをまずは彼に意識させたはずである。こうして彼のナチズムとの対決は、当初はその学問観への批判という形で遂行されることになる。

ハイデガーは学長に就任する際、自身の学問論的立場が専門主義に拘泥する大学の旧来の体制とドイツ学生団の政治的学問という学問理念の双方と衝突することを見込んでいた。大学における学問の現状については、彼はすでに学長就任前から問題意識をもっていた。例えば一九二九年のフライブルク大学教授就任講義「形而上学とは何か」では次のような批判を展開している。

諸学問の領域は互いにまったく切り離されています。それらの対象の取り扱い方は、根本的に異なっています。学問諸分野のこのようにとりとめのない多様性は、今日かろうじて大学と学部の技術的な編制によってひとつにまとめ上げられ、各専門の実用的な目標設定によってひとつの意味を保持しています。これに対して、学問がおのれの本質根拠に根ざすことはなくなってしまいました。（GA9, 104）

ハイデガーは戦後になって自身のナチス加担について釈明する際に、この一節を自身の学長職受託の動機として参照を促している。まさに一九二〇年代の終わり頃からハイデガーが講義などで論じるようになる、存在者全体を開示する形而上学という構想は、こうした細分化された領域を扱うにすぎない専門主義的な学問に対抗しようとするものだった。ここで学問の「本質根拠」と言われているのは、存在、ないしはその存在とともに開示されている存在者全体を指している。彼は学長として、学問をこうした本質根拠に根ざしたものに変貌させることを目指したのである。

他方、ハイデガーがこの改革の推進力となることを期待したドイツ学生団も、彼ら自身の学問理念をまったくもたなかったわけではなく、「新しい学問」、すなわち政治的学問を標榜していた。これは旧来の「学問の自由」という自由主義的な学問理念を否定して、学問に対して民族、国家に対する有用性を求めるものだった。

ハイデガーは学生たちが「硬直化し」「生から疎遠な」教授たちを批判することには一定の正当性を認めていた。しかしその際、これまでの学問に民族や国家のためという目的設定をするだけでは近代的学問の本質を変えられないとも考えていた。しかも彼ら自身は政治的学問によってニヒリズムを克服したと思い込んでいるため、既存の体制をかえって無自覚に温存することになり、その意味で反動的だと見なしていた。このようなドイツ学生団の退行的性格については、すでに学長在任中の一九三三／三四年冬学期講義『真理の本質について』でも次のように批判されている。

嘆かわしいことに、自由主義が論駁されるべきであることを発見したと思い込んでいる輩がますます増えている。たしかに自由主義は克服されるべきである。しかしそれは自由主義が、なお揺らいでいない大きな現実のきわめて弱い、また最後の付随現象でしかないことが理解されたときだけである。そして自由主義の熱狂的な殺害者がただちに自由主義的な国民社会主義のいわゆる「代理人」としてあらわになるという危険が存在する。この自由主義的な国民社会主義は無意味さと素朴さと若気の至りにやたらと満ちあふれている。(GA36/37, 119)

ここで「若気の至り」と言われていることにも示されているように、ハイデガーは明らかに学生団を揶揄しているのである。自由主義は「大きな現実」、すなわち存在忘却の帰結である。自由主義がそうした真の起源にまでさかのぼって克服されない限り、存在から切り離されていることに由来する知の恣意性は克服されないのであり、その意味で自由主義にとどまったままなのだ。

ハイデガーは学長辞任後も政治的学問の反動性を繰り返し批判している。一九三四／三五年冬学期講義『ヘルダーリンの賛歌『ゲルマーニエン』と『ライン』』において、彼はギリシア人によって開示された根源的な自然が、最初はキリスト教、次いで近代的学問によって「非自然化された」ことを指摘する。この近代的学問は「自然を世界交通や産業化、ならびに特別な意味において機械的な技術〔自然の機械論的な理解〕の数学的秩序の勢力圏へと解体してしまった」。そして今日の「知の獲得と伝達の組織化された事業としての学問」もこうした出来事の帰結である。このように述べたあとで、ハイデガーはナチスの「新しい学問」を次のようにこきおろす。

> こうした事業がいわゆる自由主義的な客観性といった態度において維持されるのか、それともこうした態度を単に否認するという態度において維持されるのかは、今日の学問それ自体の形態を変えるものではない。この自称、新しい学問とやらが新しいのは、ただ自分がいかに古くさいものかを知らないことによってでしかない。この新しい学問は国民社会主義の内的真理とはまったく何の関係もない[1]。(GA39, 195)

ここでは「新しい学問」は、それが克服すると称している「古い学問」と異なる本質をもつものではないというハイデガーの立場が明確に示されている。その古い学問とは、キリスト教と近代的学問という二重の力のもとで、ギリシア人が開示したような根源的な自然（ピュシス）から切り離された「知の獲得と伝達の組織化された事業としての学問」である。こうした近代的学問の体制を克服し、根源的な自然の開示という学問の原初の本質を取り戻すことは、「新しい学問」のように学問の自由を否定し、学問に民族への貢献といった目標設定を新たに課すだけでは実現されえない。ここではこの新しい学問が「国民社会主義の内的真理」と何の関係もないと述べられているが、これはあくまで彼が国民社会主義の内的真理と見なしているもの、すなわち、ピュシスないしは存在者全体を開示する形而上学に基づいたニヒリズムの克服を指していると考えられよう[2]。

自由主義的学問と民族的学問の相互依存

ハイデガーは一九三〇年代後半になると、自由主義的な学問と政治的に方向づけられた学問は近代的学問として単に同じ本質をもつだけでなく、むしろ近代的学問は自由主義的であるからこそ任意の政治的目的設定も可能となる点に注意を促すようになる。『哲学への寄与論稿』で述べられているように、「ただ徹底して近代的な（すなわち『自由主義的な』）学問といったものだけが、『民族的学問』でありうる」（GA65, 148）。自由主義的学問と民族的学問は対立関係にはなく、むしろ共犯的な関係にあると言うのだ。

ハイデガーによると、近代的学問は自分の取り扱う事象の本質を顧慮することなく、ただあれやこれやの手続きによって「研究成果」を得ることにしか関心をもたない。このことによって、学問は事象の本質に縛られることなく、任意の目的に応じた成果を産み出すことが可能になるのである。

ただ近代的学問のみが、事柄に対する手続きの優位と存在者の真理に対する判断の正当性の優位に基づいて、異なった目的への、つねに必要に応じて調整可能な切り替えを許すのである（ボルシェヴィズムにおける決定的な唯物主義と技術主義の貫徹、〔ナチスの〕四カ年計画における動員、政治的教育への利用）。「いわゆる」学問は、ここでは至るところで同じものであり、それはまさにこうした異なった目標設定によって、根本においてつねにより一様となり、すなわち「より国際的に」なっていく。（GA65, 148f.）

近代的学問は「存在者の真理」（つまり存在者の存在）によって拘束されることなく、任意の手続きを存在者に適用し、そのことによって存在者に関する「正しい判断」を獲得することに基づいている。このような近代的学問の自由主義的本質によって、学問がそのつど異なった目的に柔軟に対応することも可能になると言うわけだ。それゆえここで示唆されているように、学問はボルシェヴィズムのもとでも、ナチズムのもとでもそれぞれおのれの役割を見出すことができる。ボルシェヴィズムはロシア共産主義を意味するが、ナチスの徹底した反ボルシェヴィズム的立場を前提としたとき、これがナチスに対する辛辣な皮肉であることがわかるだろう。ボルシェヴィズムもナチズムも学問論的観点から捉えると、まったく同じ立場に基づいていると言うのである。

しかも自由主義的な学問は、単に任意の政治的目的設定を可能にするというだけではない。自由主義的な学問はそのつど新たな目標設定によって「刺激」を受け、そのことによっておのれの存在意義に対する懐疑から逃れられるという意味で、そのような目標設定を本質的に必要としているのである。こうしてハイデガーは、学問の自由主義的な本質とその客観性の理念は政治的‐民族的方向づけと単に両立するというだけでなく、そうした政治的方向づけにとって不可欠でもあると断言する（GA65, 149）。ハイデガーはこうした事態を一九三七年夏学期講義『西洋的思惟におけるニーチェの形而上学的な根本位置』では、次のように表現している。

「学問」に対して今や、しかも必然的な歴史的‐政治的諸根拠に基づいて、民族と国家は成果、役に立つ成果を必要としているということが言わねばならないとき、「学問」がほっとしないでいられようか。わかった、と学問は言う、しかしわれわれも平穏さが必要なのだと。そしてこのことを誰もが了承し、ひとはめでたく自身の平穏さを取り戻すのである。すなわち、今やこれまでの半世紀来そうであったのと同じ哲学的‐形而上学的な無思慮のうちで事を進めることができるというわけである。（GA44, 108）

「半世紀来そうであったのと同じ哲学的‐形而上学的な無思慮」とは、一九世紀後半以降の学問の専門主義的細分化の動向を指しているのだろう。政治的学問はその見かけの革新性とは裏腹に、旧来の学問と本質的には矛盾せず、むしろその延命に貢献するだけだと言うのである。こうした状況は戦後に釈明として書かれた文書「説明と根本的な点」では、より具体的に次のように述べられている。

続く何年かのうちに、ヒトラーとローゼンベルクは、大学をますます顕著に「承認」するようになりました。諸大学においては、このことは状況の「沈静化」として受け止められました。学長たちは全国党大会に招待されるようになりました。しかしひとが見て取らなかったのは、もしくは一握りのひとしか見て取らなかったのは、学問のこうした承認において、ただ学問の専門的業績と専門主義を軍備のために動員し、利用する意図だけが支配していたということです。（GA16, 412）

ハイデガーがこのように自由主義的学問と国民社会主義の結託について語るとき、彼はシュタウディンガーやバウムガルテンに典型的な形で見られたような学者のナチス体制への適応を念頭に置いていただろう。次の引用を見ればわかるように、まさに彼はこうした古い学問と新しい学問の密かな結託のうちに、自分の学長職が失敗した理由を見て取るのである。

かつて以前に、学問がおのれの本質を主張できるのは、学問が根源的に問うことに基づいてその本質をふたたび獲得することによってのみである、ということを気まぐれに言いだした者がいたが、その者はこのような状況においては、必然的に「学問」の道化か破壊者にしか見えない。というのも、諸根拠を問うことはやはり内的な柔弱化をもたらすのだし、こうした企てに対して、「ニヒリズム」という効果的な呼び名も取りおかれているからである。しかしこの妖怪も過ぎ去った。ひとは平穏さを得て、学生もふたたび勉強する気を取り戻した、というわけである。精神の全面的な小市民的活動をふたたび始めることができる。(GA44, 109)

ここで言われている「道化」、「破壊者」はもちろんハイデガー自身のことを指す。学問の自由を真に脅かすのは、外部からの政治的要請ではなく、むしろ学問そのものの本質を問う哲学的省察である。それゆえに、そうした省察を求めた自分は厄介払いされなければならなかったと言うのである。

以上の議論からもわかるように、一九三〇年代後半に展開されている「学問への省察」は近代的学問の本質をめぐる考察であることはもちろんだが、同時にそれは自分の学長職を失敗に終わらせたものが何であったかの分析でもあった。またわれわれは以上で見たことから、彼がシュタウディンガーやバウムガルテンの行動のうちに何を見て取っていたかをよく理解することができる。学長時代の彼らに対するハイデガーの異常なまでに強い反感は、自分自身の学問の本質への問いを逼塞させる、自由主義的学問と政治的学問の馴れ合いを彼らの行動のうちに感じ取り、それに対して強い危機感を抱いたことに由来するのだろう。しかしそうした結託はたまたま二人だけに見られるといったものではなく、むしろ自由主義的学問の本質そのものに根ざしていることをハイデガーはその後、明確に意識するようになり、その点を右で見たような仕方で繰り返し強調するのである。

人種主義批判としての身体論

ハイデガーが学長在任中から、ナチズムの人種主義に反対していたことは前章ですでに指摘した。ナチスの学問観に対する批判と同様、この人種主義への批判的眼差しは学長辞任後もそのまま引き継がれていく。例えば彼が学長辞任直後に記した「省慮と目配せIII」の覚書一九五では、そうした批判は次のように表現されている。そこでハイデガーは「人種」を「歴史的現存在の、間接的におのれを表すひとつの必要条件（被投性）」だと規定する。そうであるにもかかわらず、人種は「唯一の十分条件」へと「歪曲」され、それについて直接語りうるものとされてしまっている。このことは「ひとつの条件を絶対的なものに祭り上げること」でしかない（GA94, 189）。

ここで興味深いのは、彼が人種概念を一概に否定しておらず、現存在のひとつの必要条件として認めている点である。つまり現存在としてのわれわれが必ず身体に委ねられ、そこに投げ入れられている（被投性）という意味で、人種ないしは身体性が現存在にとってひとつの構成的契機であることは否定されない。しかしそうした身体的契機は現存在のあくまでひとつの必要条件にすぎず、つまり現存在のあり方をそれだけで説明できるような十分条件ではない。したがって、身体だけを切り離して、人間存在を基礎づけるものとして主題化することは不可能である。

ハイデガーはまだ学長だった時期に、今述べた点を前章でもすでに触れた作家コルベンハイヤーの生物学主義に対する批判的論評のなかで次のように表現している。それによると、「たとえ何らかの仕方で身体的生が人間的存在とその種族的な世代連関にとって基本的根拠だとしても、そうした基本的根拠はまた規定根拠でなければならないこと、またそうでありうることさえも、今もなお証明されていない」（GA36/37, 210）。「黒ノート」において、人種が歴史的現存在にとっての「ひとつの必要条件」でしかないと述べられていたのと同じように、ここでも身体が人間的存在にとっての「基本的根拠」ではあっても、「規定根拠」ではないとされている。

そうだとすれば、人間的存在が人間的存在であるためには身体的契機のほかに何が必要だというのだろうか。ハイデガーは今引用した箇所の直後で、この点についての回答を示している。そこで彼は生物学主義が決断、献身、自由、犠牲心といった人間の歴史的存在に属する現象を生物学的機能に還元してしまい、「献身することや耐え抜くこと、おのれを犠牲にすることにおいて、胃液や生殖体や哺育の機能などとは根本的に異なる存在様式が支配していること」を度外視していると批判する（GA36/37, 210f.）。彼によると、「歴史的人間のこうした根本的ふるまいすべては自由に基づいてのみ可能である」。彼にとって「自由」とは存在に対して開かれていることを意味するので、ここでは結局、歴史的現存在は存在了解――「自己主張」の表現では、「存在の本質に対して覚悟すること」としての精神――に基づくということが述べられている。

ハイデガーは学長辞任後の最初の講義『言葉の本質の問いとしての論理学』(一九三四年夏学期)でも、「血」や「血統」は生物学的、人種主義的に実体化してそれだけ切り離して取り扱うべきではなく、現存在が世界へと開かれてあることとしての「気分(Stimmung)」に依存した現象として捉えられるべきことを強調する。すなわち「血と血統は、ただそれが気分によって規定され、決してそれ自身だけから規定されないときだけ、人間を本質的に規定できる」。「血の声は人間の根本気分に由来する」のであって、「それはそれ自体で漂ってはおらず、気分の統一へと帰属している」。そして「労働として生起する現存在の精神性」も、こうした「気分の統一に属している」(GA38, 153)。気分は『存在と時間』でも「情態(Befindlichkeit)」として扱われていたが、ハイデガーの哲学においては、存在の根源的開示を意味する。前章で見たように、労働はまさに存在についての根源的な知に基づいているので、すなわちそれ自身、気分として生起するのである。

血や血統、より一般的に身体性はこうした気分と切り離されるものではなく、むしろ気分によって世界へと開かれることにより、はじめてそれとして意味をもちうるものである。すなわち「われわれが身体として確認するものは、それ自体において存在するのではなく」、それは「いわば気分の力のうちでつり下げられている」。そして胃の不調なども、単に「生物学的過程が阻害されることではなく、人間の歴史的出来事であり、それはとりわけ気分づけられていることに基づいている」(GA38, 153)。つまり胃の不調はまさに気分による世界開示に基づいており、すなわち世界がわれわれにストレスを与えるものとして開示されていることに起因するわけだ。

従来のハイデガー解釈において、彼の哲学は身体性の問題を十分に取り上げていないという批判がしばしばなされてきた。実際、『存在と時間』などには身体性を主題的に論じているところは見当たらない。しかし『存在と時間』でも「世界－内－存在（In-der-Welt-sein）」や情態の議論のうちに、単なる「意識」に対する身体性の優位はすでに織り込まれていたと言える。また『存在と時間』の空間論では「現存在の『身体性』への空間化」（SZ, 108）について語られており、身体性が現存在の主要な構成契機であることが認められている。

ただいずれにしても『存在と時間』では、身体性についての議論が控え目だったことは否定できない。それが一九三〇年代に入ると急に表に押し出されてくるのは、以上で見てきたことにも示されているように、ナチスの人種主義、生物学主義に対抗して、身体的なものにしかるべき地位を与えようとしてのことである。ハイデガーは人種主義における身体的要因の絶対化を批判するが、だからと言って人間の存在における身体的要因を完全に否定するわけではない。ただ彼は身体的なものだけによっては人間の存在は基礎づけられないこと、逆に身体性こそ精神によって開示される民族の世界によって規定されたものであることに注意を促すのである（例えば労働における身体の使用が、その労働とともに開示されている仕事場、すなわち世界によって規定されているように）。

このような人種主義に対する批判は学長在任中にも見られたものだが、ハイデガーはそれを学長辞任後もそのまま引き継いでいる。そしてこの人種主義がナチスの反ユダヤ主義の根拠となっている以上、こうしたハイデガーの人種主義に対する批判は、ナチスのユダヤ人迫害に対する批判にも直結していく。まさにこのことが「黒ノート」の「ユダヤ的なもの」に言及する覚書において問題となっているのである。次節ではこの点を詳しく見ていくことにしたい。

第二節　「黒ノート」における「反ユダヤ主義的」覚書

ハイデガーは反ユダヤ主義者か?

ハイデガーの「黒ノート」と呼ばれる未公刊の覚書が二〇一四年春に全集版（第九四～九六巻）として刊行された。すでに刊行前からそのうちに反ユダヤ主義的な言明が見いだされることが取りざたされ、それ以来、マスメディアでも盛んに取り上げられることとなった。それまでもハイデガーが反ユダヤ主義者であるかどうかはつねに論議の対象となってきた。第一章第四節で取り上げたバウムガルテンについての所見では、反ユダヤ主義的な表現が用いられていた。個人的な手紙には、ごくまれにではあるが反ユダヤ主義的な言辞が見出されることも事実である[3]。

しかし他方で彼は多くのユダヤ人の弟子や友人をもっていた。学長時代には公務員職再建法により解雇の対象となったユダヤ人の同僚を学長として擁護したり、友人のブロッホマンや助手のヴェルナー・ブロック（一九〇一－一九七四）の海外への移住を支援したりもしている。また彼の哲学的テクストの中には、これといって反ユダヤ主義的な内容が見られるわけではないので、総じて言えば、彼は反ユダヤ主義者ではないと見なされてきた。

ところが今回、反ユダヤ主義的と見なされている言明は哲学的覚書集のうちに見出されるものであるため、彼はやはり反ユダヤ主義者であり、しかもその反ユダヤ主義は彼の思想そのものに深く根ざしたものであることが強く疑われるようになった。このことによって、彼の個人的信条はともかく、少なくともその哲学は反ユダヤ主義とは無縁だろうと考えていた研究者や一般読者も「ハイデガーの反ユダヤ主義」という問題をあらためて突きつけられることになったのである。

人々が「反ユダヤ主義的」と見なしている言明は、「黒ノート」の中でも一九三八年以降、戦争中にかけての覚書、すなわち全集版の九五～九七巻の数か所に見られるに過ぎない。そうした言明の問題性を低く見積もろうとするわけではないが、それにしても「黒ノート」の内容はそれだけに尽きるものではない。すでに刊行された『哲学への寄与論稿』や『省察』などに代表される一九三〇年代後半の覚書のように、「黒ノート」も短いものは一行、長くても二～三頁の断章という形式で、自身の存在の思索をさまざまな角度から展開するものである。そしてユダヤ的なものについての言及も、基本的には西洋形而上学の克服という存在の思索の根本モチーフとの関連でなされている。

前節でも見たように、ハイデガーはナチスを支持していた時代から、すでにナチスの人種主義的な反ユダヤ主義とは一線を画していた。そして彼は学長を辞任したあとも、その人種主義を明確に批判していた。「黒ノート」のユダヤ性をめぐる言明も、以下で詳しく見るように、実はつねに人種主義に基づいた反ユダヤ主義を批判する文脈で現れている。

ハイデガーは一九三〇年代後半になると、ナチズムを主体性の形而上学の帰結として捉えるようになる。彼は主体性の本質を「作為性（Machenschaft）」と規定するが、こうした作為性の起源のひとつをユダヤ-キリスト教の創造説のうちに見て取っている。つまり世界を制作されたものと見なす創造説によって、根源的な自然としてのピュシスが完全に埋没させられて、作為性が西洋形而上学の存在了解において主導的になったと言うのである。

西洋形而上学、すなわちその完成体としての主体性の形而上学を、今述べたような意味でユダヤ的な起源をもつと見なす立場から、ハイデガーはナチズムが主体性の形而上学によって規定されていることを、ナチズムはユダヤ人を敵視しているにもかかわらず、それ自身がユダヤ的だと言って皮肉るのである。つまり彼のユダヤ的なものをめぐる覚書は、人種主義に基づいたナチスの反ユダヤ主義がニヒリズムの真の起源に対する洞察を欠いており、その結果、それ自身がニヒリズムを助長するものとなっている点をことさらに際立たせようとする意図によって貫かれている。

「ユダヤ的なもの」としてのナチズム

「黒ノート」におけるいわゆる反ユダヤ主義的な覚書において特徴的なことは、今も指摘したように、そうした覚書がユダヤ人を直接的に攻撃するというよりは、そのすべてがユダヤ人を迫害しながらも、それ自身がユダヤ的なものによって規定されているナチスを揶揄し皮肉る内容をもつということである。例えば一九三八年から三九年にかけての時期に書かれた「省慮Ⅹ」では次のように述べられている。

「文化」を権力手段として手中に収め、そのことによって自己主張し、優越性を言いつのるというのは根本的にはユダヤ的なふるまいである。このことは文化政策にとってどのような含意をもつだろうか。（GA95, 326）

ハイデガーにとって、人間が育成したり、保護したりする「文化」という発想自体が、人間が存在から切り離されていることの帰結であり、ニヒリズムの兆候と見なされるものだった。ここで彼は、ユダヤ人が文化を自己の優越性を示すための手段として用いていることを指摘している。これはかなりきわどい発言ではある。ただしユダヤ人が意識的に文化を用いたことによるかどうかは別にして、ユダヤ人が芸術や学問に秀でた民族だというイメージが広く受け入れられていることは事実である。右の覚書では文化政策を行使する主体として当然ナチスが念頭に置かれているので、ここではナチスがユダヤ的なふるまいをしていることが暗示されているのである。

また「省慮XIV」における次のテクストでも今見た箇所と同じように、ナチズムがユダヤ的だと排撃している思想のうちに特徴的に見られる思考様式は、ナチズム自身のそれと変わらないことが皮肉られている。

> そもそもあらゆる事柄について、すべてを一度、「生の」「表現」として捉えて、「本能」や「本能の減退」へと還元するといったようにしか「思考」できないとき、またそのようにしか「思考」できない以上、ひとはユダヤ人「フロイト」の精神分析について、あまりにうるさく憤慨すべきではないであろう。そもそもあらかじめ「存在」を許容しないこの「思考」様式は、純粋なニヒリズムである。(GA96, 218)

この引用によると、あらゆる精神的なものを「生」、「本能」へと還元するナチスの生物学主義は、フロイトに見られるような「無意識」への還元とまったく同じ思考パターンをもっている。人々はフロイトの精神分析をユダヤ的な思想として非難しているが、ナチスの生物学主義はそれと同じ思考様式によって規定されていることがここで指摘されている。そうした還元主義的な思考様式は、決して他のものに還元できない存在の固有性を否定しているがゆえに、「純粋なニヒリズム」でしかないと言うのである。

この思考様式については、「注記Ⅰ」の一九四二年頃に書かれた覚書では、ふたたび次のように述べられている。

反－キリスト者はあらゆる反－と同様、その〈反－〉がそれに対して〈反－〉であるもの――すなわち「キリスト者」と同じ本質根拠に由来せざるをえない。キリスト者はユダヤ人から発している。ユダヤ人はキリスト教的西洋、すなわち形而上学の時代において、破壊の原理である。形而上学の完成の転倒――すなわちマルクスによるヘーゲル形而上学の転倒における破壊的なもの。精神と文化は「生」――すなわち経済、組織の上部構造になり――すなわち生物学的なもの――すなわち「民族」の上部構造になる。(GA97,20)

ここでは最初に、転倒による破壊がユダヤ的思考の特性として語られており、その例としてマルクスによるヘーゲル形而上学の転倒が挙げられている。ハイデガーはそうした転倒を精神と文化を「生」の上部構造として捉えること、すなわちそれらを「生」へと還元することとして特徴づけている。ここではあたかもユダヤ人だけが批判の対象になっているように見えるだろう。しかしここでは精神や文化を経済の上部構造として捉えるマルクス主義とともに、最後にさりげなくそれらを生物学的なものの上部構造と見なす転倒のあり方についても語られている。すなわちこの箇所ではまさに、ナチスの生物学主義がマルクス主義と同型の思考様式をもつものとして、ユダヤ的であることが暗示されているのである。

しかし「省慮Ⅷ」の次の一節は、ユダヤ人に対するステレオタイプを踏襲する形で、ユダヤ人が「地盤喪失性（Bodenlosigkeit）」と端的に結びつけられており、これなどはやはり反ユダヤ主義的な議論と見なさざるをえないのではないか。

そしておそらく、端的に無目的性をめぐって戦われ、したがってせいぜい「戦い」の戯画でしかありえないこの「戦い」において「勝利する」のは、何ものにも拘束されず、すべてを利用可能なものにする地盤喪失性（ユダヤ人）である。（GA95, 96f.）

ここでは当時すでに始まっていた第二次世界大戦において、究極的に勝利するのはユダヤ人なのだという陰謀理論が肯定されているように見えるかもしれない。しかし前後の議論の流れを見るとそうした理解は誤りであることがわかる。ハイデガーはこの覚書で、現在起こっていることは「西洋的人間の偉大な原初の歴史の終わり」であると規定したうえで、この「原初の終わり」において、人間は存在を見守るということはもはやなく、もっぱら存在者を表象し操作することにかまけているることを指摘する。人間は存在者の操作によってあたかも「歴史」が生み出されるかのように捉えているが、それは実は「歴史なきもの（das Geschichtslose）」にすぎない。こうした歴史なきものにおいては、見せかけだけの建設・刷新と完全な破壊が生起している。

ハイデガーはこのように述べたあと、この建設と破壊は実は同じものであるとし、それを「地盤なきもの（das Bodenlose）」、すなわち「存在者に頽落し、存在から疎外されたもの」と呼んでいる。地盤なきものとは要するに、存在を忘却し存在者の計算的対象化に囚われた西洋形而上学そのものを指している。こうした議論に続けて、彼は次のように述べている。

歴史なきものがおのれを「貫徹する」やいなや、「歴史主義」が暴走を始める――地盤なきものがそれぞれ大きく異なり、まったく対立する形態において――自分たちが同じ非本質的なものであることを認識せずに――極限的な敵対と破壊欲に陥っている。（GA95, 96）

そしてこのあとに先ほど引用した地盤喪失性に触れた一節が続くのである。つまりこの箇所では、地盤なきものが互いに争いあった結果、起こることは、結局のところ、地盤なきものの貫徹でしかないことを述べている。より具体的に言うと、今次の戦争でナチス・ドイツが勝利を収めようと、イギリス・フランスが勝利を収めようと、どちらの勝利によってもただ地盤喪失性の支配だけが結果としてもたらされるにすぎない。この戦いが戦いの戯画でしかないと言われるゆえんである。

ナチス的観点からすると、この戦争は根本においては世界支配を企むユダヤ人との戦いと位置づけられる。それに対して先ほどの引用で述べられているのは、そこでどちらが勝利しようと、ユダヤ（－キリスト）教にそのひとつの起源をもつという意味でユダヤ的な西洋形而上学の支配がもたらされるだけだということである。つまりここでもナチスがユダヤ人との戦いを標榜しながら、結果的にユダヤ的なものの支配の貫徹に手を貸していることが皮肉られているのである。

ハイデガーがナチスを地盤喪失的なものと捉えていることは、「省慮XI」の次の覚書に明確に示されている。『血と大地』を唱えながら、つい最近まで誰もが予想もできなかったぐらいの規模で都市化と村や農家の破壊を推し進めていく」(GA95, 361)。「血と大地」はもちろんナチスのスローガンなので、ここでは明らかにナチスが地盤喪失を推進する勢力として揶揄されているのである。

ユダヤ的なものの自己無化

以上で確認したように、「黒ノート」の反ユダヤ主義的だとして問題視される言明は、いずれもユダヤ人を排撃するナチスが、結局のところ、形而上学という意味でのユダヤ的なものを推進する勢力でしかないことを皮肉るものである。つまりナチスが標榜するユダヤ人との戦いも、次に引く「注記I」の一九四二年頃に書かれた覚書ではっきりと述べられているように、ユダヤ的なもののユダヤ的なものに対する戦いでしかない。

形而上学的意味において本質的にユダヤ的なものが、はじめてユダヤ的なものと戦うとき、歴史において自己無化(Selbstvernichtung)がその究極点にまで到達している。「ユダヤ的なもの」が至るところで支配を完全に我がものにして、その結果、「ユダヤ的なもの」との戦いさえも、またとりわけその戦いが、ユダヤ的なものへと従属するに至っている。(GA97, 20)

「形而上学的な意味でのユダヤ的なもの」、つまりユダヤ（－キリスト）教にそのひとつの起源をもつ存在忘却の支配があまりにも普遍化し自明化してしまったため、今日ではユダヤ人に対する戦いそれ自身がユダヤ的なものによって遂行されている。このような事態がここでは「自己無化」と表現されているわけである。この覚書は多くの論者によってユダヤ人迫害の責任をユダヤ人自身に帰しているものとして激しく非難されている。しかしそうした理解は誤りで、ここではユダヤ人との戦いを標榜しながらユダヤ的なものに規定されているナチスの自己洞察の欠如が問題とされているのである。

「省慮XII」では、ナチスの人種主義さえもがユダヤ的なものだと言われている。

> ユダヤ人は彼らのことさらに計算的な才能によって、すでに長い間、人種原理に従って「生きている」。それゆえにまた彼らはその無制約的な適用にもっとも激しく反対する。人種的な育成の措置は「生」そのものに由来するものではなく、作為性によって生が優位をもつことに由来する。この作為性がそうした計画によって推し進めるのは、あらゆる存在者の同じように組み立てられ同じ形をもった配置のうちに諸民族をはめ込むことによる、諸民族の完全な脱人種化（Entrassung）である。この脱人種化と軌を一にするのが、諸民族の自己疎外――歴史、すなわち存在に対する決断領域の喪失である。（GA96, 56）

ユダヤ人が「人種原理に従って『生きている』」というのは、ユダヤ人がユダヤ人の両親、ないしは母親をもつこととして定義され、すなわちユダヤ人であることの根拠が血統に求められていることを意味するのだろう[4]。民族性を血統によって保証しようとするのは、民族性を存在開示に基づくものと捉えるハイデガーの立場からすれば、「作為的」で「計算的」なふるまいでしかない。ナチスの人種育成の措置も民族性を血統に還元し、しかもそれを操作しようとする点で作為的な思考の産物であり、「生」の自然な要求といったものではない。このようにナチスは人種を意識的な計画の対象にすることにより、現存在にとって本来、意のままにできないはずの人種の所与性、多様性を否定してしまっている。まさに人種主義はこうした人種の本来の意味を度外視しており、そのことが右の引用では「脱人種化」と呼ばれているのである。

ここでハイデガーは脱人種化を「存在に対する決断領域の喪失」として否定的に語っている。このことは彼が人種主義を批判していたというこれまでの議論と矛盾するように見えるかもしれない。たしかにハイデガーは人種主義には批判的であった。しかしそれは民族性をすべて人種的要因に還元してしまい、しかもそれを操作の対象と捉えることを問題にしているのであり、前節でもすでに指摘したように、現存在が何らかの人種的、身体的基盤をもつことまで否定していたわけではない。そこで引用した「黒ノート」の「省慮と目配せIII」で述べられていたように、彼が批判しているのは、人種主義が人種という「歴史的現存在のひとつの必要条件（被投性）」にすぎないものを「無条件的なもの」へと祭り上げてしまった点である[5]（GA94, 189）。こうした人種の絶対化により人種の本来の意義が無化されている状態が、右では脱人種化と表現されていたのである。

世界ユダヤ人組織の位置づけ

以上で見てきたように、ハイデガーは反ユダヤ主義の嫌疑を受けている「黒ノート」の覚書において、ナチズムがユダヤ的なものに規定されていることを批判している。ここでは西洋形而上学、すなわちその本質をなす作為性、地盤喪失性がユダヤ的なものと見なされている。すでに以前から、ナチズムが主体性の形而上学を相対化できず、かえってそれを推進している反動性がハイデガーによって問題視されていた。そうした批判が、くだんの覚書では、ナチズムがユダヤ人との戦いを標榜しつつ、それ自身がユダヤ的であるといったアイロニカルな形で表現されているのである。

それゆえ一九四一年六月にナチス・ドイツがソ連に侵攻し、まさにナチズムの掲げるユダヤ＝ボルシェヴィズムとの戦いがいよいよ本格化したときにも、ハイデガーはユダヤ的なものは人種主義的な意味で捉えられるべきではなく、あくまで形而上学的なものとして理解されるべきであることを強調する。このことは独ソ戦の開始直後に執筆された「省慮XIV」の一節では次のように表現されている。

世界ユダヤ人組織（Weltjudentum）の役割に対する問いは人種に関する問いではなく、人間性の様式に対する形而上学的な問いである。この人間性はまったく拘束されることなく、すべての存在者を存在から根こぎにすることを世界史的な「課題」として引き受けることができる。（GA96, 243）

「世界ユダヤ人組織」は、ナチスにも大きな影響を与えた偽書『シオンの賢者の議定書』に示されているような、ユダヤ人がその国際的なネットワークを利用して世界支配を企んでいるという陰謀理論と結びついた表現である。ここでハイデガーがこの言葉を使用していることが、彼の反ユダヤ主義の紛れもない証拠として厳しく指弾された。

しかしこの箇所をよく注意して読むと、ここでは世界ユダヤ人組織の役割への問いは人種主義に関わる問いではなく、人間性の様式に対する形而上学的な問いだと述べられている。すなわちここでの基本的論調は、世界ユダヤ人組織といったものが存在するとしても、それはアーリア人種の破壊を目指すものとしてではなく、「すべての存在者を存在から根こぎにすることを世界史的な課題として引き受ける」人間性の様式を促進し、拡散するものとして問題にされねばならないといったものである。したがってユダヤ的なものとの戦いを真面目に受け止めるのであれば、それはユダヤ人種の殲滅ではなく、あくまで形而上学の克服として遂行されるべきだということになる。

ただいずれにしても右の引用では、世界ユダヤ人組織が「存在者を存在から根こぎにする」という明らかに否定的な事態を促進する勢力として捉えられており、そのことに疑問をもたれる方も多いかもしれない。しかしこの箇所を含んだ覚書全体を見ると、ここでは世界ユダヤ人組織がニヒリズムの拡散を主導していると主張されているわけではないことがわかる。少々長くなるが、この覚書の冒頭部分を引用すると、以下のとおりである。

イギリスが実際のところ、西洋的な姿勢をもたず、またもちえないことを認識するのがどうしてこれほど遅れているのだろうか。なぜならイギリスが近代的世界の設立を始めたが、近代はその本質に即して、地球上に存在するものすべての作為性の解放へと向けられていたことをわれわれが捉えるのはようやくこれからだからである。帝国主義勢力の「正当な権利」の分配という意味でイギリスと折り合うという考え方は、イギリスが現在、アメリカニズムやボルシェヴィズムの内部で、すなわち同時にまた世界ユダヤ人組織の内部で最後まで遂行している歴史的過程の本質を射当てるものではない。（GA96, 243）

ここではイギリスが「地球上に存在するものすべての作為性の解放」を目標とする近代世界の建設を始め、現在においてもなおこの「歴史的過程」を推し進めていることが指摘されている。したがってイギリスが今日、アメリカニズムやボルシェヴィズムと協調して遂行している戦争の歴史的意義は、帝国主義的な世界の分割という点にはなく、作為性の解放にあると言うのである。ここでアメリカニズムやボルシェヴィズムとともに世界ユダヤ人組織が言及されているのは、それらがナチス的に捉えれば、世界ユダヤ人組織によって支配されていることを念頭に置いたものだろう。（なお講義『ヘルダーリンの讃歌『イスター』』でのハイデガーの議論によると、今日において巨大なもの、量的なものがそれ自身、「無軌道さ」という「質」へと転化したが、この無軌道さこそがアメリカニズムの原理である。彼は同じ箇所で、ボルシェヴィズムは単にアメリカニズムの一変種でしかないとも述べている（GA53, 86）。）

そしてこの箇所に続いて、先ほど引用した世界ユダヤ人組織に関するコメントが述べられているわけだが、今見たような覚書前半の議論の流れを前提にすると、そのコメントは次のように解釈できるだろう。すなわちイギリスの推進している歴史的過程が全地球における作為性の拡散を本質とするとき、そこで世界ユダヤ人組織が何らかの役割を果たしているとすれば、それは結局、そうした作為性を自明とする人間類型の拡散を促進することでしかない。

つまりこの覚書ではあくまでイギリスの世界史的役割が主題とされており、世界ユダヤ人組織が作為性の解放といった歴史的過程を主導していることが述べられているわけではない。むしろそれが何を企もうと、すべては作為性の拡散という歴史的過程に取り込まれたものでしかないといったように、世界ユダヤ人組織に関する陰謀理論的な過大評価が否定されているのである[6]。それゆえ「黒ノート」の全集版編者のペーター・トラヴニーのように、この箇所から反ユダヤ主義の陰謀理論の根拠となった『シオンの賢者の議定書』の影響を読み取るのは議論の趣旨をまったく読み違えているとしか言いようがない[7]。

とは言うものの、「省慮XV」の次に引く箇所は、ハイデガーが『シオンの賢者の議定書』の陰謀理論を信じていたことの十分な証拠ではないだろうか。

世界ユダヤ人組織はドイツから放逐された移住者によってそそのかされているが、それは至るところでとらえどころがなく、その権力伸長にもかかわらず、どこにおいても戦争行為に関与することは必要とせず、それに対してわれわれにはただ、自分たちの民族のもっとも優れた者のもっとも優れた血を犠牲にすることしか残されていない。(GA96, 262)

この箇所だけを取れば、ハイデガーはたしかに世界ユダヤ人組織による世界支配の陰謀を信じていたように見える。しかしこの前後のテクストをよく読めば、ここがハイデガーの考えを表明した箇所ではなく、当時のステレオタイプ的言説のひとつを紹介したものにすぎないことがわかる。すなわち彼は右の引用箇所を含む覚書の最初の部分で、「ひとが歴史的に（geschichtlich）思考せず、単に歴史学的に（historisch）のみ思考する限り」、また「ひとがつねに半分しか真理でなく、それゆえ誤りでしかない『諸事実』のみを是認する限り」、次のような事実確認がなされるだろうと述べたうえで、当時、流布していたステレオタイプ的言説を一〇個挙げている[8]（GA96, 261）。右に引いたものはこの一〇項目のうちの九つ目に該当する。それは現在の状況を捉えることができず、その結果、形而上学こそ今日の世界を根本において規定していることを洞察できていない中途半端な認識として位置づけられているのである。

しかもハイデガーはこの一〇項目について語ったあとで、さらに次のように述べている。「上述の一〇項目は何らかの変化形態において、やがては容易に歴史に対する透徹した眼差しを曇らせ、その眼差しに対して省察を邪魔しうるものであるが、それらに時宜にかなった仕方で出会うには、いたるところで巧みに駆使されるわれわれのプロパガンダがそれらの点を気遣い管理していなければならないであろう」(GA96, 262)。ここでその一〇項目は「歴史に対するまなざしを曇らせる」と明確に述べられており、さらにその一〇項目がプロパガンダの産物であることも暗示されている。すなわち世界ユダヤ人組織が裏で戦争の糸を引き、ドイツ人の若者の血を犠牲にしているという右の一節は巷で流布されている紋切型の認識を記録したものにすぎず、しかもハイデガーはそれをまったくのナンセンスだと捉えているのである。それにもかかわらず、多くの論者がこの箇所をハイデガーの反ユダヤ主義の証拠のように見なしているのはただただあきれるほかない。

このようにハイデガーは「黒ノート」において世界ユダヤ人組織に関する陰謀理論を肯定するどころか、それが今日、進行している歴史的過程の本質をまったく捉え損ねている点を批判しているのである。つまり彼によると、世界ユダヤ人組織がいかなる役割を果たそうと、それは作為性の拡散という西洋近代の歴史の一般的動向を超えるものではない。したがって世界ユダヤ人組織に国際政治を動かす何か特別な力を認めることは、その役割に対する過大評価でしかないというのが、世界ユダヤ人組織をめぐる「黒ノート」の覚書の基本的な趣旨である。

作為性の起源としてのユダヤ的なもの

以上でハイデガーの「黒ノート」におけるユダヤ的なものをめぐる覚書を検討し、それらがどのような意味をもつのかを明らかにした。それらの覚書において、彼はつねにナチズムの人種主義的な反ユダヤ主義とは一線を画し、むしろ問題の真の所在が西洋形而上学における作為性の支配にあることを示そうと試みていた。つまりユダヤ的なものに関する議論は、人種主義に基づいた非本来的な政治に対して、形而上学との対決という政治の本来の次元を指し示そうとしている点で、まさに超政治として遂行されていたのである。

しかしながら、このことを指摘するだけでは、それらの覚書の問題性が完全に解消されるわけではない。というのも、そこではユダヤ的なものが作為性、すなわちニヒリズムと特別な結びつきをもつものとして、何か否定的なものとして捉えられていることは否めないからだ。ひとはここで次のように問いたくなるだろう。そもそもユダヤ的なものに関するこのような特徴づけはいかにして正当化されるのか。つまりユダヤ的なものの作為性への特別な関係はどのように理解されるべきだろうか。彼の形而上学批判はユダヤ的なものとは無関係に議論することはできないのだろうか。

もし両者を切り離せれば、このような厄介事に巻き込まれずに済むことになるが、残念ながらそれは不可能である。つまりハイデガーのユダヤ的なものの解釈は彼の「存在の歴史（存在史）」の構想と密接に関係しており、したがって両者は不可分だということである。換言すると、彼の思索における西洋形而上学とユダヤ的なものの結びつきは、近代的主体性の作為性や計算的思惟という性格とユダヤ人の計算高さ、狡猾さというステレオタイプの外面的な一致に基づいたものではない。（ちなみに存在の歴史とは西洋形而上学がどのように生まれ、またそれが時代ごとに存在をどのように規定してきたかを、将来におけるその克服を展望しつつ捉えるものである。）

実際のところ、「黒ノート」以外の講義や著作には、形而上学とユダヤ性の事象的な連関を示唆する議論を随所に見出すことができる。そうしたテクストに示されたハイデガーのユダヤ的なものに関する存在史的な評価には、次の二つの論点が存在する。そのうちのひとつは、（一）ユダヤ－キリスト教の創造説が西洋形而上学の作為性の起源をなすという論点であり、もうひとつは（二）ユダヤ一神教の絶対神の排他的性格を問題視する論点である。以下ではこの二種類のモチーフを順に検討し、そのことによって「黒ノート」におけるハイデガーのユダヤ的なものに対する評価の存在史的な背景を示すことにしたい。

ここではまず第一の論点を見ていくことにする。ハイデガーは一九三〇年代後半から主体性の本質を作為性と捉え、作為性の支配を西洋形而上学の歴史の帰結として捉えるようになる。その際、このような作為性の支配にとって決定的な出来事として彼がまず挙げているのは、プラトン、アリストテレスの存在論が事物の制作モデルに定位して構築され、つまりそこにおいて、存在することを「制作されたこと」と同一視する存在了解が主導的になったことである。

そのうえで彼は古代ギリシア末期に成立した、存在するとは「制作されて－ある」ことだという存在了解が、その後さらにユダヤ－キリスト教の創造説によって強化され、自明化されたことを指摘する。この出来事によって、古代ギリシアのピュシスという原初的な存在了解が完全に覆い隠されてしまったと言うのである。

こうした存在の歴史の見取り図は、すでに前節でも引用した一九三四／三五年冬学期講義『ヘルダーリンの賛歌『ゲルマーニエン』と『ライン』』においても示されていた（本書一四七頁参照）。ハイデガーは同じことを『哲学への寄与論稿』では、より具体的に次のように述べている。

しかしピュシスの脱力化が生じた第一の原初の時代には、まだ作為性はその完全な本質においてはあらわになっていない。作為性は恒常的現前性のうちで覆われたままであるが、この恒常的現前性の規定は、ギリシアの原初的な思索の内部ではエンテレケイア〔完全現実態〕において最高の鋭さに達している。中世のアクトゥス〔現実態〕概念は、すでに存在者性の解釈の原初ギリシア的な本質を隠蔽している。これと軌を一にして、今や作為的なものがますます明瞭に表に現れ出てきて、ユダヤ－キリスト教の創造思想とそれに応じた神表象の介入によって、エンス〔存在者〕はエンス－クレアートゥム〔創造された存在者〕となる。たとえ創造観念の粗雑な解釈を差し控えたとしても、存在者の原因によって引き起こされたというあり方は本質的にとどまり続ける。原因－結果－連関はすべてを支配するもの（カウサ－スイ〔自己原因〕としての神）となる。これはピュシスからの本質的な遠ざかりであり、同時に存在者性の本質としての作為性の近代的思考における出現への移行である。(GA65, 126f.)

「ピュシスの脱力化が生じた第一の原初の時代」はプラトン、アリストテレス哲学が登場した古代ギリシア末期を念頭に置いているが、ここではイデアや形相といった概念に見られるように、制作に定位した存在規定が現れている。しかし他方で存在者がおのずと現前してくるというピュシスの根本動向に対する感覚もなお保たれており、存在が制作に完全に依存したものと捉えられるまでには至っていない。それに対して中世になると、すべての存在者を神によって創造されたものと見なすユダヤ－キリスト教の創造説によって、ギリシアの根源的な存在経験であるピュシスからの「本質的な遠ざかり」がもたらされた。つまり「おのずと立ち現れる支配」として捉えられていたピュシスが、それ以来、何らかの原因によって引き起こされたもの、作られたものとして理解されるようになり、その自立的な性格を失ったと言うのである。ハイデガーはこの「ピュシスの崩壊」を存在の歴史における決定的な出来事と見なしている。このような意味で、ユダヤ的なものは単にユダヤ人だけに関係するものではなく、キリスト教をとおして西洋形而上学全般を規定するものと捉えられるのである。

場所から自由なユダヤ教

こうした存在史的な議論を認めて、ピュシスを覆い隠す作為的な思惟それ自体がユダヤ的な起源をもつものだとしよう。しかし結局、これは単にユダヤ人に対する素朴な偏見にもっともらしい哲学的な裏づけを与えているだけではないのか。つまりこれは一種の洗練された形での反ユダヤ主義でしかないのではないか。このような疑念はなかなか拭い去りがたい。

しかしハイデガーのユダヤ的なものの理解は、必ずしも単なる差別的偏見としては片づけられない哲学的な実質をもっている。彼の議論をあくまで反ユダヤ主義だと見なしたい人には、ハイデガーの思索から大きな影響を受けるとともに、それとの対決を試みたユダヤ人の哲学者、エマニュエル・レヴィナスの小論「ハイデガー、ガガーリン、そしてわれわれ」（『困難な自由』所収）をご覧いただきたい。そこで彼がユダヤ教の本質として語っているものは、非常に興味深いことに、ハイデガーのユダヤ的なものの捉え方と重なり合っているのである。[9]

ガガーリンによる人類初の有人宇宙飛行（一九六一年）を契機として記されたこの短い論考において、レヴィナスはその偉業の意義を何よりも「場を離れたこと」のうちに見いだしている。レヴィナスにとって、科学技術はまさに「わたしたちをハイデガー的世界と『場』の迷信から引き剝がす」ものであり、そのことによって人間を場所の外部に見いだし、「その裸形性のうちで人間の顔を輝くに任せる」という可能性が到来するのである。[10]

レヴィナスによると、「ユダヤ教はつねに場所から自由であった」[11]。この点において、ユダヤ教はキリスト教とも袂を分かつとレヴィナスは言う。「キリスト教の普遍性は、聖人崇拝と地方的祭礼を通じて、親しく懐かしい小さな神々を統合してみせた。小さな神々を昇華することによって、キリスト教は大地に根づいた信心を維持し、そうして田園風景と家族的、部族的、国民的記憶から滋養を汲み出すことができ、それゆえにこそキリスト教は人類全体に普及したのである」。それとは対照的に、「ユダヤ教は偶像たちを昇華しなかった」し、「偶像の破壊を要求した」。まさにこの点において、ユダヤ教は科学技術と同じ性格をもっている。「科学技術と同じく、ユダヤ教は宇宙を脱聖化した。ユダヤ教は『自然』を脱魔術化した」[12]。

ちなみにハイデガーは人間の宇宙飛行のうちに、大地からの人間の根こそぎ化を見て取っていた。一九六七年に行われた雑誌『シュピーゲル』によるインタビューで、彼は以下のように述べている。「あなたは驚かれたかどうかわかりませんが、私は月から地球を撮った映像を見てとにかく驚愕しました。原子爆弾を使うまでもなく、人間の根こそぎ化がすでにそこにあります。われわれが直面しているのはかろうじて純粋に技術的な環境にすぎません。人間が今日暮らしているのはもはや大地ではありません」(GA16, 670)。

このようにハイデガーが人間の大地からの根こそぎ化として捉えた出来事を、レヴィナスは「場所からの自由」として積極的に評価するわけである。すでに見たように、ハイデガーはこうした根こそぎ化をユダヤ‐キリスト教によるギリシアのピュシス(自然)の「非自然化」に由来すると捉えていた。そしてレヴィナスもハイデガーのこの規定と重なり合う形で、驚くべき率直さをもって「宇宙の脱聖化」、「自然の脱魔術化」をユダヤ教の使命として語っている。こうした両者のユダヤ教の規定は基本的に等しいものだと言えるが、もちろんそうしたユダヤ教の性格をどのように評価するかという点で、二人はまったく対極に位置するのである。

以上で見たことにも示されているように、レヴィナスは人々が「黒ノート」に示されたハイデガーの「存在史的反ユダヤ主義」なるものに驚き、困惑するのに数十年先立って、ハイデガーの思索がユダヤ的なものに対する哲学的な挑戦であることをきわめて正確に見て取っていた。そしてレヴィナスはハイデガーが否定するユダヤ的なものの本質をそのまま全面的に肯定する形で、ハイデガーの思索に対抗したのである。（ところで、今日のわれわれの大半はおそらく、先ほど引用したようなハイデガーの宇宙飛行に対する感慨をナイーブなものと見なすだろう。そのときわれわれは基本的にレヴィナスの立場に与している。現代においては、やはりレヴィナスの方がはるかに時代適合的なのである。今日の哲学関係の学会では、ハイデガーを批判しつつ、レヴィナスを持ち上げるのがありふれた光景になっている。こうしたふるまいがいかなる哲学的、政治的立場の選択を意味するのかは、以上の議論から明らかだろう。）

命令する神に基づいた帝国的な支配

「黒ノート」におけるユダヤ的なものをめぐる覚書の背景に、ユダヤ－キリスト教の創造説が西洋形而上学における作為性の支配をもたらしたという認識が潜んでいることを以上で確認した。ここではさらに彼のユダヤ的なものに対する評価として、先ほど挙げた論点、すなわち一神教が近代の政治理解の枠組みを規定していることに対する「政治神学的な」批判を検討することにしたい。

ハイデガーは一九四二／四三年冬学期講義『パルメニデス』において、「政治的なもの」の理解における「ギリシアのローマ化」について詳細な議論を展開している。そこでは絶対者を「命令する者」として表象するローマ的な思考様式が問題にされる。彼は「帝国」、すなわち「インペリウム」という語がもともと「命令」を意味すること、したがって帝国支配が本質的に命令に基づいていることを指摘して次のように述べている。

インペリウムは戒律という意味での命令である。命令はこのように理解されたとき、支配の本質根拠であって、ようやく支配の結果であるといったようなものでもなく、単に支配の行使の一形態というわけでもない。かくしてまた旧約聖書的な神も「命令する」神である。「汝はなすな」、「汝はなすべし」が彼の言葉である。この「すべし」は律法の表に書き込まれる。ギリシアのいかなる神も命令する神といったものではなく、示す者、教える者である。それに対して、ローマの神々はローマ的な「ヌーメン〔神威〕」によって特徴づけられるが、そうした「ヌーメン」は「命令」や「意志」を意味し、命令的性格をもっている。「ヌミノーゼ」は厳密に考えれば、ギリシアの、すなわちアレーテイア〔真理〕の領域で生起する神々の本質には的中しない。（GA54, 59）

「ヌミノーゼ」とは神学者ルドルフ・オットー（一八六九―一九三七）が『聖なるもの』で、宗教的経験における「聖なるもの」に与えた名称である。ハイデガーはヌミノーゼが命令や意志を原義とするラテン語のヌーメンからの造語であることから、この概念がギリシアの神々の神性には適用できないことに注意を促している。彼はこれに続いて、命令を本質とするローマの帝国支配の空間において正義の概念も独特の意味をもつことを指摘し、ローマ的正義、「ユース（ius）」について次のように説明している。

> この言葉〔ユース〕は、ユベオー（jubeo）と関係する。ユベオーとは命令すること、命令によって行為させ、行為を規定することである。命令は支配の本質根拠であり、ローマ的に理解された「正しさのうちにあること」、「正しいこと」、ユストゥム（iustum）の本質根拠である。これによるとユスティティア（iustitia）は、アレーテイアに基づいて生起するディケーとはまったく異なる本質根拠をもっている。（GA54, 59）

ローマ的には正しさ、正義とは命令という性格をもつと言うのである。ハイデガーはここで、こうしたローマ的な正義をギリシア的な正義、「ディケー（δίκη）」と区別している。ハイデガーによると、このユストゥムとディケーという正義観念の違いに基づいて、ローマ人とギリシア人のもとでは政治体制もそれぞれまったく異なるものとなった。したがって「ローマ的に理解された政治的なものの視野からは、ギリシア的なポリス〔国家〕の本質は決して捉えられない」（GA54, 63）。

そうだとすれば、ギリシアのポリスはどのようなものとして規定されるのだろうか。ハイデガーはポリスについて、同じ講義では「存在者全体を露呈させ、また隠蔽する、歴史的人間の本質的生起の場所」であると規定する（GA54, 136f.）。そのポリスにおいて、「語の厳密な意味で人間に押し‐付けられ（zu-gefügt）、しかしそれとともに人間から引き離されてもいるものすべてが人間のまわりで生起する」（GA54, 137）。

ハイデガーはこの「〜に押し‐付けられる」といった事態をより詳細に規定して、何かが「人間に対して生起するものとして割り当てられ、その結果、人間がその自分に対して‐生起してきたものに関与させられ、そこにはめ込まれる」ことだとする（GA54, 137）。そして人間は「おのれの本質がしっかりと保持されるために」、まさにそのように自分に割り当てられてきたものに「おのれをはめ込み、従わねばならない」（GA54, 137）。ハイデガーによると、このように「人間に押し‐付けられ、またおのれを人間に押し付け、人間を差配するもの」が「掟」であり、これこそが通常は単に正義と訳されるギリシア語のディケーの本来の意味だとする（GA54, 137）。

こうした回りくどい説明で言われているのは、ギリシア的なディケーが、人間がそれに対して適合することを要求するものだということである。人間はこれに適合することにより、おのれの本質を保つことができるのである。このように規定される掟とは、要するにピュシス、存在を指しており、換言すれば、人間が従うべき自然の秩序を意味するのである。実際、一九三五年夏学期講義『形而上学入門』では、掟、ディケーは「存在者全体の存在」と言われている（GA40, 175）。ポリスとは結局、このような掟、すなわち存在が支配する場として捉えられるわけだ。

したがってディケーという意味での掟は、上位者の命令として捉えられるローマ的な正義とはまったく異なる性格をもっている。しかし現代人は政治的なものをローマ的に捉えているため、こうしたディケーによって規定されたポリスの本質が理解できなくなってしまう。「西洋は今日まだ、そして今日これまで以上に決定的にギリシア性をローマ的に考えているということ、すなわちラテン的に、すなわちキリスト教的に〔異教として〕、すなわちロマンス的に、すなわち近代的－ヨーロッパ的に考えているということは、われわれの歴史的現存在のもっとも内奥を襲う出来事である。かつてポリティコン〔ポリス的なもの〕としてギリシア的ポリスの本質から生じた政治的なものがローマ的に理解される」（GA54, 66f.）。

ここでも述べられているように、政治的なものの近代的－ヨーロッパ的な理解も基本的にはローマ的なものの影響下に置かれている。ナチス時代には古代ギリシアのポリスがナチスの全体主義的な政治体制の先駆として称揚されていたが、ハイデガーはこうしたこともポリスの本質の誤解だとして、一九四二年夏学期講義『ヘルダーリンの賛歌『イスター』』では次のように批判している。

今日ひとは（……）ギリシアに関する論文もしくは本を読めば、ここ、すなわちギリシア人のところでは、「すべて」が「政治的に」規定されていたという確言に至るところで出くわさないわけにはいかない。多くの「研究成果」において、ギリシア人は生粋の国民社会主義者として現れている。学者のこの過熱ぶりは、このような「成果」でもって国民社会主義とその歴史的な比類なさに対し、まったく何の貢献も果たしていないことにどうやらまったく気づいていないようである。そのうえ、国民社会主義のほうはこうした貢献など何も必要としていない。(GA53, 98)

ここで述べられているナチズムの「歴史的な比類なさ」とは、まさにその近代的‐ヨーロッパ的性格を指している。このようにナチズムがギリシア的なものとまったく異質なものであることは、この講義の別の箇所では、ふたたび次のように強調されている。「歴史的人間のあらゆる行いがあらゆる観点において、ポリスにおのれの場、すなわち帰属するところをもつことは、歴史的にまったく異なった性質をもつ現代の『政治的なもの』の『全体性(Totalität)』とは混同されてはならない」(GA53, 117)。あらゆる物事が政治とは無縁でありえないことを強調する政治的なものの「全体性」の主張はギリシア的なものではなく、これまでの指摘に従えば、むしろローマ的なものである。そうだとすれば、この戦時中の講義で展開されていたローマの帝国的な支配に対する批判も、実はナチスに向けられたものと解することができる。つまりハイデガーはナチスの支配を帝国的＝命令的なものと見なして、それを退けているのである。

全体主義の起源としての一神教

ギリシアとローマにおける政治的なものの理解の相違をめぐる以上のような議論のうちで、ハイデガーは先ほど引用した箇所において旧約聖書の神に言及し、それを「命令する神」と特徴づけていた。すなわち帝国的な政治形態の原型を、ユダヤ－キリスト教における神と人間の関係のうちに見て取っているのである。

実際、彼は一九四八年頃執筆された「黒ノート」の「注記Ⅴ」のある一節では、きわめて簡潔に「全体主義的独裁の現代的体制はユダヤ－キリスト一神教に由来する」と述べている（GA97, 438)。つまり「全体主義の起源」がユダヤ－キリスト一神教のうちに見出されるわけだ[13]。こうしたトップダウン型の命令に基づいた一元的な支配は、アレーテイア、つまり存在者の存在によって規定されたギリシア的ポリスのあり方とはまったく異質であり、またそうしたポリス的空間を覆い隠すものでしかない。

存在者の存在が生起する場としてのポリスから人間が切り離されていることは、人間がおのれの土着性を失うことを意味する。ハイデガーがユダヤ人を地盤喪失性によって特徴づけるのは、彼らが命令する神に服従することによって、存在者の存在に閉ざされていると見なすからである。これは「ユダヤ教はつねに場所から自由であり」、「場所よりさらに高次の価値に忠誠を誓ってきた[14]」というレヴィナスのユダヤ教に対する評価と軌を一にしている。もちろんユダヤ教のそのような特質を積極的に評価するかどうかという点については、ハイデガーとレヴィナスは対極に位置しているのだが。

以上で確認したように、ハイデガーは全体主義を生み出した西洋近代の政治的思惟の起源をローマ帝国、さらにさかのぼるとユダヤ－キリスト教のうちに見て取っている。ユダヤ－キリスト教が西洋の政治的なものの理解に与えた影響については、一九四六年頃に執筆された「注記II」でも、次のような暗示的な仕方で語られている。

「預言」は歴史の運命的なものを拒絶する技術である。預言は力への意志の道具である。偉大な預言者たちがユダヤ人であるのは、その秘密がまだ思索されていない事実である。[15]（GA97, 159）

ハイデガーはこれに続く覚書では、預言は「前に向けられた歴史学であり、それゆえ歴史学の本質の技術的な完成である」と述べている（GA97, 159）。第三章で詳しく取り上げるが、ハイデガーは歴史学に示されているような近代的な歴史意識を体現している歴史学の本質を対象化のうちに見て取っている。この近代的な歴史意識は将来に関しては、それを計算し、計画するという仕方で表象するという特徴をもつため、そうした意味で預言的なものと見なされるのである。しかしこうした預言はまさに「歴史の運命的なもの」、すなわち存在の支配を隠蔽し、阻害してしまう。そして右の引用ではさらに、こうした歴史意識が旧約聖書的な歴史記述にその起源をもつこと、すなわちそれが根本的にはユダヤ人の発明であることが暗示されている。

ユダヤ教の預言者は、典型的には現支配者の宗教的、政治的堕落を批判し、共同体の破滅や復興といった将来を預言する。このように将来におけるメシアの到来やユートピアの確立を唱えつつ、現在の状況を否定する終末論的意識は、共産主義や新興宗教などにおいて典型的な形で見られるものである。ナチズムもまさにこうした意識によって規定されている。これら現代の政治運動を見れば、預言がまさに現状を否定して権力奪取を目指す力への意志の道具として機能していることがわかるだろう。ハイデガーは先ほどの引用箇所において、こうした現代の政治を規定する独特の歴史意識の起源を旧約聖書の預言者のうちに見て取るわけである。つまりここでも結局、ユダヤ的なものが現代の政治的思惟の様式を規定していることが指摘されているのである。

ユダヤ人をめぐる超政治

以上で、ハイデガーの「黒ノート」におけるユダヤ的なものをめぐる覚書は単に同時代のユダヤ人に対する差別的ステレオタイプを踏襲したものではなく、ユダヤ的なものについての彼なりの存在史的な解釈に基づいていることが明らかになった。ハイデガーによると、ユダヤ教はキリスト教を介して、その創造説と命令する神という観念により、古代ギリシアのアレーテイア、ピュシスの隠蔽を促進し、古代ギリシアの末期に現れたプラトン、アリストテレスの哲学と結びつきながら西洋形而上学に固有の思惟の様式を形作ったのである。こうしてハイデガーが「黒ノート」においてユダヤ的なものに言及するときは、ユダヤ的なものは決して人種的なものではなく、むしろ形而上学という形でわれわれ自身の思惟を規定するものとして理解されている。

すでに第一章で指摘したように、ハイデガーはナチス支持者として学長に就任した時期から、ナチスの人種主義には明確に反対していた。そこからの当然の帰結として、彼は人種主義に基づいた反ユダヤ主義やユダヤ人迫害も無意味なものと見なすのである。「黒ノート」の反ユダヤ主義的だと非難されている覚書も、ユダヤ人に対する攻撃ではなく、ナチスがユダヤ人を排撃しながら、それ自身、形而上学という意味でのユダヤ的なものによって規定されていることを揶揄するものである。

ここで注意すべきは、「黒ノート」におけるユダヤ的なものへの言及が基本的にはすべて一九三八年以降、数年間の覚書に限定されているということである。つまりそれらの覚書はナチスが一九三八年一一月のいわゆる「水晶の夜」[16]以降、ユダヤ人に対する迫害を目立ってエスカレートさせたあとの時期に書かれている。ハイデガーはそれ以前からナチズムが形而上学によって無自覚に規定されていることを批判していた。こうした彼のナチス批判は、ナチスがユダヤ人迫害を露骨に強化したことに敏感に反応して、ユダヤ人を攻撃するナチス自身が主体性の形而上学というユダヤ的なものに従属していることを揶揄するといった形で表現されるようになる。これはもちろん、ナチスによるユダヤ人の迫害がまったく無意味だという批判を含意する。

もっともそうは言っても、ハイデガーがユダヤ的なものを否定的に捉えていることに変わりはないのだから、それはそれで問題なのではないかという疑問も出てくるかもしれない。しかしハイデガーが批判している西洋形而上学は、ユダヤ的なものであるとともに、キリスト教的なものでもあり、さらにまたギリシア的なものでもあり、基本的にはそうした拡がりにおいて捉えられるべきものである。またハイデガーがギリシア哲学を形而上学の始まりとして批判する場合、ギリシア人を批判したり差別したりしているのではないのと同様、ユダヤ的なものの批判によって現実のユダヤ人に対する攻撃を正当化しているわけでもない。

しかし今も述べたように、西洋形而上学がユダヤ的なものであると同様に、キリスト教的でギリシア的でもあるならば、なぜ「黒ノート」ではユダヤ的なものだけをクローズアップしているのだろうか。現実にユダヤ人が差別されている状況において、ユダヤ的なものだけを取り上げて否定的なことを述べれば、それはやはりユダヤ人蔑視を助長するだけではないだろうか。実際のところハイデガー自身、このような単純化された言い回しが世間の誤解を招きうることは重々承知していた。それゆえ彼は「黒ノート」以外のテクストでは、主体性の形而上学の「ユダヤ－キリスト教的な」起源についてはしばしば語るものの、それを端的にユダヤ的なものと言うことは決してない。彼はただ「黒ノート」という、より私的で率直な意見表明をおのれに許した場においてのみ、ナチスによるユダヤ人迫害の過激化に対する直接的な反応として、それがいかにナンセンスかを際立たせるために、ナチスこそ実はユダヤ的なものだという先鋭化されたレトリックを用いるのである。

このユダヤ的なものをめぐる覚書、さらにはすでに見たドイツ学生団に対する苦言などに典型的に示されているように、ハイデガーは「黒ノート」に普通は表に出せない議論、「言ってはいけない」議論を世間的な常識を顧慮して抑制することなく率直に書き記している。この「言ってはいけない」議論は基本的に存在の問いの政治性のストレートな表出に関わっている。公刊著作や講義でも存在の問いの政治的含意はまったく表現されないわけではない。しかし「黒ノート」では彼の思索の政治性がそのときどきの政治的出来事に対する直接的なリアクションという形で、とりわけ明確に示されている。結局、「黒ノート」におけるユダヤ的なものをめぐる覚書も、今述べたような「黒ノート」の表現媒体としての固有の性格と、ナチスによるユダヤ人迫害の激化という当時の時代状況があいまって、ナチスをユダヤ的なものだと揶揄する、あの独特の屈折した表現様式を取るに至ったのである。

ハイデガーは「黒ノート」を全集の最後に刊行することを生前に指示していたが、このことは彼自身がこのテクストの「危険性」を認識していたことを示している。彼は公刊著作や講義などのいわば「公教的な」テクストの刊行が「黒ノート」を理解するための準備となることを期待していたのだろう。これは逆に言うと、「黒ノート」において実践されている存在の問いの超政治をどこまで適確に解釈できるかによって、既刊著作に基づいた存在の問いの理解の正当性が試されるということだ。しかし結局のところ、「黒ノート」にある意味、露骨に示された存在の問いの政治性はやはり誤解され、存在の問いの理解を深めるどころか、彼の哲学を厄介払いする格好の口実とされてしまったのである。

第二章の注

1――この「国民社会主義の内的真理」という一節は、この講義の全集版の編集では「自然科学の内的真理」となっている。しかしマールバッハのドイツ文学アーカイブに収蔵されている底本の講義草稿を見ると、「自然科学(Naturwissenschaft)」として本文確定された箇所は"N. soz"という略号が記されており、これは「国民社会主義(Nationalsozialismus)」の略記なので、当該箇所は「国民社会主義の内的真理」と読むべきだという指摘がアメリカのハイデガー研究者ジュリア・アイアランドによってなされた。彼女はこの「国民社会主義の内的真理」を「ピュシスの生起」として捉えることを提唱している。(Julia A. Ireland, Naming Φύσις and the "Inner Truth of National Socialism": A New Archival Discovery, in: *Research in Phenomenology* 44, 2014, pp. 315-346.) この読みは一九三五年夏学期講義『形而上学入門』に見られる「この運動の内的真理と偉大さ」という表現に呼応しており、基本的に妥当なものと考えられる(次注も参照)。

2――一九三五年夏学期講義『形而上学入門』においても「この運動の内的真理と偉大さ」という表現が見いだされ、この講義が一九五三年に単行本として刊行されて以来、ナチス賛美ということでずっと非難され続けてきた。一節全体をここで引いておこう。「今日すっかり国民社会主義の哲学としてあちこちで喧伝されているが、この運動の内的真理と偉大さとは(すなわち惑星的に規定された技術と近代的人間の出会いとは)何の関係もない代物は『価値』や『全体性』というこの濁った水たまりの中で網を打っているのである」(GA40,

208）。丸括弧内の注記は講義草稿には記されていなかったという証言があり、しかも講義草稿のこのページはなぜか消失してしまっていることから、この注記があとから付け加えられたものではないかという疑惑が投げかけられてきた。しかし本書で見たような、ナチズムの教義に対するハイデガーの批判的姿勢からすれば、この箇所もまさに「国民社会主義の哲学」なるものの反動性を批判していることは明らかだ。つまりそうしたものは自分が示しているような「国民社会主義の内的真理」を捉えられていないと言うのである。したがってあえて丸括弧内の注記を付さなくても、この箇所は十分にナチズム批判として解することができる。丸括弧の内容はナチズムを近代技術の体現者と捉えるものだが、こうした認識は一九三五年よりややあとの一九三〇年代後半に確立されるものであり（本書第三章参照）、単行本の刊行時に挿入した可能性は高い。ハイデガーがその注記を加えたのは、自分が想定する「真のナチズム」に照らして現実のナチズムを皮肉るという議論の屈折が戦後の読者には理解されず、ここが額面通りのナチズム賛美と受け取られることを避けるためだったと推測される。

3——たとえばハイデガーは一九一六年一〇月一八日に、後に妻となるエルフリーデに宛てて、次のように書いている。「われわれの文化と大学のユダヤ化はなるほど恐るべきものです。そして私はドイツ人種がもっと内面的な力を奮い起こして発展すべきだと考えています。」（Gertrud Heidegger（Hrsg.), *»Mein liebes Seelchen!« Briefe Martin Heideggers an seine Frau Elfride 1915-1970*, München, 2005, S. 51.）また一九二〇年八月一二日のエルフリーデ宛ての手紙では次のような文言も見られる。「今やあまりに多くの家畜がユダヤ人によって村々から買い取られていってしまい、冬の肉の販売も終わってしまったところではしきりにうわさされています。（……）農夫はこちらの方では段々と厚かましくなってきていて、すべてにおいてユダヤ人と闇商人がはびこっています。」（Ibid. S. 112.)

4——ユダヤ人はユダヤ教の律法において「ユダヤ人の母親から生まれた者」と定義されている。ハンナ・アーレントは『イェルサレムのアイヒマン』において、イスラエルにおいては「ユダヤ教の律法がユダヤ人市民の身分を定め、その結果ユダヤ人は非ユダヤ人との結婚を認められず、外国でおこなわれた結婚は承認されはするが、通婚によって生まれた子供は私生児と見なされ、非ユダヤ人を母とする子供には法律上結婚も埋葬も認められない」にもかかわらず、アイヒマンを裁く法廷で、ユダヤ人とドイツ人との通婚と性的交渉を禁じたニュルンベルク法を糾弾する検察側の態度の矛盾を揶揄している（アーレント『イェルサレムのアイヒマン』大久保和郎訳、一九九五年、四頁を参照）。

5——ペーター・トラヴニーは「黒ノート」の反ユダヤ主義の問題を取り上げた著作で、この「脱人種化」についての解釈を展開している。彼はそこでハイデガーが被投性のひとつの条件としての人種をどのように考えているかを明確にしておらず、「現存在の身体性に彼はほとんどつねに注意を払わない」と述べている。（Peter Trawny, *Heidegger und der Mythos der jüdischen Weltverschwörung*, Frankfurt am Main., 2014, S. 40.）しかし前節でも見たように、ハイデガーは一九三〇年代に活発に身体性について論じているし、「黒ノート」においても人種、身体性の位置づけは明確になされている。

6——もっともハイデガーはユダヤ人が国際政治のうちで一定の役割を果たしていることは認めていた。ハイデガーは今取り上げた覚書の直前のテクストで、一九四一年の独ソ戦の勃発後、「ユダヤ人リトヴィノフ」がソ連の駐アメリカ大使になったことについて次のように語っている。「同時にボルシェヴィズム的政治の『狡猾さ』が今や明るみに出ている。ユダヤ人リトヴィノフがふたたび登場した。彼の六〇歳の誕生日にモスクワの『イズベスチヤ』紙の主幹編集委員だった、あの著名な共産主義者のラデックは以下の文を書いている。『リトヴィノフはボルシェヴィズム的なやり方に従って、たとえ一時的であるにせよ、同盟者をまさにそれが見つけられるようなところで探し出すことを心得ていることを証明した』」（GA96, 242）。このカール・ラデック（一八八五－一九三九）というユダヤ人のボルシェヴィキはドイツでもよく知られた存在で、一九一九年のドイツ共産党の設立にも関わるなど、そのヨーロッパを股にかけた活動はまさにボルシェヴィズムによるユダヤ人の世界支配の陰謀というイメージにぴたりと当てはまる存在だった。ハイデガーのこのテクストを見る限り、彼がユダヤ人とボルシェヴィズムの関連性を認め、またユダヤ人を国際政治において一定の影響力を行使する存在として捉えていたことは否定できない。カール・ヤスパースは『哲学的自伝』で、一九三三年にハイデガーと会ったときに、ユダヤ人問題や『シオンの賢者の議定書』の悪質なたわごとについて語ったところ、「でもユダヤ人の危険な国際的な結びつきは存在するでしょう」とハイデガーが答えたことを報告している。（Karl Jaspers, *Philosophische Autobiographie*, Erweiterte Neuausgabe, München 1977, S. 101.）ハイデガーは『シオンの賢者の議定書』は真に受けていなかったが、国際政治上の事実としてユダヤ人の結びつきが存在すると考えていたのだろう。しかし本文でも述べたように、彼はそれを陰謀理論が主張するような何か特別なものではなく、通常の政治力行使の範囲内で理解可能なもの、つまり作為性の拡散といった現代政治の本質に従属したものでしかなく、その意味ではナチズムと同じ本質をもつものと捉えていた。

7――Peter Trawny, *Heidegger und der Mythos der jüdischen Weltverschwörung*, S. 47ff.

8――この覚書で紹介されている、本文で引用したもの以外の九つの言説は以下のようなものである。「一．われわれはこの二年間、勝ち続けている。二．養わねばならない人々の数は増えている。というのも、占領された領域も封鎖されているからだ。三．管轄領域はますます広がっている。四．政治的な行動の可能性はすべて尽きてしまっている。というのも、もはやいかなるパートナーも存在しないからだ。五．天才的な政治によって主要な危険としては除去されたと見なされていた多方面戦争は、自分の決断に基づいた事実である。六．唯一まだ残されている戦争的な対決の内部において、本質的な決断の機会は消え去ってしまった。七．行動と計画のあらゆる領域で、単なる『そして‐さらに』だけが唯一、可視的な目標である。八．戦争の敵の行動様式における協調が完成されている。（……）一〇．このヨーロッパ‐ドイツの状態のしかるべき粉飾とヨーロッパの包囲から封鎖への移行を人々は『新秩序』と呼んでいる」(GA96, 261f.)。これらの言説のうちには、当時の具体的状況を知らないと理解しにくいものも含まれている。しかし全体として見れば、七に顕著に示されているように、人々が既存のもののさらなる継続以外の目標しか見て取れず、それ以外の「決断」の可能性に完全に閉ざされてしまっていることに対する批判的な眼差しがこうした言説の紹介の背後にあることは明らかである。

9——エマニュエル・レヴィナス『困難な自由』内田樹訳、国文社、二〇〇八年、三〇五−三〇九頁。このレヴィナスの小論は、ペーター・トラヴニー「ハイデガーと『世界ユダヤ人組織』と近代」陶久明日香訳(ペーター・トラヴニー、中田光雄、齋藤元紀編『ハイデガー哲学は反ユダヤ主義か——「黒ノート」をめぐる討議』水声社、二〇一五年)において言及されていたものである。この論考でトラヴニーは、レヴィナスが「ハイデガーによって強調された場所論的秩序」の「ユダヤ教による破壊」を是認していることに注意を促している(同書、五五頁以下)。

10——エマニュエル・レヴィナス『困難な自由』、三〇七頁以下。

11——同書、三〇八頁。

12——同書、三〇九頁。

13——和辻哲郎は『日本倫理思想史』において、日本の神々の他者に対する寛容性を強調する一方で、一神教の神の排他性、独裁者性を批判している(和辻哲郎『日本倫理思想史』『和辻哲郎全集　第一二巻』岩波書店、一九七七年、八八頁)。ここで和辻はハイデガーと同様、こうした神観念と政治的なものの理解の密接な連関をつねに意識しながら議論を展開している。この議論は戦時中というコンテクストにおいては、一方で国粋主義者による天皇の絶対化に反対する意図をもつものだった。しかし他方で、和辻は日本の神観念に基づいて「尊皇」の意味を捉え直し、そこから日本の政治体制の優位性と「万邦をして所を得しめる」という日本の戦争遂行のスローガンの正当性を導き出している（和辻哲郎「日本の臣道」、『和辻哲郎全集　第一四巻』岩波書店、一九九〇年、三〇八頁）。つまり和辻の一神教批判は結果的には、ハイデガーとはまったく逆に、当時、遂行中だった戦争を正当化するものとして機能しているのである。こうした和辻の思索のうちにも、近代に対する批判が結果として近代性の推進に貢献してしまう典型的な例を見ることができる。

14――エマニュエル・レヴィナス『困難な自由』、三〇八頁。

15――ハイデガーはこのテクストの直後に、括弧書きで次のような注を付している。「愚か者のための注：この考察は『反ユダヤ主義』とは何の関係もない。反ユダヤ主義はキリスト教の『異教徒』に対する血なまぐさい措置のように、またとりわけ血なまぐさくない措置のようにばかげていて、いまわしいものである。キリスト教もまた反ユダヤ主義に『反キリスト的』という烙印を押しているのは、キリスト教の権力技術の狡猾さが高度に発達したことの仕業である」(GA97, 159)。この注を見れば、ハイデガーが「黒ノート」のユダヤ人に関する発言が反ユダヤ主義と見なされる可能性を十分に意識していたことがわかる。ここで彼はキリスト教の異教徒に対する「血なまぐさい措置」を「ばかげていて、いまわしいもの」と述べているが、ここから彼がナチスによるユダヤ人の迫害も同じように捉えていたと想定することも許されるだろう。

16――一九三八年一一月九日から一〇日にかけての夜に起こった、ナチスによって主導されたユダヤ人に対する全国規模の暴動を指す。各地のシナゴーグやユダヤ人の商店や家屋が焼き討ちされ、数百人のユダヤ人が殺害された。この事件はユダヤ人に対する差別が、強制収容所でのユダヤ人の大量殺戮といった組織的な迫害にエスカレートしていく転換点だったとされている。フライブルクでも大学の建物のすぐ隣にあったシナゴーグが焼け落ちた。

第三章　技術と国家

第一節　技術と総動員

技術論の生成

ハイデガーは学長を辞任した後に、学長時代に自分が突き当たり、それによって跳ね返された「力」の正体を次第に明晰に認識するようになった。その「力」をめぐる省察が一九三〇年代後半以降、主体性、技術についての考察として展開されていく。ハイデガーの主体性の形而上学に対する批判は、それ自身、同時代の政治状況についての批判的考察であり、とりわけナチズムとの対決であった[1]。前章で取り上げたナチスの学問政策への批判やユダヤ的なものをめぐる言説も、まさにこうした近代形而上学に対する省察の一環として遂行されていたのである。

『存在と時間』などに見られるように、一九二〇年代には存在を閑却する現存在のあり方が非本来性、頽落などとしてすでに主題化されていた。しかしそのときはまだ、非本来性は現存在がいつの時代にも取りうる様態として捉えられており、その歴史性はそれほど明確に打ち出されていたわけではなかった。もちろん『存在と時間』でも、西洋の存在論の歴史を存在忘却の歴史として捉える視点は存在した。しかし現存在の本来性と非本来性は現存在の普遍的な可能性として語られており、そうした本来性と非本来性が歴史的にいかなる異なった様態を取りうるかについては表立って主題化されていなかった。

そうした現存在のあり方そのものの歴史性が明確な形で示されるのが、一九三〇年代後半に確立される「存在の歴史」の思索である。こうした認識の深まりは、ハイデガーが学長職の挫折、ならびにナチス体制下におけるその後の経験により、非本来性の現代的な様相についての理解を格段に深めていったことに由来するだろう。存在者の支配とその拡大をただひたすら追い求める主体性の本質のうちに、ハイデガーは学長在任中に自分をはじき飛ばし、またそれ以後もなお大学、ひいては社会全体を規定し続けている力の正体を見て取ったのである。ハイデガーはこの主体性を古代ギリシアに端を発する西洋形而上学の歴史の究極的な帰結と見なしている。こうした近代のニヒリズムに至る西洋形而上学の歴史が「別の原初（der andere Anfang)」の新たな建立への展望とともに、存在の歴史として定式化されるのである。

このハイデガーの存在の歴史において、「近代的技術（moderne Technik)」は主体性に基づいたものと捉えられている。こうして一九三〇年代後半以降の主体性の形而上学との対決は、同時に技術への問いとして展開されることになる。さらに彼は近代国家が技術による存在者の支配に基づいていると考えるので、技術への問いは近代国家の本質をめぐる省察という性格を帯びている。そしてこれは言うまでもなく、ナチズムの本質を捉えようとする努力でもあった。

一般的には、一九三〇年代後半はナチスに加担していたときと比べて、彼の思索の政治性が薄れた時代、もしくはまったく非政治的になった時代と見なされがちである。しかし以下で見るように、この時代の西洋形而上学に対する批判はそれ自身、超政治の遂行であり、彼の存在の思索はその政治性を失うどころか、さらに先鋭化している[2]。本章では一九三〇年代後半に始まるハイデガーの形而上学批判を、とりわけ今述べたような政治的含意に注目しながら概観する。

そもそも技術論というと、一般にはハイデガーの戦後の業績だと見なされてきた。というのも、論文「技術への問い」に代表されるような技術に関する一般向けの論考は戦後にはじめて刊行されたからである。しかし技術に関する考察は、すでに一九三〇年代終わり頃に書かれた『省察』、『存在の歴史』などの覚書集、また同時期から戦争終結に至るまでの諸講義などで展開されており、すなわちこの時期に技術が彼の思索におけるひとつの重要な主題として確立されたことを確認できる。

本節ではハイデガーの技術論を一九三〇年代終わりから一九四〇年代前半にかけての議論に即して紹介する。この時期の技術論は戦後のそれと比較すると、まだ荒削りな部分が多い。しかしそこでは技術が表立って現代国家の総動員体制や戦争との関連で論じられており、その点で彼の技術論の政治的含意がよりわかりやすい形で示されているという利点がある。この時代の技術の考察はまず何よりもナチズムとの対決として遂行されている。彼はナチズムの本質を捉えようと努力するなかで、現代国家を根本において規定するものとしての技術を主題化するに至ったのである。

「前に‐立てること」としての技術

　さて、われわれは技術やテクノロジーというと、まずまっさきにさまざまな機械類、すなわち「機械的技術」を思い浮かべる。しかしハイデガーによると、技術はそうした存在者と同一視すべきものではなく、存在者を開示する知のあり方そのものである。例えば一九三八／三九年頃に記された覚書集『省察』では、技術は存在者を作成可能性において対象化することとして特徴づけられている。「技術は存在者そのもの（自然ならびに歴史）を計算しうる作成可能性へと立て置くこと、すなわち作りうる状態を貫徹する作為性を意味する」(GA66, 173)。ここでは存在者を作成可能なものとして捉える態度が「作為性」と呼ばれている。[3] 技術はこのような意味での作為性に基づくと言うのである。

　一九三〇年代後半に成立した『哲学への寄与論稿』では、作為性は「存在者を前に‐立てうるもの、また前に‐立てられたものとする解釈」だと定義されている。そしてこの「前に‐立てうること」は具体的には、第一に「思考と計算において接近可能であること」、第二に「制作と実行において前に持ち来たらしうること」を意味するという (GA65, 108f.)。つまり存在者を「前に‐立てること (vor-stellen)」は、まずは存在者を計算可能性において対象化することである。そしてさらに存在者を制作によっておのれの前に出来させることを意味する。この両者は「前に‐立てること」の単に二つの異なる様態というわけではなく、相互に連関したものである。つまり存在者はまずもって思考と計算において捉えられることによって、はじめて制作しうるものになる。逆に存在者を思考と計算において捉えるとき、そこではすでにその存在者を意のままにし、制作可能にしようとする意志が働いている。

“vorstellen”は通常、何かを「思い浮かべる」、「表象する」といった意味で用いられる動詞である。ハイデガーはその動詞の字義通りの意味、つまり「前に-立てること」を前面に押し出して、存在者をそれが本来属している世界との根源的な連関から引き離して自分の前に引っ立てて、自身の恣意的な操作の対象にするあり方を表現しようとするのである。こうした「前に-立てること」によって存在者を計算可能性において対象化し、そのことに基づいてそれを制作可能なものとする態度が作為性と呼ばれるわけである。

ハイデガーはこの「前に-立てること」を近代的な主体の本質と見なしているので、主体性はそれ自身、作為性を意味することになる。そして先ほど触れたように、作為性は技術の本質でもあったから、人間がおのれ自身を主体として理解しているということは、人間がすでに存在者の技術的対象化をおのれの存在様式として引き受けていることを意味するのである。このことが『省察』の先ほど引用した箇所の続きで、「存在の生起としての作為性は技術を生み出すが、そうした技術の使用は人間がその本質において『主体』として決定されている限り、人間の意志や不意志の及ぶものではない」と表現されている(GA66, 173f.)。このようにハイデガーの思索において、作為性、技術、主体性は基本的にひとつの同じ事柄を指しているのである。

技術的対象化の二つの領域：自然と歴史

以上で確認したように、ハイデガーは技術の本質を存在者の対象化のうちに見て取っている。それゆえ技術とは何か機械装置のような存在者を意味するわけではない。むしろそうした機械そのものが、まずもって自然をメカニズムとして対象化することに基づいている。彼によると、「存在者の対象性の確保」という技術の本質に基づいて、機械の本質もはじめて理解可能となる（GA66, 174）。存在者を対象化するということは、存在者を機械として捉えることと同義である。逆に自然は機械として捉えられることにより、はじめてその真の姿において確保されたということが認められるのである。「機械（個別的事物としてではなく、本質としての）において、自然ははじめて確保された自然、すなわち『現実的な』自然となる」（GA66, 174）。

機械技術といったものは、このように自然を機械として捉えることによってはじめて可能になる。このことをハイデガーは一九四〇年第二学期講義『ニーチェ：ヨーロッパのニヒリズム』で次のように述べている。「例えばディーゼル・エンジンのようなものが存在するのは、かつて哲学者たちによって機械技術的に利用可能な『自然』の諸カテゴリーがことさらに考えられ、また考え抜かれたということのうちに、その決定的な、すべてを担う根拠を有している」（GA48, 67）。ここで言及されている機械技術的に利用可能な自然の諸カテゴリーとは、まさに自然を計算可能なものとして、すなわち「空間－時間のうちで関係づけられた諸質点のそれ自身で完結した運動連関」（GA5, 78）

として対象化するために用いられる空間や時間、因果性などのカテゴリーを指している。

しかしこうした対象化は単に自然だけに関わるものではない。ハイデガーによると、技術には歴史学による歴史の対象化といったものも含まれる。彼は『省察』の同じ箇所で、「同様に歴史も歴史学によって、はじめて確保された歴史となるのであって、その歴史学の近代の究極形態がプロパガンダである」と述べている（GA66, 174）。つまり歴史学は歴史に関する技術だと言うのである。このように技術的な対象化が歴史にも関わるという論点は少しわかりにくいかもしれない。というのも、過去はすでに確定したものであって、技術的に操作したり、作成したりすることとは無縁のように見えるからである。

ただよく考えてみると、たしかに今日では、歴史学的手続きに則ってしかるべき一次史料から確定された事柄のみが歴史的事実として認められるわけで、この点はハイデガーの言うとおりだ。とは言うものの、これは事実を客観的に捉えることだから、技術的操作や制作といったこととは無縁なのではないだろうか。

しかし事態はそれほど単純ではない。ここで例えばある国家の歴史というものを考えてみた場合、それは国家の存在を前提にし、さらに言うと国家の存在を基礎づけるものである。その国家内のあるエスニック・グループが分離独立を欲したとしよう。彼らの独自性の自覚は自分たちが固有の歴史をもつという意識に基づいており、また逆に民族としての自覚の高まりがおのれ固有の歴史に対する研究を促進する。こうした観点からすると、歴史は国家であれ、その内部のエスニック・グループであれ、それをひとつの主体として画定するために要請され、まさにそうした主体形成の必要に応じて「作られる」という側面をもっている。そしてこのとき、歴史はまさに主体性の自己主張そのものとして、本質的にプロパガンダという性格を帯びている（このように歴史学が主体性の形成にあたって本質的な意味をもつことについては、本章第二節でより詳しく取り上げる）。

『存在の歴史』のある覚書で、ハイデガーは歴史学が「機械的な仕方で操作できないものについての技術」だと指摘したうえで、「こちらの技術のほうは『政治』によって操作される」と述べているが、このことも今挙げた例から理解できるだろう。彼によると、あらゆる歴史学が「政治的だ」というのは、「歴史学が主として『政治的な』出来事をおのれの対象とするといった外面的な意味ではなく、歴史学が（……）自己確保を目指す『生』の全体計画のために雇われて、この全体計画の駆動装置となることによってである」（GA69, 100）。つまりあらゆる主体（すなわち生）は必ずおのれ固有の歴史をもち、さらに言うと、その歴史こそがまさにその主体の自己確保のための全体計画として主体の実質をなしている。それゆえこの主体にとって政治とはおのれ固有の歴史意識の貫徹という意味をもち、すなわちこのような歴史意識の形成としての歴史学そのものが主体による政治の遂行という意義を帯びてくるのである。

人間は技術を支配できるか？

以上で「前に-立てること」としての技術がいかに自然と歴史という存在領域に関わり、またその際、両者はどのように捉えられているかを概観した。これらの点に加えて『省察』のこれまで取り上げてきた覚書で、ハイデガーはさらに、技術を構成するもうひとつ別の契機について語っている。それは技術的対象化、「前に-立てること」を担う存在者としての人間である。

そこでは人間自身が「育種と訓練によって、あらゆる存在者を計算しうる作成可能性に適合させることを仕込まれる」と述べられていた（GA66, 174）。自然や歴史が技術的な対象化によって確保されるためには、つねにそのような対象化を担う存在者も確保されていなければならないが、それが人間である。人間は自然や歴史を作成可能性において捉えることを要請され、そのために一定の教育や訓練、また身体管理などを求められるのである。つまり技術は対象化を担う主体を必要とし、それゆえ人間をそのような主体へと変貌させることをその本質のうちに含んでいる（まさにこうした人間の主体-化が、今日では教育機関や医療・保健機関などによって遂行されているのである）。

こうして技術は自然と歴史を作成可能なものとして前に-立て、さらに人間をそうした対象化を担う存在として徴発する。ハイデガーは『省察』では、技術のこうした動向を「動員（Mobilisierung）」と言い換えている（GA66, 176）。このように彼が動員について語るとき、第一次世界大戦以降、総動員や総力戦などとして意識されるようになった現象を念頭に置いていることは言うまでもない。

実際、彼は一九三九年の第二次世界大戦の勃発直後に書かれた論文「コイノン――存在の歴史より」（『存在の歴史』所収）において、「そもそも何であれ諸民族の存在に属するもので、戦争的な暴力の要素であることから免除されうるようなものはもはや何ひとつとして存在しない」と述べ、次のように続けている。「力の自己展開は（……）ありとあらゆるものを節操なく取り込んでいくことに限りなく固執していく。そうした状態に存在者を適合させていくことが、まさにレーニンによってはじめて『総動員』として認識され、またそのように名づけられたが、それは世界大戦によって現実化されたのである」（GA69, 210）。

このような意味での動員は自然資源の利用といったことに限られない。ハイデガーによると、動員は歴史学、ないしはプロパガンダによる歴史の利用にまで及んでいる。こうした動員は「単にこれまで未使用のものや作為性にまだ役立っていないものを『運動』のうちに置くだけでなく、存在者をまずもって全体として変化させ、あらかじめ作為的なものへと変化させる」（GA66, 176）。つまり動員は単に存在者を利用するというだけでなく、あらゆる存在者をおのれの力の伸長のために例外なく利用可能なものとして捉えることをその本質とするのである。総力戦のうちに見られる、あらゆる存在者を戦争のために容赦なく利用し、搾取しつくそうとする性格も、存在者すべてを作成可能なものとして捉える形而上学的意味での動員に基づいている。

ここでは人間もまたそうした存在者の動員に適合したあり方を要求され、そのような意味で人間自身も動員されていくのである。ハイデガーは動員のうちで人間が占める独自の位置について次のように述べている。「人間は『動員』を制御もせず、また単純に動員によって制御されているわけでもない――すでに主体として規定された人類はむしろ、存在者全体の作為性の鋳型にはめ込まれ、また同時に存在者全体の作為性におのれを刻印する」（GA66, 176）。人間は一方で存在者の作為的操作に適応していかねばならない。また他方で人間はそのように作為性に適応している限りで、存在者全体に作為性を押し付ける存在でもある。人間が動員を制御せず、また動員によって制御されるわけでもないとされるゆえんである。いずれにしても、作為性は人間が自分から生み出すものではなく、人間がまずもってそれに適合しなければならないものである点に注意しなければならない。

ハイデガーは先ほども言及した論文「コイノン――存在の歴史より」では、こうした存在者の作成可能性は、それに対応できる人間がいつでも「出動可能」であることを要求すること、またこの要求は有無を言わさないものであり、そこでは「物事の意味を熟慮すること（Besinnung）」は過失としか見なされないことを指摘している。彼によると、このような出動可能性には代替可能性が本質的に属しており、ここでは人間は任意に派遣できる「人的資源」となる。存在者は人間が出動するから作成可能になるのではなく、逆に存在者の作成可能性が人間に対して今述べたような仕方での「出動準備態勢」を強制すると言うのである（GA69, 185）。

このように人間が技術を決して制御できないという主張の背景には、技術がそれ固有の内的秩序とそれに基づいた独特の発展経路をもっているという認識がある。ハイデガーはその点を一九四二年夏学期講義『ヘルダーリンの讃歌『イスター』』で次のように表現している。

現代技術の際立った点はそもそもそれがもはや単なる「手段」ではなく、もはや単に他のもののために「奉仕」するものでもなく、それ自身ある独自の支配の性格を展開するところにある。技術そのものが自分から要求し、また自分のために要求し、自分のうちで発展させていくものは、ある独自な種類の秩序とある独自な種類の勝利感である。こうして例えば（……）それ自身もまた機械を製造する機械を製造するために工場を作ること、すなわち工作機械の工場の設立は、それ自身のうちで段階を重ねた比類ない勝利である。（GA53, 53f.）

技術は人間が任意に設定した目的に従属する単なる「手段」ではない。そのような仕方で技術を支配できると考えるのは幻想にすぎないのだ。というのも、ここで述べられているように、技術は独自の発展の論理をもち、人間はその論理に従属しているだけだからである。つまり技術はすでに達成されたものを前提として、そのうえにさらに技術的進歩を積み重ねていく自己発展的なプロセスとして存在する。このように技術は本質上、おのれの支配をただひたすら拡大しようとする性格をもつ。そしてこの達成はある独特の勝利感をもたらす。個々人はこのプロセスを制御することはできず、むしろその内部で今述べたような勝利感、達成感のとりことなり、技術進歩のプロセスにますます深く巻き込まれていく。

例えば右の引用でも挙げられているように、生産工程のオートメーション化も技術発展の内在的な論理に即した必然性をもっている。最初は手作業で行っていた機械の製造をやがて機械が行うようになる。この工作機械自体が製造を必要とするが、その製造も機械によって行われるようになり、すなわち自動化されていくだろう。今日、ＡＩ（人工知能）技術の発展により人間が携わっている多くの仕事が代替される可能性が語られている。人々がこのことを必然的だと考えるのも、おのれの支配の範囲をつねに拡大し、またその確実性を増していくという技術の発展の論理を自明視することに基づいている。われわれはここに作成可能性が人間の出動準備態勢を要求し、また人間がその要求に何の疑問ももたずに従うといった事態を見て取ることができる。

以上で一九三〇年代後半の議論に即して、ハイデガーが近代技術の本質をどのように捉えているのかを概観した。ハイデガーは技術の本質を存在者の対象化のうちに見て取り、それを作為性と名づけた。このように技術とは単に機械などの事物を指すものではなく、むしろ存在者の存在理解のあり方に関わるという意味で「精神的な」本質をもっている。この作為性はすべての存在者をあらかじめ例外なく作成可能なものとして捉えるという包括性をもつ。総力戦、総動員においてわれわれが経験する存在者の動員の包括性、全体性は、今述べたような作為性の性格に由来するのである。

この総動員が基本的には国家によって主導され、さらに言うと、国家自身が総動員のシステムとして存在するとすれば、ハイデガーの技術論はここにおいて近代国家のあり方そのものを俎上に載せていることになる。実際、次節で詳しく見ていくように、彼の技術論は事実上、近代国家に対する批判として展開されているのである。

第二節　近代国家に対する批判

近代国家の本質としての主体性

ハイデガーは技術の本質を主体による表象、すなわち存在者を「前に‐立てること」と規定した。このように存在者を計算可能性、作成可能性において対象化することを、彼は動員とも呼んでいた。このことからもわかるように、彼の技術論は第一次世界大戦において顕著な形で示され、その後、時代の象徴と見なされるようになった総力戦、総動員の経験を色濃く反映したものである。それゆえまた、彼の技術についての考察は必然的に技術と国家の関係を視野に入れたものとなり、以下で見るようにそれ自身が近代国家論として展開されていく。

端的に言うと、ハイデガーは近代国家を近代的主体の完成形態として捉えている。彼は一九三〇年代後半から、一七世紀にデカルト（一五九六‐一六五〇）によってはじめて定式化された主体性の形而上学への批判を先鋭化させていくが、このとき主体性として彼が念頭に置いていたのは近代国家の本質的動向そのものであった。

一九四二年夏学期の講義『ヘルダーリンの讃歌『イスター』』では、まさに国家が近代的な自己意識の表現として捉えられている。ハイデガーによると、こうした自己意識は「おのれ自身と、それとともにあらゆる経験可能な存在者を無条件的に確信することを目指している」が、「この確信の規範的な根本形態は、あらゆる計算可能なものと計画可能なものの展望可能性と不可疑性である」。こうした意識が歴史に関わる場合、それは歴史を確信しようとし、したがってそれは「計画し－行動する意識」となる（GA53, 117）。

そして次に見るように、ハイデガーは近代国家の本質をまさにこうした意識のうちに見て取っている。「おのれをおのれ自身に立脚させる、人間の近代特有の自己意識が、あらゆる存在者を秩序づける近代の基本形式が国家である」（GA53, 117）。国家はすべての存在者を計算可能、計画可能なものとして展望し秩序づける近代的な自己意識をその本質とする。ハイデガーによれば、近代における「政治的なもの」はこうした自己意識によって規定されている。つまり近代国家の本質に応じて、政治は存在者を計画可能なものとして秩序づけることを意味するようになるのである。

一九四一年夏学期講義『根本諸概念』では、歴史を計画し、それを自分自身の行動により確保しようとする近代国家に固有の自己意識が、それ以前に存在した帝国と対比されつつ、次のように述べられている。「帝国がつねに存立し続けたがゆえに何千年も持続する場合と、世界支配が意識的に何千年も先に向けて計画され、また可能な限り最大の大衆による、可能な限り最大の組織の、可能な限り最大の持続を本質的な目標とする唯一の意志のうちに存立確保が取り込まれる場合とでは、それぞれ事情がまったく異なっている」(GA51, 17)。帝国が単に長い期間にわたって存続してきたということと、「千年王国」を自称するナチスのように、千年先を見通して世界支配を計画し、自己の可能な限りの最大化を意志することとはまったく別のことだと言うのである。

ハイデガーによると、こうした意志は「ここ三〇〇年来の近代の隠された形而上学的本質」である。つまり「千年王国」構想も単にナチスの誇大妄想の産物というのではなく、近代的な意志の本質的な帰結だというわけだ。例えば過去のわが国の「天壌無窮の皇運」であるとか、現代中国の「中華民族の偉大な復興」といったような政治的スローガンを見れば、おのれの可能な限りの持続と最大化を目指す意志がナチスのみならず、現代国家を普遍的に規定していることがわかるだろう。

ハイデガーは同じ箇所でさらに、「この意志が二〇世紀において無条件的なものという形態を獲得することをニーチェははっきりと先行的に思索していた」と指摘したうえで、「人間による大地の無条件的な支配への意志においてともに意志すること、そしてこの意志の執行はそれ自身のうちに技術へのあの従属を含んでいる」と述べている (GA51, 17f.)。近代国家の本質をなす意志がここでは技術と結びつけられている。これは意志が存在者の計画的な確保を目指すものとして、結局のところ存在者を「前に-立てること」としての技術そのものを意味するからである。

ここでハイデガーは、「こうした形而上学的意志の執行」はただ単に「独裁者の利己心や恣意の産物」として解釈されてはならず、むしろ近代国家の本質そのものであることに注意を促している。

「政治的状況、経済状態、人口増加などは、近代的な世界史に属するこうした形而上学的意志の執行にとってもっとも手近なきっかけと領域でありうるが、それらは決して形而上学的意志の執行の根拠でもなく、したがってまた目標でもない」(GA51, 18)。つまり形而上学的意志は存在者の支配というおのれ自身の本質の実現を目指すことの他に目的をもたず、あらゆる場面にその自己展開の機会を求めるのである。このような形而上学的意志の自己目的的な性格を明示するために、ハイデガーはしばしば意志を「意志への意志(Wille zum Willen)」と呼んだりもするのである(意志については第四章第二節参照)。

力としての国家

以上で見たように、ハイデガーは近代国家の本質をあらゆる存在者を計算可能、計画可能なものとして確保しようとする意志のうちに見て取っている。このように存在者を計算可能なものとして捉えることは技術の本質に他ならないので、結局、近代国家は技術に基づいていると見なされる。

この技術の本質は存在者を計算可能性と制作可能性において「前に‐立てること」であった。これは結局、存在者を支配することに他ならず、そうした意味で「力(Macht)」の行使という性格をもっている。ハイデガーは『存在の歴史』(ハイデガー全集第六九巻)に収録された覚書群や論文「コイノン――存在の歴史より」では、技術、すなわち主体性の本質を「力(権力)」と捉え直したうえで、その性格について詳細な分析を展開している。まさにそうした力の分析において、彼はつねに自己の拡張を求めてやまない近代国家そのものの動向を俎上に載せているのである。

力とは何かをおのれの意のままにし、操作可能なものとして保持することを意味する。そうした操作可能性は、次の引用に見られるように、存在者を計算可能、作成可能なものとして対象化することに帰着する。「力はあらかじめ存在者をそれがただ操作可能である限りにおいてのみ存在者として認める。操作可能性は存在者が計画－計算可能であり、またそのように表象されたものとしてつねに制作可能であることに存する」（GA69, 185）。このように計画可能性、制作可能性において表象することは主体性の本質でもあったので、結局、主体性そのものが力と見なしうるのである。

力はそれ自身の本質に従って、ただひたすらおのれの持続と拡大だけを目指し、そのために存在者に対するおのれの支配をつねに拡張しようとする。ハイデガーが力のもっとも基本的な性格として強調するのが、力とはおのれの強大化のみを目指し、その外部に目的をもたないということである。彼はあらゆる存在者を例外なく動員しようとする総動員という現象も、本質的におのれの外部を認めようとしない力の本質に由来するものと捉えている。こうした点が「エルンスト・ユンガーに寄せて　一九三九／四〇年」では次のように述べられている。「力の本質は絶対的で完全な支配に突き進むものであるから、力に対してその本質を実現する全権を委任するという根本的な出来事は『総』動員となる」（GA90, 230）。

ハイデガーは一九三八～四〇年に書かれた「存在の歴史」の覚書では、このような力を本質とする主体性が「ナショナリズム」と「社会主義」をその本質的帰結としてもたらすことを指摘している。「主体性の本質的帰結は、諸国民のナショナリズムと国民の社会主義である。権力要求はそのつど力そのもののためになされ、したがって権力要求はこの本質的に度を越して強まる力によって、そのつど高められ強化される」(GA69, 44)。この箇所はナチズム、すなわち「国民-社会主義(National-sozialismus)」を意識して書かれたかのようである。主体性の権力要求は対外的にはナショナリズムという形で現れる。またその権力要求を実現するために、対内的には社会主義という形で国民の動員とそれによる均質化が推進されていくというわけだ。

なお引用の後半部分では、主体性の権力要求がそのつど達成した力の段階に基づいて、さらに権力要求をエスカレートさせていくことが述べられている。この点も対外的な権力要求をとめどもなく拡大していったナチスの対外膨張政策を想起させる。もちろんこうした主体性の性格はナチス国家だけでなく、究極的には近代国家一般に当てはまるものとして捉えられているのだが。

主体性の帰結としての戦争の常態化

今引用した箇所の直後では、まさにこうした主体性の力(権力)という本質の全面的な肯定が戦争の常態化をもたらすことが指摘されている。「主体性のこうした歴史の本質的帰結は、力の確保のための無制約的な闘いであり、それゆえ力への全権委任を引き受ける際限ない戦争である。この戦争は形而上学的にかつてのすべてのそれとは何か本質的に別のものである」(GA69, 44)。ハイデガーがこの覚書を記したのは第二次世界大戦の勃発直後だったが、彼はまさにその戦争を力の飽くなき拡張を目指す主体性の本質的帰結として解釈するわけである。

先ほども引いた論文「コイノン――存在の歴史より」では、現代の戦争の本質についてより詳細な分析を見ることができる。彼は現代の戦争の特異性として、戦争と平時の区別が消え去ってしまった点に注意を促している。

> 平和においては、戦争がそうでありうるようなものがもつ不可視の不気味さが一段と脅威を与えつつ支配しているので、平和は戦争を排除するものとなる。「総力」戦争は平和を含み込み、このような「平和」は「戦争」を締め出す。戦争と平和の区別が無効になる。というのも、どちらも押しつけがましさを増しながら、自身をひとつの「全体性」の等-価の現象であることを露呈するからである。(GA69, 181)

この箇所は直接的には、ナチス・ドイツが一九三九年九月にポーランドに侵攻したのち、イギリスとフランスがドイツに宣戦布告したにもかかわらず、しばらく戦端が開かれなかった状況――当時、「奇妙な戦争」と呼ばれたりもした――を念頭に置いている[4]。ハイデガーによると、総力戦の時代において平和と戦争の区別は本質的に消失してしまった。というのも、平和は戦争をいつでも遂行できる状態を保持することによって担保されており、その意味では平和においても戦いはすでに行われており、それゆえまた平和と区別された特別な状態としての戦争もなくなってしまったからである。

ハイデガーのこうした分析は、今日から見れば、むしろ第二次世界大戦後のアメリカとソヴィエト連邦の冷戦によりわかりやすい形で当てはまり、その意味である種、予言的な性格をもっている。もちろん今日でもおのれの力の伸長を目指す国家間の戦いは終わったわけではなく、そのまま続いている。われわれはそうした平時の戦争を国家間の経済規模の拡大をめぐる競争のうちに見ることができる。経済制裁や経済封鎖がある国家の軍備拡張を抑止する手段として用いられていることを見れば、経済力そのものが軍事力と置換可能なものと捉えられており、したがって経済力の増大をめぐる競争そのものが戦争であることがわかるだろう。

現代では国家がいかなる政治体制を標榜しようと、すなわち自由主義国家であろうと、一党独裁国家であろうと、そのもっとも主要な政治目標が経済成長という形での力の増進に置かれ、その実現が体制の正当性を保証するものとして受け止められている。この事実ほど如実に現代国家の「形而上学的同一性」を示すものはない。そうした国力の指標として今日、何よりも重視されているのが国内で生み出された財貨やサービスの付加価値の総額を示す「国内総生産（GDP）」である。現代においてはその絶対値とともに、その年間の増加率を示す経済成長率に人々が一喜一憂していることのうちに、おのれの拡大のみを目標にするという力の本質が紛れもなく反映されている。

ハイデガーによると、このような戦争の常態化、すなわち平和の戦争化は、近代国家が力を本質とすることの帰結である。自己の拡大のみを無条件に目指す力が国家の本質となることにより、戦時と平時の区別がなくなってしまう。列強の覇権競争が明確に示しているように、「力は（……）単にいかなる目標ももたないというだけでなく、あらゆる目標設定に抗して、おのれ自身への純粋な全権委任を貫徹するものとしてあらわになる」（GA69, 182）。つまり力はおのれの勢力の伸長という以外の目標を一切認めないということである。

それゆえ列強同士の覇権獲得競争において、表向きはさまざまな目標が掲げられているとしても、そうした目的設定はつねに便宜的で事後的なものでしかない。「（……）目標設定（『道徳性』の確保、『民族的実体』の救出）はつねに事後的なものでしかなく、この事後的なものは知と意志に反して、力への全権委任のために奉仕に駆り出されており、世界列強の地位をめぐって争うかの者どもの決定によるものではない。したがって、そうした目標設定は権力保有をめぐる戦いの状況次第で、一晩で変化し、それどころか反対のものにもなりうるのである」（GA69, 183f.）。

というのも、こうした目標設定にとって重要なことは目標の実現ではなく、「そのつどもっとも効果的な目標設定とそうした目標設定によって導かれた、役に立つ人材と暴力の覚醒と拘束によって力に全権委任すること」だからである（GA69, 184）。つまりそのつど掲げられる目標は、力の拡大のために無条件に献身する人材や暴力を調達するために効果的かどうかという観点から選択されたものでしかなく、決してその実現が目指されているわけではない。それゆえある目標が力の伸長を妨げるものと判断されるときには、それは用済みのものとしてただちに別のものに取り換えられなければならないのである。（ところでこうした目標設定によって動員された人々はまさにその「崇高な大義」を信じており、そのために献身するのだが、これは事実上、力の拡張要求に無批判的に追随することでしかなく、結果的に彼らの善意は純然たる暴力性の発動に貢献してしまうのである。現代風に表現すれば、国家は本質上、一個の巨大なやりがい搾取システムを形作っているとでも言えようか。）

コミュニズムによる人間の均質化

以上で見てきたように、ハイデガーは一九三〇年代末に、近代国家の本質が「力」であるという洞察に到達する。彼によると、力はおのれの拡張のみを目指すものだが、近代国家は力の権力要求を無条件に認め、それに「全権委任」することを本質とする。彼はこうした力によって規定された近代国家の体制を「コミュニズム（Kommunismus）」と名づけている。彼の定義によると、作為性の支配を無条件化する権限を力に対して与えることが「コミュニズムの本質」である（GA69, 191）。

コミュニズム、すなわち共産主義は一般的には、以前からすでに存在していたプロレタリアートが権力を奪取することとして理解されている。それに対してハイデガーは、プロレタリアートはむしろコミュニズム、すなわち近代国家の総動員体制によってはじめて生み出されたことに注意を促している。コミュニズムは「すでにそれ自体で存在していると誤解された『万国のプロレタリア』

を結集するのではなく、コミュニズムが人間に対して低俗化のあの一様性の遂行を無理強いすることによって、それをまずもって『プロレタリアート』にするのであり、この一様化が『国民（Volk）』の権力掌握として現れている」（GA69, 192）。つまりコミュニズムは人々に対して、力の伸長に貢献することを要求し、人々をそうしたあり方へと同質化していくが、このように力によって一様化された存在がプロレタリアートの本質である。

ハイデガーによると、われわれが今日「労働者」と「兵士」と呼んでいるものは、このように「力」の要請に適合し、一様化された人間類型を指している。このことが一九四一年夏学期講義『根本諸概念』では次のように述べられている。

（……）狭い意味で「政治的」なあらゆる教義体系を越えて、「労働者」と「兵士」が現実の相貌を全般的に規定することが決定されている。この二つの名称は、ここではある国民階級や職能身分の名称と捉えられておらず、それはある比類ない融合において人間性の様式を指している。この人間性は今日、世界を震撼させている動員が、その実行のために決定的に必要とするものであり、存在者に対する関わりに方向性と態勢を与えている。（GA51, 36）

労働者と兵士の本質は、存在者に対する技術的支配を担うことに存するというのである。ハイデガーはこうした労働者のイメージを形作るにあたって、ドイツの作家エルンスト・ユンガーの労働者論から大きな影響を受けていることは一目瞭然だろう。ユンガーは第一次世界大戦の従軍経験に基づいた作品『鋼鉄の嵐の中で』などで名を馳せたのち、一九二〇年代半ば以降は政治評論でも活躍し、革命的ナショナリズムの旗手と目されるようになった。彼は前線兵士のあり方を現代における人間の本質的な存在様式として一般化する。そして市民社会的な価値観や民主主義を、今日すでに胎動しつつあるそうした新たな存在様式を覆い隠す欺瞞として徹底的に拒否した。このような人間像をユンガーは一九三二年に刊行された『労働者——支配と形態』において、まさに「労働者の形態」として記述している。彼は同書で「技術とは労働者の形態が世界を動員する方法なのである」と述べている。[5] ハイデガーが労働者を近代技術、またそれに基づいた総動員体制の範例的な担い手と見なすとき、ここに示されている労働–技術–動員といった三者の連関をそのまま踏襲していることは明らかである。

このようにハイデガーは一方で、現代社会の捉え方に関してユンガーから多くを学んでいる。しかし他方では、労働者のそうしたあり方を肯定的なものとして捉え、それを積極的に引き受けることを唱えるユンガーのいわゆる「英雄的リアリズム」の立場には批判的であった。それが市民社会的なものとの徹底的な対決を標榜しつつも、結局のところ主体性の形而上学、すなわち力への意志の形而上学といった近代性の真の本質を捉えられておらず、むしろそれを絶対化してしまっていることを問題視するのである。

このような一九三〇年代後半のユンガーとの対決は、ハイデガー全集第九〇巻として刊行された覚書集『エルンスト・ユンガーについて』によって、今日ではその詳細を知ることができるようになった。そのうちの「ユンガーについて」と題されたメモでは、労働者は「絶対的な主人だと思い上がった絶対的な奴隷、すなわち計画し－飼い慣らし－計算しながら、存在者全体（人間も含めて）をその作成可能性において確保するという意味をもつ技術の、近代的な意味で『自由な』執行者」（GA90, 6）と規定されている。労働者は自分が存在者の主人であり、自由な主体だと思い上がっているが、その実は存在者全体を作成可能性において確保すべしというコミュニズムの命令に従属した奴隷にすぎないと言うのである。

　こうした技術に対するプロレタリアートの隷属は、論文「コイノン」では次のように説明されている。すなわちハイデガーによると、プロレタリアートはブルジョワジーから権力を奪取して、今や「階級意識」、「一党支配」、「生活水準の統制」、「進歩の促進」、「文化の創造」など、すべてを掌握していると考えている。しかしそのことは力の本質を見誤った「仮象」でしかない。プロレタリアートは権力を握っているようでいて、実は力の高揚のために動員されている存在にすぎない。

> （……）押し迫る力は、コミュニズムにおいてはあらゆるものの一様性と均質性という魔法へと、あらゆるものをとりこにして陥らせるものである。プロレタリアートの本質根拠をなすこの力に対してプロレタリアートは無力であって、しかもこのことはあまりに決定的であるため、かの力がおのれの本質への全権委任を確保し、強化するためにこの無力を利用する

に至るのである。（GA69, 193）

ここで述べられているように、プロレタリアート自身は力による一様化を自分たちの権力奪取として捉え、歓迎する。こうしたプロレタリアートに、力への全権委任を本質とするコミュニズムを批判的に相対化することを望むべくもなく、彼らはむしろその魅力に取り込まれて、力への全権委任を誰よりも積極的に要求する存在となるのである。

近代国家の形而上学的本質としてのコミュニズム

こうしたハイデガーの議論において注意すべきは、以上で見たようなコミュニズムの特性は単に共産主義を標榜する国家のみならず、基本的には近代国家すべてに当てはまるものとして捉えられているということである。彼によると、コミュニズムとは「形而上学的な構造であり、すなわち近代の完成がその終極的な段階の幕開けを告げるやいなや、近代的人間がそこにおのれを見出す」ところである（GA69, 206）。

この観点からすれば、イギリス国家はソヴィエト国家と「同じもの」にすぎない。ただイギリスにおいては、「道徳性と国民教育という見せかけを用いた大掛かりな偽装が、あらゆる暴力の展開を無邪気で悪意のない、自明なものにしている」が、ソヴィエト連邦では「近代的な『意識』が国民の幸福を唱えないわけではないにせよ、容赦ない仕方で、おのれ自身を自分の力という本質においてさらけだしている」という違いがあるにすぎない（GA69, 208）。

ここではソ連とイギリスの形而上学的同一性が指摘されているが、もちろんナチスも同じようにコミュニズムによって規定されているとハイデガーが見なしていることは言うまでもない。ナチズムは周知のとおり、ボルシェヴィズムを徹底的に敵視していたから、このようにナチズムをコミュニズムとして規定することにはハイデガーの大きな皮肉が込められているのである（ナチスはそれが敵対視するものと実は同じ本質をもっているという論法は、「黒ノート」のユダヤ的なものをめぐる言説でも見られたものである）。プロレタリアートが易々とコミュニズムによる一様化、均質化のとりこになることが先ほどの引用では指摘されていたが、その記述は、ドイツ人がなぜあれほどまでにナチズムにひきつけられたかの説明と捉えることもできるだろう。

ハイデガーによると、あらゆる国家の形而上学的同一性が明らかになるのは、まさに世界大戦においてである。

> 世界大戦とそれに対する決意が、防衛においてであれ、攻撃においてであれ、より覚悟をもってなされればなされるほど、どちらの側でも総動員がますます押しとどめがたいものとなる。総動員が無条件的に発動すればするほど、形而上学的意味でのコミュニズムは不可避のものとなる。その時々の政体、すなわち民主主義的、ファシスト的、ボルシェヴィズム的政体や

それらの混合形態は表面上のものでしかない。(GA90, 231)

実際のところ、自由主義、民主主義を標榜するアメリカやイギリスが、それゆえにファシスト的国家と比べて動員を手加減していたということはなく、むしろ後者に対する優位性はその動員の徹底性にあったとも言いうるのである。[6]

したがってハイデガーによると、力の支配を単に「権威主義的国家」の特徴と見なし、それに対して「議会制国家」は「分権的」であり、暴力使用とは無縁であるから「道徳的」だと捉えることは誤りである。政治体制のこうした評価そのものが勢力拡張のためのプロパガンダでしかなく、こうしたことは「政治的勢力拡張のこうした近代的形態の形而上学的(……)同一性への洞察を妨げる」ものでしかない(GA69, 189)。つまり通常、権威主義的国家と議会制国家は異なった政治体制をもつと見なされるが、ハイデガーは両者が形而上学的には同一の本質をもつと言うのである。

こうした「政治的勢力拡張の近代的な形態の形而上学的同一性」の証拠として彼は次の二点を挙げている。一点目は、あらゆる政治的立場が「人間的な共同体、ならびにその幸福化の理想」を唱え、この理想を「『現実』の安定と秩序の基準、それとともに現実の変革の基準として設定している」ことである(GA69, 189)。二点目は、「この『理想』が国民に枢要な権力の座を与える『民主主義』として規定される」ことである(GA69, 189)。ハイデガーはここで、近代国家がそれらの標榜する体制の相違にもかかわらず、基本的には国民が主権をもつ「国民国家」として形成されていることを捉えているといえるだろう。つまりアメリカの政治学者ベネディクト・アンダーソン（一九三六－二〇一五）の業績を嚆矢として一九八〇年代以降、発展してきた「ナショナリズム論」によって強調されるようになった論点がここには示されている。[7]

民主主義の仮象

ハイデガーはこのように、あらゆる政体がそれぞれなりの仕方で、力が「民衆」に分け与えられているという「仮象」を通用させている点を指摘し、この仮象を「民主主義の仮象」と呼んでいる。彼によると、この仮象は政治権力者が庶民を欺いていることを意味せず、それを信じている庶民が愚かだというわけでもない。「本当のところ力は誰にも属していないのに、力が皆に属しており、皆に分配されているという仮象は力の本質に由来するのであって、この力への全権委任にあたっては、すべての権力者もそうとは知らずして力に圧倒された者でしかない（……）」（GA69, 189f.）。力はただひたすらおのれの力の伸長を目指すという固有の論理をもっており、国民だけでなく、支配者もそうした力の増進に役立てられる存在でしかない。しかし力に関与している当事者にとっては、力はあくまでみずからに分与されたもののように受け取られるのである。

今も述べたように、独裁者、権力者でさえも「力への全権委任」のために利用される存在でしかない。ただ「専制」や「独裁制」においては、力が「主観的な権力欲を多数者の抑圧によって満たすような比類ない者の手中」に握られているように見えるため、力が本質的には誰にも帰属していないことが見て取りにくい。しかし実際のところ、独裁者も力の伸長という目的に拘束された存在でしかない。「『暴君』や『独裁者』は彼らが真正な独裁者であり、すなわち力に対して、その本質の無条件的性格へとおのれを強化する全権を委任する執行者であるとすれば、まさに彼らがそのような者として現象しているような権力者である可能性はもっとも小さい」（GA69, 190）。

独裁者は真の独裁者として力の論理に忠実に従えば従うほど、権力をおのれのために恣意的に行使する存在といったものからはかけ離れていくのである。ハイデガーが「形而上学の克服」（『講演と論文集』所収）で述べているように、指導者も存在者のあらゆる領域を見渡し、「力への全権委任」のためにそれらを計算し秩序づけていく機能を引き受ける労働者でしかない（GA7, 92）。したがって指導者がその役割を果たせなくなったとき、彼はただちに用済みとされるのである。

以上でハイデガーの近代国家の本質についての考察を概観した。それによると、近代国家は計算し、計画するという仕方で存在者を確保しようとする主体性の自己意識に基づいている。この主体性は存在者の支配をひたすら追求する「力」という性格をもつため、近代国家もこの「力」によって規定されることになる。「力」はおのれの力を増進する以外の目標をもたず、そのためにあらゆる存在者を例外なく動員する。ハイデガーによると、第一次世界大戦以降、人々に総動員として知られるようになった体制の「トータルな」性格も「力」のこうした包括的性格に由来する。まさにこのような「力」によって規定された近代国家の体制を彼はコミュニズムと名づけたのだった。

近代国家の形而上学的本質をめぐる以上のような考察が、ナチス体制との対決として遂行されていることは明らかだろう。興味深いのは、こうした彼のコミュニズム論が事実上、飽くことなくおのれの拡大を追求し、そのためにあらゆる物的資源、人的資源を動員する全体主義体制の分析になっているということである。全体主義についての哲学的考察としては、ハイデガーの教え子だったハンナ・アーレントの『全体主義の起源』[8]が有名である。それに対して、ハイデガーはナチスに加担したこともあり、その哲学も全体主義やファシズムに親和的だと一般には見なされてきた。しかし今も述べたように、ハイデガーのコミュニズム論はそれ自身が全体主義の本質の解明という性格をもっている。[9]彼の立場からすると、全体主義は主体性の形而上学に基づいており、したがってそれは西洋形而上学の歴史そのものの帰結と見なされるのである。

これまでのハイデガー研究では、本章で概観したような彼の西洋形而上学批判にこめられた政治的含意はほとんど注目されてこなかった。主体性の形而上学に対する批判は、近代国家、ひいてはその本質がもっとも先鋭化された形で示された全体主義体制そのものとの対決であった。ハイデガー・ナチズム論は、彼のナチス加担の背景にある政治的立場を、「民族への回帰」を唱える素朴なナショナリズムとしばしば同一視してきた。しかしこれまで本書で見てきたことによれば、ハイデガーはむしろ近代国家のナショナリズムを主体性の本質的な帰結として相対化し、それとはまったく異なる共同体原理を提示しようと試みている。したがって論者がハイデガーの民族をめぐる言説を単なるナショナリズムとして退けるとき、そのことによって彼らはハイデガーの西洋形而上学批判に固有の政治的意味を理解できていないことを露呈していることになる。
このようにナショナリズムやナチズムに対する真摯な批判者であることを自負する論者たちが、その本質をもっとも根本から照らし出し、相対化するハイデガーの哲学的省察の意義をまったく評価できていないのは、いささか皮肉な事態だと言わざるをえない。彼らのこうした態度は、彼らのナショナリズムやナチズムに対する批判がいかなる根拠をもってなされているのか、それが両者との真の対決になりえているのかという問いとして、つねに彼ら自身に跳ね返ってくるのである。

第三章の注

1——ハイデガーの一九三〇年代後半の思索をナチズムとの対決として捉えた先駆的な業績としては、序論の注5でも挙げたシルヴィオ・ヴィエッタ『ハイデガー：ナチズム／技術』がある。ただし原著の刊行は一九八九年なので、参照されている資料は『哲学への寄与論稿』、『ニーチェ』、「世界像の時代」などに限定されている。

2——フロリアン・グロッサーは『革命を思索する——ハイデガーと政治的なもの　一九一九－一九六九』で、ハイデガーの一九三六年以降の思索が政治色を薄めたことを指摘している。つまりその時期に特徴的な「歴史的」と「歴史学的」の区別、「形而上学の完成」などの言説は、学長期にハイデガーが好んで依拠していた「闘争」や「自己主張」、「変革」などといった政治的な負荷を帯びた語彙と比べると、「政治化可能性（Politisierbarkeit）」が減少しており、つまりその力点が政治的なものから遠ざかっていると言うのである。（**Florian Grosser,**

Revolution denken. Heidegger und das Politische 1919-1969, München, 2011, S. 178.) それに対して、本章ではこうしたハイデガー後期の思索の非政治化という見方がいかに誤りであるかが示されるだろう。

3――ここで「作為性」と訳した“Machenschaft”はもともと「陰謀」、「策謀」、「煽動」などを意味する語であるが、ここでは道徳的に中立的な形で、今述べた独特の存在解釈を表示するものとして用いられている（GA69, 47）。

4――一九三九年九月のポーランド侵攻をきっかけとするイギリス、フランスの宣戦布告後、フライブルク大学の疎開が検討されていたことについて第一章の注48で触れた。フランスとの国境地帯に位置するフライブルクでは、フランス軍がライン川を渡って侵攻してくることが現実的な脅威として懸念されていたのである。ハイデガーも当時、真剣にフライブルクからの避難を検討していた。かつての自分の学生で、一九三〇年のブレーメン講演以来、家族ぐるみの付き合いをしていたハインリヒ・ペツェットの申し出により、疎開先はペツェットの父親が引退後、居住していたミュンヘン郊外イッキングの住居が予定されていた。自身の故郷メスキルヒは近くに軍の演習場があり、いったんそこに退くにしても、いずれフランス軍の侵攻の危険に晒されると考えてのことだった。結局、ハイデガー夫妻自身の疎開は取りやめになったが、その代わりにハイデガーは大量の講義や未発表の論考の草稿をイッキングに預けたという。Heinrich Wiegand Petzet, *Auf einen Stern Zugehen*, Frankfurt am Main, 1983, S. 48f.

5――エルンスト・ユンガー『労働者――支配と形態』川合全弘訳、月曜社、二〇一三年、一九七頁。

6――現代国家の本質を総力戦体制という視点から捉えようとする議論は、わが国では一九九〇年代から「総力戦体制論」として論じられている。そこでは総力戦体制が国民の平等化を促進するというある種の「近代化作用」をもつこと、そして戦時に総力戦遂行の一環として導入された諸制度が戦後社会においても一定の役割を果たし続けていることなどが主題化されている（山之内靖、ヴィクター・コシュマン、成田龍一編『総力戦と現代化』柏書房、一九九五年）。

7——現代のナショナリズム論では、近代国家がその体制の違いを超えて、「国民」を創生するナショナリズムを共通の基盤にしている点が強調されている（ベネディクト・アンダーソン『定本　想像の共同体——ナショナリズムの起源と流行』白石隆、白石さや訳、書籍工房早山、二〇〇七年）。

8——ハンナ・アーレント『全体主義の起源　1〜3』大久保和郎、大島通義、大島かおり訳、みすず書房、二〇一七年。

9——ハイデガーの西洋形而上学批判がファシズム、全体主義体制との対決であることについては、シルヴィオ・ヴィエッタも『ハイデガー：ナチズム／技術』でつとに指摘している（同書、五三〜七三頁）。

第四章 「戦後」の思索

第一節　ハイデガーの非ナチ化

「戦後」に対する懐疑

前章までで、ハイデガーが学長を辞任したのち、ナチズムとの哲学的－超政治的対決をどのような形で遂行したのかを概観した。彼のナチズムに対する批判は、学長辞任後から一九三〇年代中葉まではおもに人種主義イデオロギーや学問政策に向けられる。その後、一九三〇年代終わりにナチ体制が権力要求をエスカレートさせ、戦争を開始するに至って、ナチスへの批判はそうした動向を根底において規定していると彼が見なした主体性の形而上学との対決へと深まっていく。そこではナチスのイデオロギーや特徴的な行動様式が、主体性の形而上学の可能的帰結として、西洋形而上学批判というより大きなコンテクストのうちで位置づけられている。ハイデガーの一九三〇年代後半以降の思想を特徴づける存在の歴史の思索、とりわけ近代の主体性の形而上学への批判は、まさにそれ自身がナチズム、ひいては全体主義体制そのものに対する超政治的な批判であった。

以上のような議論を受けて、本章ではハイデガーの「戦後」の思索を取り上げたい。この戦後の思索とは、まずは単純に戦後におけるハイデガーの思索を意味する。しかしそうした戦後の思索はつねに「戦後」という時代との対決であらざるをえなかった。つまり戦後の思索とは、戦後「における」思索であると同時に、ハイデガーが戦後という時代をどのように捉えたか、つまり戦後「についての」思索という意味も込められている。

われわれは第二次世界大戦の終結に至るまでの時代とそれ以後の時代のあいだに大きな断絶を認めることを常とする。戦争が端的に「悪」と見なされるファシズム体制によって引き起こされたという認識から、基本的に戦前・戦中は暗黒の時代、それとの対比で戦後は健全さを取り戻した時代として表象されるのである。それに対して、ハイデガーはこうした戦前と戦後の断絶という捉え方を根本から否定する。戦争の終結、すなわちナチス・ドイツの崩壊はそれを規定していた主体性の形而上学の克服を意味するものではなく、むしろそうした形而上学は戦後もそのまま世界を支配し続けているというのが、ハイデガーの基本的な見方であった。

戦後に対するハイデガーのこのようなスタンスは、彼に対する「非ナチ化（Entnazifizierung）」のプロセスのなかですでに顔をのぞかせている（非ナチ化とはナチ党関係者の公職追放や戦争犯罪の追及などの措置を指す）。彼はドイツの敗戦後、ナチス体制下で学長を務めたことの責任を問われて、大学の政治浄化委員会の審査にかけられた。彼は一九四五年一〇月にみずから定年退官を願い出るが、それは受理されず、一九四七年に教職禁止の処分を受けたのち、一九五一年になってようやく定年退官を認められた。戦後の数年間、彼の身分ははっきりと定まらないまま、いわば宙づり状態になっていたのである。このようにハイデガーの処分がなかなか定まらなかったのは、彼が「非ナチ化」、ないしは「政治浄化」という発想、すなわちそれによって「悪」が除去され、事態が正常化されるという戦後社会の前提となる考え方を認めておらず、そのことが過去の「罪」に対する反省の欠如として受け止められたことに起因する。

戦争終結時の苦境

本章では最初にハイデガーの非ナチ化のプロセスを検討し、そこから浮かび上がる戦後社会と彼とのあいだの溝を明らかにする。この経緯については、フーゴ・オットの『マルティン・ハイデガー――伝記への途上で』の記述とハイデガー全集第一六巻『演説と生涯のその他の証』の非ナチ化関連の資料をおもに参照する。ここではその議論に先立って、ハイデガーが終戦前後に置かれた状況について、まずは簡単に触れておきたい。

ドイツの敗戦直前、一九四五年三月にフライブルク大学哲学部はハイデガーの故郷メスキルヒに近い、ドナウ川を見下ろす断崖の上にあるヴィルデンシュタイン城に疎開した。フライブルクは一九四四年一一月二三日に連合軍の爆撃によって破壊され、その際、大学も大きな被害を受けたため、教育活動は事実上、停止した状態だった。[1]

ハイデガーは一九四四年一一月八日に「国民突撃隊（Volkssturm）」に徴用された。これは同年一〇月にヒトラーが出した総統令に基づいて、一六歳から六〇歳までの戦闘可能な男子を動員して編成された部隊であり、ハイデガーはそのとき五五歳だったため動員の対象となったのである。彼の証言によれば、そのとき招集されたフライブルク大学の教授のなかでは自分が最年長者だったと言う（GA16, 571）。この世界的に著名な哲学者の動員を知った大学は、さすがに動員を解除するよう嘆願したが、その結果を待つことなく、ハイデガーは医師の診断書により除隊が認められた。[2]

その後、ハイデガーは大学に休暇届を出し、自身の原稿を故郷メスキルヒの近郊に移すことに尽力しつつ、彼自身は自転車でメスキルヒに避難した。[3] そして先ほども述べたように、その地で哲学部の疎開を迎え入れたのである。彼が故郷の地に滞在しているあいだに、ドイツは無条件降伏し、フライブルクはフランス軍に占領された。

ハイデガーは一九四五年六月末にフライブルクに戻り、自身を取り巻く状況の厳しさに直面した。まず彼の自宅がその蔵書ともども接収の危機に晒されたのである。フランス軍政府は自分たちの宿泊需要を満たすために、市当局に対して住居を用意するように命じたが、その際、ナチ党員だったものの住居が優先的にリストアップされたためである。[4] 最終的に完全な接収は免れるが、その後、フランス人下士官の家族に対して住居スペースの提供を強いられ、ハイデガー夫妻は書斎部屋しか自由に使用できない状況が一九四七年終わりまで続いた（GA16, 426f.）。

ハイデガーの苦境はそれだけにとどまらなかった。彼の二人の息子、イェルクとヘルマンがどちらも一九四五年に東部戦線で行方不明になり、消息がない状態が続いていた。（二人はソ連軍の捕虜となり、弟のヘルマンは一九四七年九月に、兄のイェルクは一九四九年一二月に復員した。[5]）

政治浄化委員会の審査

こうした状況のもと、フランス軍政府の指示によりフライブルク大学に政治浄化委員会が設置され、一九四五年七月にハイデガーの審査が始まった。[6]委員長はフライブルクの反ナチスのグループ、「フライブルク・クライス」の中心人物であり、一九四四年七月のヒトラー暗殺未遂事件後に強制収容所に収監され、戦後釈放された農学者コンスタンティン・フォン・ディーツェ（一八九一―一九七二）が務めていた。同じくフライブルク・クライスの一員でヒトラー暗殺未遂事件のあとに逮捕された歴史学者のゲアハルト・リッター（一八八八―一九六七）も委員会のメンバーだった。

政治浄化委員会のハイデガーに対する態度は基本的に好意的で穏健なものだった。同年九月に大学の評議会に提出された政治浄化委員会の所見では、ハイデガーが「彼の学問的名声の大きな輝きとその演説の固有な技術とを、運命の年である一九三三年に、意識的にナチ革命に奉仕するために用い、またそのことによって、この革命をドイツの教養世界の眼の前で正当化し、革命に託された希望を増大させ、ドイツの学問の自己主張を政治的激変のなかで本質的に困難にするのにきわめて深く加担した」という罪を認定していた。[7]しかし所見は他方で、ハイデガーが一九三四年以降はもはやナチと呼びうる存在ではなかったし、今後ナチズムの理念に手を貸すことはありえないことも認めていた[8]。

こうして所見は次のような結論を示している。「本学が彼の政治的過去のためにこの有名な精神科学の研究者を完全に失うことにでもなれば、われわれはそのことを重大な損失として嘆かねばならないだろう。しかし他方で、われわれは、大学での彼の公的地位を、そのような宿命的な政治的脱線をしたあとも、そのままにしておくことはまったくの不見識であると見ている」。こうして所見は条件付きの定年退官、すなわち「限定付きでの教授活動のチャンスを彼に残しておきつつも、しかし、大学自治、試験、教授資格審査への積極的な関与からは遠ざける」形での退官を提案する[9]。

浄化委員会の所見は基本的に事実に即した、バランスの取れたものだと評価できるだろう。所見は第一章で詳しく取り上げた、ハイデガーの学長職を規定していた政治力学をかなり忠実に描き出している。つまり所見には、ハイデガーが自身の改革理念を実現するにあたってドイツ学生団の助力を当てにし、学生が求める労働奉仕や国防奉仕の導入を支援し、そのことによって結果的に大学のナチ化に貢献したことが記載されている。しかし所見は他方で、彼の学長職の受託が大学改革に関する独自の理念によって動機づけられており、それが国民社会主義の世界観と早い時期から衝突していたこと、また彼が学長辞任後は講義などで国民社会主義との思想的な対決を行っていたことも認めていた。

ハイデガー批判派の巻き返し

しかし、大学の中にはこうした比較的、穏便な処分に反対するグループも存在した。そのグループの中には、ハイデガーの学長在任中にすでに彼との対決姿勢を取っていた経済学者のヴァルター・オイケン（一八九一‐一九五〇）や、学長だったハイデガーによって国民経済学講座の代講ポストから外されそうになったアドルフ・ランペ（一八九七‐一九四八）、同じく経済学者で副学長のフランツ・ベーム（一八九五‐一九七七）などが含まれていた（ちなみにこの三人もフライブルク・クライスの主要メンバーだった）。彼らは、ナチス統治の初期におけるハイデガーの責任は重大で、彼が無傷にとどまるのだったら、大学の他のいかなるメンバーに対しても責任を問うことはできないという理由で寛大な処置に反対した。

ハイデガーは一九四五年一〇月に、フランス軍政府による浄化審査では「自由裁量可能（disponibel）」と宣告されていた（GA16, 405）。さらにフランスにおける彼の哲学の高い評価を背景として、彼がフランス軍将校やその他のグループの前で講演を行うために軍政府が置かれていたバーデン・バーデンに招待され、またフランスの著名雑誌への寄稿を求められているといううわさが広がっていた[10]。そうしたことに対して、反ハイデガーのグループは彼のナチス加担が不問に付されるのではないかという強い危機感を抱き、猛烈な巻き返し運動を行ったのである。その際、まさに今述べたような講演への招待や寄稿の依頼をハイデガーが辞退しようとしなかったことが、自身の行いに対する反省の欠如として攻撃材料とされた。[11]

こうしてハイデガーをめぐる状況は楽観を許さなくなった。評議会は同年一〇月半ばに政治浄化委員会の判断を受け入れないことを決議した。彼はこのような風向きの変化を察知して、同年一〇月に自分自身から定年退官願いを提出する（GA16, 405）。ハイデガーの後の回想によると、教授資格の権利を返上しなければ、退官願いを文部省に取り次がないと大学の方から通告してきたので、彼は大学が認めない限り、権利は行使しないという宣言も付け足している（GA16, 483）。

その間、この案件はふたたび浄化委員会に差し戻された。以前には知られていなかった数々の新たな事実が発見されたというのがその理由だった。[12] 九月に政治浄化委員会が提案した処分に満足しない勢力がハイデガーに不利な材料をいろいろと収集して、激しい巻き返しを行ったのである。

一九四五年一二月初旬に、政治浄化委員会はふたたびハイデガーに対する聴聞を実施した。そのときに問題にされたのは、ハイデガーのフッサールに対する態度とドイツ国首相アドルフ・ヒトラー宛ての一九三三年五月二〇日付けの電報であった。[13] 前者はハイデガーがユダヤ人であった自分の師フッサールの闘病中に一度も見舞わなかったこと、その葬儀に参加しなかったこと、また師の逝去後の沈黙が問題とされた。また後者はヒトラーに対して、ドイツ大学連盟の理事に対する予定された接見を、「当地でとりわけ必要とされる、強制的同質化という意味での大学連盟に対する指導が成し遂げられる時点まで」延期するよう求める内容だった（GA16, 195）。

政治浄化委員会の聴聞で、突然これらの問いを突き付けられたハイデガーは返答に窮し、その後、ヒトラー宛ての電報についてはあらためて委員長だったフォン・ディーツェに宛てて詳しい事情を説明する手紙を送っている（GA16, 409ff.）。窮地に陥ったハイデガーは政治浄化委員会に対して、自分に関する所見をヤスパースに依頼してほしいと願い出た。ハイデガーは学長職という事実を越えた自身についての包括的で一般的な価値評価、とりわけ自分が反ユダヤ主義的であったかどうかをヤスパースに問い合わせることを要望していた[14]。一二月半ばに所見を依頼されたヤスパースはそれを引き受けて数日で執筆した。

ところがハイデガーの期待に反して、ヤスパースの所見は彼に対してきわめて厳しい内容となっていた。ヤスパースはハイデガーのバウムガルテンについての所見をとりわけ厳しく非難した。そこでは、ハイデガーは一九二〇年代には反ユダヤ主義者ではなかったが、一九三三年にはある一定の連関において反ユダヤ主義者だったと述べられている[15]。そしてハイデガーの思考様式は「本質的にとらわれがあり、独裁的で、コミュニケーションを欠いているように思われ」、それゆえ今日の若者の教育にとって有害だという判断が示されている[16]。こうしてヤスパースはハイデガーに対する処置として、数年間の教職禁止（その間の公刊物に基づいて教育活動の再開を認めるかどうかを判断する）と個人的な年金の支給を提案したのである[17]。

政治浄化委員会のメンバーだったリッターの報告によると、評議会と浄化委員会では免職を求める声も強く、退官という処分を認めさせるには大変な努力を要したという[18]。こうして一九四六年一月の評議会で、何とか定年退官の届けが認められたが、それは「教職の放棄」という条件付きであり、政治浄化委員会の最初の答申では認められていた一定期間ののちの再審査による教職復帰の可能性は完全に否定された。また大学の公的行事への参加の自粛も勧告されている[19]。

オットのハイデガー伝に記されたこの処分の内容は、ハイデガー自身が「黒ノート」で報告している内容と奇妙にも食い違っている。「黒ノート」には、評議会が定年退官の申請を承認したこと、それは「無期限の教職『停止』」という条件付きで、ただし態度良好の場合は教職の再開の審査を行う可能性もあることを学長から伝達されたと記されている。またこのとき同時に公的活動、すなわち出版活動を差し控えるよう指示されたとも述べられている（GA97, 68f.）。ハイデガーの仕事が一九四〇年代後半にほとんど公刊されなかったのは、学長からの指示という背景があったわけだ。

ハイデガーは同じ覚書で、評議会の決定に従って、この決定に関する正式な書類が自分に渡されず、学長の口頭による通知だけしか行われなかったことに疑問を呈している。オットは評議会の議事録を参照しているので、オットの記述の信憑性はおそらく疑いえないだろう。そうだとすると、ハイデガーに対して処分の厳しさを意図的に糊塗するような仕方で伝達が行われたとしか考えられない。本節で後ほど見るように、こうした伝達の行き違いはこのときだけではなく、フランス軍政府によって下されたハイデガーの解職処分の通知の際も、同じことが起こっている。そのときの伝達役の学部長はハイデガーに解職という事実をはっきりと告げず、あたかも教職の再開が認められる可能性があるかのように伝えているのである。

ハイデガーは一二月からの自身の非ナチ化をめぐるやり取りの心労により、精神的な衰弱に陥り、フライブルクの南にある保養地バーデンヴァイラーの療養所で精神科医ヴィクトア・ゲープザッテル（一八八三－一九七六）の心身医学的な治療を受けた。そこに彼は一九四六年二月から五月まで滞在して、健康を回復したのち、フライブルクにふたたび戻った。[20]

免職か、定年退官か？

もっともハイデガーの処分は一九四六年一月の大学評議会の決定によって確定したわけではなかった。一九四六年初頭にフランス軍政府が「地方浄化委員会」の設置を指令し、管轄区域のすべての政治浄化の案件がそこに委ねられ、ハイデガーの件もふたたび審議されることになったのである。

そして彼の案件については、地方浄化委員会の答申に従って、一九四六年一二月に「教育活動を行うことと大学のすべての催しに参加することが禁止される」という決定が軍政府によって下される。これに従って、バーデン州文部省は一九四七年三月、ハイデガーに対して「教育活動の禁止と大学でのすべての職務の打ち切り」を通告した。その際、年金も一九四七年末に打ち切ることが通告されていたが、その後この措置は緩和され、年金の給付は続けられることになった。[21] 結局この処分は「年金付き解職」を意味し、つまりハイデガーはこのとき免職されたわけである。しかしハイデガーはこれを解職とは捉えておらず、すぐ次に見るように、このことが彼の処分をめぐってのちに混乱を引き起こすことにもつながった。

このように一九四六年以降、フランス軍政府のハイデガーに対する風当たりが強くなっている。オットはこのことの背景として、ハイデガーの哲学がフランスで大きな影響力を与えつつあったことに軍政府が懸念を抱いていた点を指摘している[22]。そしてこの時期、ふたたびハイデガーの蔵書を接収するという話が持ち上がるのである。当時のうわさによれば、彼の蔵書はフランス軍政府が再建したマインツ大学が引き取ることになっていたという。しかしハイデガーと同郷出身で、彼がコンスタンツのギムナジウムで学んでいたときの寮長でもあった大司教コンラート・グレーバー（一八七二―一九四八）らの介入により、一九四七年秋に何とか難を免れることができたのだった[23]。

一九四九年四月、突然の年金の削減と財務省の年金局からの手紙により、ハイデガーは自身が解雇された公務員として扱われていることを知った。彼が後年述べるところによると、講義禁止は一時的なもので、大学での地位も変わらず、俸給の支払いも続くことを軍政府が確約したと学部長から伝えられたので、この処分に対してあえて異議申し立てはしなかった（GA16, 484）。つまり彼自身は自分が解職されたとは認識していなかったと言うのである。この扱いに驚いた彼は学長事務局に介入を求め、それを受けて大学は彼の定年退官申請の認可をフランス軍政府に願い出る（GA16, 485）。

一九四九年九月にフランス軍政府により、教職禁止処分の停止と退官が認められることになった。しかしながらバーデン州政府によって、現行の公務員法の規定による定年退官の年齢に達していないという理由で退官申請は拒否された。それゆえハイデガーは学長と哲学部長との協議の末、まず一九五〇年四月に「講義委嘱を伴う年金付きの退職」を行い、規定の年齢に達した段階で、あらためて定年退官に移行するという取り決めを結んだのである。ハイデガーの年金付き退職願いは一九五〇年七月に州政府によって認められた（退職の発効日はさかのぼって同年四月一日からとされた）。そして一九五一年九月にようやく定年退官を認められたのだった（GA16, 485f.）。

最初に自主的に退官願いを提出してから六年が経っていた。しかしこの「退官」については、最後の最後まで不透明な部分がつきまとっていた。というのも大学や州当局は、一九四七年に発令された教職禁止は解雇であるとの理解を堅持していたからだ。すでに解雇されている教授が定年退官するとは一体、いかなることを意味するのだろうか。

この点をめぐるハイデガーと大学のやり取りが全集第一六巻には収録されている（GA16, 460ff.）。ハイデガーは哲学部長宛ての書簡（一九五〇年八月二日付け）で、自分は解雇だという説明は決して受けなかったと述べている。しかし大学と州政府が自分を解雇された公務員と見なしているのならば、自分は大学の教員団には属しておらず、つまりもはや教授資格を保持しないことになるので、今日、退官とともに委嘱された講義は大学所属の教員として行うことはできないし、もちろん退官した正教授の資格で行うこともできないはずだ、こう彼は主張した（GA16, 462）。先ほども述べたように、退官教授は退官後も講義を行う権利をもっており、大学の教員団に属している。しかし自分が解職されたということは、教授資格を失効していることを意味し、もはや大学の教員ではないというわけだ。

こうしてハイデガーは学長宛ての書簡（一九五〇年八月一三日付け）では、「学部長殿が『学部は貴殿を退官教授と見なす』ことを私に確約してくださるならば、かつまた学長閣下も大学の名において同じことを私にお伝えくださるならば、私はこの確約に感謝いたします」と述べながらも、「このような『見なすこと』によっては、大学との法的に有効ないかなる関係も生み出されません」と不満を表明している（GA16, 464）。

ハイデガーの戦後の経歴について、これまではフランス軍政府から教職禁止処分を受けた後、それが解除されると同時に退官したというのが定説だった。しかし今も見たように、事情はもっと入り組んでおり、ハイデガーは法的にはきわめてあいまいな地位に置かれていたのである。そもそも解職されている人物が退官するということが論理的に、また法的にいかにして可能だろうか。彼は学長に対して、そもそも退職後に講義を委嘱するというのならば、自分は解職によって教授資格を喪失しているので、まずは自分を復職させることが状況にふさわしいと述べているが（GA16, 445）、それは決して認められることはなかった。

要するにハイデガーの処遇に関しては、表面を取り繕うような形で玉虫色の決着が図られたということだ。もっともこのように「退官教授と見なす」ことに、実質的な意味がまったくなかったわけではない。これによって、年金はとにかく満額支給されるようになったのである。（ただしハイデガーは一九五一年一二月には、年金がまだ満額の八〇パーセントしか支給されないと大学に苦情を申し立てている（GA16, 479）。）

戦後社会との相克

いずれにしても、この処遇はハイデガーにとってけっして満足できるものではなかった。しかし当時、ハイデガーを復職させようとする運動が起こり、彼が裏で扇動しているのではないかと疑われたりしたこともあり、これ以上の混乱を避けるため、彼は不本意ながらも自身の地位をめぐる議論に終止符を打つ決断を下した（GA16, 457）。彼は委嘱された講義を退官教授という資格で行うつもりはないし、自分は教授資格を失っているため講師でさえもありえず、したがって講義はあくまで臨時教員として行うと宣言することによってささやかな抵抗を示したのだった（GA16, 462）。

ハイデガーは右で見たような、彼自身から見れば不当な処遇を哲学上の問題として捉えている。すでに一九四六年に、彼は宛先不明の手紙の下書きで、自分の「非ナチ化」がいまだに解決していないことを君は不思議に思うだろうと述べたうえで、「私の排除はナチズムとはまったく関係がない」と断言している。むしろそうした排除は「人々が私の思索のうちに何か不穏なもの、おそらくは不気味なものさえも感じ取り、それを追い払いたいと思っている」ことに起因すると分析する（GA16, 421）。そして彼は、次に見るように、自分の思索に人々が感じ取る不穏さは、それが既存の政治的立場とまったく相容れないことに由来すると解釈する。

私はただの一日でも〔ナチ〕党の指導的立場のもとで一目置かれたり、まして何かを成し遂げるなどということがなかったのと同様、私は教会権力からもきっぱりと拒絶されました。またロシア人、すなわちヨーロッパ共産主義の技術万能主義 (Technizismus)（ロシアという国そのものではなく）が私の思索を鋭く攻撃するように、私の思索ははっきりと英‐米の技術者支配 (Technokratie) にも都合が悪いものです。(GA16, 421)

この引用からも、ハイデガーが自分の思索を自覚的に他の政治的立場との関係のうちに位置づけており、つまり徹頭徹尾、政治的なものとして意識していたことがわかる。

このように独自の政治性をはらんだ自分の思索が、戦後の言説空間においては、ナチズムというレッテルを貼られてしまうことを、ハイデガーは一九四六年頃に書かれた「黒ノート」の覚書（「注記II」所収）では次のように指摘する。「ドイツの公衆《ヽヽ》（Öffentlichkeit）はプロパガンダにかまけてあまりに腐敗しきっているため、世界史的見地から真にあるものを省察しようとする試みは、より強化された『ナチズム』という烙印を押されてしまう」(GA97, 136)。

このような議論はハイデガーの悪しき開き直りにしか見えないかもしれない。しかし、当初は不本意ながら政治浄化委員会の答申を受け入れようとしていた人々が、ハイデガーに対してより厳しい措置を求める理由とされたのが、彼がフランス人から哲学的見解の発表の場を与えられ、それを自分から断ろうとしなかったことだった。つまり反ハイデガーの人々にとって、ナチスに加担したハイデガーが戦後になってなお自分の思想をこれまでと変わらず開陳できると考えるのは罪意識の欠如にしか見えなかったのである。[24]

また一九四六年一月の大学評議会において決議されたハイデガーの処分が本人に伝達される際、本来、処分内容に含まれていないはずの公的活動の自粛(出版活動の停止)が要請されていることにも、ハイデガーの発言を不穏なものとして抑制しようとする人々の姿勢が示されている。この時点でハイデガーの教職復帰の可能性は閉ざされていたのだから、これはハイデガー批判派を刺激しないための親身の助言というよりは、ハイデガーの発言を抑え込もうとする意志の表れと見なすほうが自然だろう。

それに対してハイデガーは、本章の最初にも述べたように、ナチスの崩壊によって主体性の形而上学の支配が終わったわけではなく、むしろそのまま存続している以上、形而上学批判という自分の基本的スタンスを変える必要はまったく感じていなかった。そしてここには戦後社会がいまだに主体性の形而上学によって規定されていることに対する鋭い批判が含まれている。人々はこうしたハイデガーの姿勢を戦後の体制に対する不従順さとして敏感に察知したと言える。ハイデガーは自分の非ナチ化の措置が一向に定まらない理由として、人々が自分の思想のうちに不穏なものを見て取っていることを指摘していたが、それはあながち的を外しているわけではなく、自意識過剰な哲学者の思い込みとして片づけられるものでもない。

戦後のハイデガーの処分の過程について印象的なのは、ハイデガーに対して二枚舌を使っているようにしか見えない大学の不透明な、もっと言えば不誠実な態度である(ハイデガーの報告が事実に即していると前提して）。一九四六年一月の大学評議会で決定された処分内容の伝達、ならびに一九四六年一二月のフランス軍政府の下した処分内容の伝達の二度にわたって、ハイデガーに対しては口頭のみで、しかも処分の厳しさを糊塗するような仕方で大学側から通知が行われたのは、いったいなぜだろうか。仮にハイデガーに対する何らかの配慮があったとしても、それは厳しい処分内容を覆い隠して伝えることとは別の話だろう。そのような通知が行われた具体的な経緯は手持ちの史料では確認しようがない。しかし大学側がハイデガーを扱いかねているとしか言いようがない態度を取った根底には、ハイデガーの政治的（超政治的）立場をどのように評価すべきかについての困惑があったことは少なくとも指摘できるだろう。

たしかなことは、ハイデガーが自身のナチス加担についてわかりやすい形で懺悔し、謝罪していれば、事態はもっと簡単に収束していただろうということだ。しかし先ほども述べたように、戦後の体制とナチスの体制が同一の形而上学に規定されていると見なしていたハイデガーにとって、それはできない話だった。ナチスによるユダヤ人迫害、戦争遂行が「悪」であることはたしかである。しかしナチスの崩壊と戦争の終結は、悪が世界から本当に除去されたことを意味するのだろうか。この問いに答えるためには、そもそも悪とは何を意味するのか、その本質とは何であるのかをまずは解明する必要がある。ハイデガーはまさに戦争が終結する直前から、この問題に取り組み始めるのである。次節ではこの悪の本質についての考察を検討し、このことをとおして彼が戦後の時代状況をどのように捉えていたかを明らかにしたい。

第二節　悪についての省察

戦争の終わりは悪の終わりか？

今も述べたように、ハイデガーは戦争が終結する直前から、悪についての主題的な考察に着手している。この時期に彼が悪について論じだすのは、もちろんそれなりの理由があってのことである。そこには戦争がもたらした災禍に直面して、戦争の悪、さらには全ヨーロッパを戦争に巻き込んだナチスの悪をどう解釈するかという問題意識があった。またそのことは、彼が一九三三年にナチス支持者としてフライブルク大学学長を務めたことの「罪」をどう捉えるかという問題とも関係する。

本節ではハイデガーが終戦の前後に、悪をどのように捉えたかを見ていくことにする。[25] もっともハイデガーと悪の概念という取り合わせは、一般にはなじみが薄いかもしれない。彼のよく知られた作品で、悪について主題的に論じている箇所があまり見当たらないからである。実際、一九九〇年代前半までは、悪をめぐる議論を目にできたのは『ヒューマニズムについての書簡』（一九四六年）

などに限られていた。[26] しかし一九九五年にハイデガー全集第七七巻として『野の道の対話』が刊行され、そのうちで悪についての詳細な議論が展開されているため、悪という主題のハイデガーの思索における位置づけがはじめて明瞭に見て取れるようになった。

『野の道の対話』と題されたハイデガー全集第七七巻には、一九四四年末から一九四五年の終戦に至るまでの時期に執筆された三つの対話篇が収録されている。悪の概念はそのうちの三番目の対話「ロシアの捕虜収容所での年少者と年長者のあいだの夜の対話」（以下「夜の対話」）で取り上げられているので、これからそこでの議論を見ていくことにする。なおこの対話がロシアの捕虜収容所における年少者と年長者の対話とされているのは、当時、東部戦線で行方不明になっていた二人の息子への思いを込めてのことだろう。

この対話における話者のひとりである年長者は、「大地の荒廃化」と「人間本質の無化」が「悪そのもの」だと述べている（GA77, 207）。しかし荒廃化といっても、それは破壊や人間の大量死などといった戦争の災禍のように何か「見えるもの」、「手につかめるもの」を意味するわけではないと彼は注意する。荒廃化とは戦争による目に見える破壊を指すのではなく、むしろそうした状況そのものをもたらす「より深遠な、遠くから到来する本質」をもつものである（GA77, 207）。つまり年長者によると、「荒廃化がようやく世界戦争の帰結であるわけではなく、世界戦争の方がすでに荒廃化の帰結にすぎないのですが、この荒廃化が数世紀来、大地をむしばんでいるのです」（GA77, 211）。

このことが意味するのは、戦争が終わってもこの「大地の荒廃化」は終わるわけではなく、むしろそれはそのまま継続しているということである。戦争の終結を悪そのものの終結であるかのごとくに祝福するのは、ハイデガーがここで荒廃化と呼んでいる真の悪を矮小化することでしかない。彼がこの対話の「付録」で述べているとおり、「戦争は終わっても、何も変わらないし何も新しいものもなく、その逆である」(GA77, 241)。この対話における悪の議論は戦争の災禍をきっかけとしつつも、戦争もその帰結でしかないような荒廃化という歴史のより大きな動向に注意を促すのである。

悪の道徳的表象に対する批判

しかしそうだとすると、この荒廃化としての悪はいったい何を意味するのだろうか。ハイデガーは悪についての通常の捉え方と対比することにより、その意味を際立たせようとしている。この対話のもうひとりの話者である年少者は、「悪ということでわれわれが意味するものは、明らかに道徳的に悪いもの (das moralisch Schlechte) ではなく、また非難されるべきものでもなく、悪質なもの (das Bösartige) です」と述べている (GA77, 207)。悪とは道徳的な悪ではなく、「悪質なもの」を意味すると言うのだ。

悪の道徳的な解釈については、すでに『存在と時間』の「負い目 (Schuld)」をめぐる議論の中で、批判的に取り上げられている。そこでハイデガーは、道徳的な意味での悪が「なされるべきことが眼前に存在していないこととしての欠如」(SZ, 283) として理解されていることを指摘していた。

ハイデガーはここで悪の道徳的解釈が悪をあたかも事物の存在のように捉え、現存在の存在に即した仕方で悪を規定できていないことを問題視する。『存在と時間』の負い目の議論は、まさにこうした悪の道徳的規定に対して、悪を現存在の存在様態として捉えようとする試みである。

これ以外では一九三六年夏学期講義『シェリング『人間的自由の本質』』においても、悪の道徳的な理解に対する批判を見ることができる。ハイデガーによると、「人倫的なもの」の領域において善はなされるべきものとして、悪はあるべきではないものとして規定されており、すなわち「善と悪は志向ないしは抵抗の目標」として捉えられている（GA42, 273）。これに応じて、倫理学や道徳は「悪の克服や拒絶、ないしは無害化という意味での、悪に対するふるまいに関する法則設定」として規定される（GA42, 252f.）。つまり倫理学の法則は、目の前にある悪をあたかも事物のように除去したり、退けたりすることとして表現されるわけである。

結局、悪の道徳的規定は悪が「なされるべきことの欠如」として捉えられようと、「あるべきでないもの」として捉えられようと、どちらにしても悪を目の前に存在したりしなかったりするものとの関係として取り扱うことを特徴とする。ハイデガーはこのような悪の道徳的理解に対して、「悪とは悪質なものである」というテーゼを対置する。しかし「悪とは悪質なものである」というのはいささか奇妙な表現である。むしろ「悪質なものは悪である」と言うほうが自然に聞こえる。ハイデガーは悪を悪質なものと規定することによって、いったい何を言おうとしているのだろうか。

実際「夜の対話」でも、年長者が悪は悪質なものであるというよりは、悪質なものこそ悪に属しており、悪の発露ではないのかと問うている（GA77, 207）。これに対して、年少者は「悪質なものが悪である」と言うとき、「悪質なもの」はある道徳的基準に照らして悪であると判断されており、このときわれわれは前述の道徳的表象の内部にとどまっているにすぎないと指摘する。ここでの眼目はまずそうした道徳的表象を退けることだと言うのである。このように「悪は悪質なものである」という奇妙な定式化は悪の道徳的理解とは異なるものを指向しているわけだが、この意味を理解するためには、悪質なものということでハイデガーが何を考えているのかを押さえる必要がある。

悪質なものの本質

ここで「悪質なもの」と訳した“das Bösartige”は、“bösartig”という形容詞を名詞化したものである。この形容詞は「悪意がある」、「意地が悪い」といったことを意味する語であり、医学用語としては「悪性の」という意味をもつ。ハイデガーはこの「悪質であること」を単なる「悪いこと」と区別して、悪の本質を示す概念として導入するのである。（以下の議論を読み進める際は、例えば「彼のやったことは悪い」と「彼のやったことは悪質だ」というふたつの表現を念頭に置いて、単に「悪い」と言うだけでなく、「悪質だ」と言うことでどのような意味の違いが出てくるかを考えていただければ、理解の助けになるだろう。）

「夜の対話」では、年少者は悪性のものを「反乱したもの（das Aufrührerische）」、「憤激したもの（das

Grimmige)」と言い換えている。そこではさらに「憤激したもの」は、自分の憤怒を何らかの仕方で隠しつつ、同時につねに脅威を与えるものだとも言われている。これらのことをまとめて、年少者は次のように述べている。「悪の本質は反乱の憤激ですが、それは決して完全にふき出してくるものではなく、もしふき出してくるとしても、それはなおもおのれを偽り、密かに脅威を与えつつ、しばしば憤激ではないかのような顔をしています」(GA77, 207f.)。ここで悪質なものは「反乱の憤激」と言い換えられているが、そもそもこの「反乱の憤激」とは何を意味するのだろうか。

この「反乱」についてハイデガーは一九三六年のシェリング講義では次のように説明している。「(……)転倒と反乱は決して単に否定的なもの、とるに足りないものではなく、おのれを支配の位置へともたらす否定である。この否定は今やあらゆる力を向け変えて、その結果、それらの力は自然(……)に逆らうようになるが、このことは存在者の破壊をその帰結とする」(GA42, 248)。ここでは反乱は「自然に逆らうもの」とされ、また存在者の破壊を伴うものとも規定されている。[27]

この説明だけではなお抽象的でわかりにくいが、ハイデガーが反乱のわかりやすい例として挙げているのが「病気」である。同講義でハイデガーは、シェリングが悪を病気に例えている箇所を説明して次のように述べている。病気とは何かが欠如していることを意味するだけでなく、そこには「何か偽ったもの(etwas Falsches)」がある。この「偽った(falsch)」とは単に正しくないという意味ではなく、偽造とか歪曲とか転倒ということを意味する。この偽造は「狡猾なもの」といった意味も含むので、「悪‐質な〔たちの悪い〕病気(bös-artige Krankheiten)」といった言い方がなされたりする。以上をまとめて、ハイデガーは「病気はただ単に障害であるのではなく、全体的状態へと広がりそれを支配する、現存在全体の転倒である」と述べている（GA42, 248）。

例えば悪性の腫瘍について考えてみると、腫瘍はあたかも正常な組織であるかのように偽ることで免疫機構をあざむき、身体に根を下ろす。そして本来は身体の正常な機能を維持するための栄養を摂取しつつ、おのれの支配領域を次第に広げ、最終的には身体を破壊するに至る。「悪性」の「悪性」たるゆえんは、身体の異常な一部分が自分の異常性を偽り隠しつつ、身体を維持する機能をおのれのために利用して、やがてその全体を乗っ取るという転倒的、自己膨張的性格のうちにある。

以上の考察に従えば、「悪とは悪質なものである」というのは、自分自身があたかも健全なもの、自然なものであるかのように偽りつつ、真に健全なものに寄生し、やがてその全体を支配し、結果的にそれを破壊する働きとして悪を捉えるものである。こうした性格をもつ悪質なものが「憤激したもの」と言われているのは、もともとドイツ語で「悪い」を意味する形容詞"böse"が「怒っている」という用法をもつことにも関係するだろう。怒りが支配的な秩序に欲求不満を抱き、それを破壊するとともに、自己を支配的地位にもたらそうとする反乱的な性格をもつとすれば、ハイデガーはそうした怒りの性格を悪質なもののうちに見て取っていると言えよう。

ハイデガーは悪の道徳的理解が悪をいわば事物的に捉えていることに対して、悪をある種の働きとして動的に規定し[28]、それを悪質なものと名づけている。しかしここまでの議論だけでは、悪質なものが何を意味するのかがなおわかりにくい。そこで以下では、この悪質なものをハイデガー哲学のより広いコンテクストの中で位置づけることを試みたい。その議論を先取りして言えば、悪質なものとはハイデガー的意味での存在が形作る自然な秩序を破壊し、すべてを人間の操作の産物へと転倒していく運動として捉えられる。つまり存在を否定するニヒリズム、これが悪の本質なのだ。

意志への意志としての悪

以上で悪質なものが、「おのれを支配の地位にもたらそうとする転倒」として明らかにされた。「夜の対話」では悪質なものが反乱の憤激として特徴づけられたが、そのあとで年長者はさらにそれが「意志」のような性格をもつことを指摘している。「(……) 悪が悪質なものであり、悪質なものはそれ自体、おのれ自身の憤激に対して憤激し、そのことでつねに憤激を増していくのだとすると、悪質なものは何か意志のようなもの (etwas Willensmäßiges) だとも考えられます」(GA77, 208)。ここでは悪質なものの憤激という性格が、いささか唐突に「意志のようなもの」と結びつけられている。しかし憤激と意志にいったいどのような関係があるのだろうか。ここでハイデガーは具体的な説明を示していないので、以下で私なりの解釈を試みることにしたい。

憤激はおのれの「意」に沿わない物事に向けられる。それゆえ憤激はその物事をおのれの「意」のままにできない限り、決して鎮静化されない。しかし仮にある物事を意のままにできたとしても、意のままにする努力を怠れば、それはふたたび自分の支配できないものになってしまう。つまりいったん物事が意のままにならないことに対する憤激が発動されると、その物事は放っておけば意のままにならないものになるため、憤激は基本的に止めることができなくなり、こうして憤激が憤激を呼ぶといった事態が生起する（虐待やいじめ、ストーキングといった行動の背後にもこうしたメカニズムが働いているように思われる）。憤激の根底には物事を自分の意のままにしようとする志向、努力が潜んでおり、そうした意味で「憤激は意志のようなもの」だと言うことができる。

このように憤激、すなわち悪質なものは、たしかに意志的なものとして捉え直すことができる。悪を意志のようだとする先ほどの年長者の発言を受けて、年少者は「おそらくそもそも意志それ自体が悪なのです」と応答している（GA77, 208）。しかしこれに対しては、少なからぬひとが次のような疑問を抱くだろう。意志といってもそれこそ「善い意志」もあるのではないか。したがって意志それ自体が悪だというのは、いくら何でも言いすぎではないか。直感的には奇妙に見えるこのような主張を理解するには、彼が意志をどのように捉えていたかを押さえる必要がある。「夜の対話」では意志についてあまり詳しく語られていないので、これとは別の著作で彼が意志をどのように規定しているかを見ることにしよう。

ハイデガーは一九四一／四二年ごろに執筆された覚書『性起』で、意志について次のように述べている。「意志への意志はおのれ自身を意志する意志である。意志は何を意志するのか。意志することであり、意志することとは何なのか。前に‐立てうるものをおのれの前にもたらすことである」（GA71, 105）。ここからわかるのは、ハイデガーが意志を「前に‐立てうるものをおのれの前にもたらすこと」――要するに「前に‐立てること」――として捉えているということである。それゆえ彼は同じ箇所で、「前に‐立てること」の本質に即して、意志への意志をさらに「計算する対象化そのもの」と規定するのである。第三章でも見たように、「前に‐立てること」としての対象化は主体の本質だった。こうして「意志への意志は、おのれ自身をおのれ自身の根拠として下に置くもの、すなわち主体である」（GA71, 105）ことになる。要するに意志とは主体性の本質であり、つまり主体性は意志そのものとして存在する。

今の引用箇所では「意志への意志」という表現が用いられている。ハイデガーは意志とは本質上、意志への意志だと捉えるのである。これは冗長な言い回しに見えるが、右の引用でも述べられているように、意志は意志することのみを意志することをそう表現するのである。そして同じ引用において、意志することは「前に‐立てること」として規定されていた。つまり前章で主体性の根本動向として規定された「前に‐立てること」はそれ自身、意志である。この「前に‐立てること」は存在者を計算可能、作成可能なものとして対象化することであり、このことは存在者の支配を目指すことに他ならない。そうだとすれば、意志への意志とは、存在者の支配はただひたすら存在者の支配のみを目指すものであり、それ以外の目的はもたないことを意味すると解釈できるだろう。

実際、ハイデガーは『性起』の右の引用箇所に続けて、計算する対象化を次のように特徴づけている。「計算する対象化は自分のために、せいぜい秩序づけを目的（企図）として発見できるだけである。この秩序づけは、ただ対象化の進行だけを意志が『より多い』ということの基準として確保する。すなわちまだ対象化に服しておらず、自発的に立ち現れるものがいっそう少ないということの基準として確保する」（GA71, 106）。つまり対象化は本質上、ただひたすら対象化が適用される範囲を拡大することを目指し、すなわち対象化に服していないものをより少なくすることを目指すと言うのである。対象化にとっては自分が秩序づけする機会が永続的に与えられればそれでよいのであって、それ以外の目的は原理上もたないのである。（われわれは対象化のこうした性格を、現代社会の至る所で呼号されている「改革」なるもののうちに見て取ることができる。改革は新たな秩序づけを目的として、改革に反対するものを押し流していく。しかしそこでは何か具体的な目標の達成が目指されているわけではない。実際、改革による達成について真剣な検討がなされることもないまま、つねに新たな改革が唱えられるのである。改革にとって重要なことはつねに改革し続けることだけである。こうした改革こそ、まさに意志への意志の具体的な現れそのものだと言うことができるだろう。）

結局、意志とは「前に－立てること」、すなわち対象化による存在者の支配を意味し、本質上、存在者の存在に背を向け、むしろその秩序を破壊するものであるがゆえに、それ自身が悪と見なされるのである。しかも存在者の支配を目標とすることは、その支配の強化、拡大を目指すことと同義であるため、意志は本質的に際限ない自己膨張の過程として存在する。ハイデガーはこのような意志の性格を悪質なものという表現によって示そうとしていたのである。

「戦後」に対するスタンス

以上で見てきたことから、ハイデガーが「悪質なもの」として捉えようとしているものは、結局、主体性の本質をなす作為性そのものである。つまり終戦直前の悪をめぐる議論は、すでに一九三〇年代の後半から明確な形を取って展開されていた「主体性の形而上学」批判の延長線上に位置づけることができる。ハイデガーは当時、戦争が終わりつつある状況において、やがて開始されるだろう戦争責任の追及なども意識しつつ、自身の哲学的立場から戦争の悪をどのように解釈するかという問題に取り組むのである。

本節の冒頭でも取り上げたが、ハイデガーは世界大戦を「数世紀にわたって大地をむしばんでいる荒廃化の帰結」と捉えていた（GA77, 211）。「数世紀にわたって」とは近代が始まって以来ということを意味する。つまり戦争は近代において世界を支配している荒廃化、すなわち主体性の形而上学の支配の帰結と見なされている。ここから導かれるのは、戦争の終結は決してニヒリズムの終わりを意味するものではないということである。それゆえハイデガーは「戦争は終わっても、何も変わらないし何も新しいものもない、その逆である」と断言するわけである（GA77, 241）。

こうした立場からすれば、戦争の終結を何か新しいはじまりとして祝福するという態度自体が、「夜の対話」における年少者の次の発言に見られるように、荒廃化という本質的事態を隠蔽し、そのことによりかえって荒廃化を助長するものと見なされることになる。「荒廃化の悪質性は次のようなときその究極点に到達します。つまり荒廃化が世界の安全な状態という能天気な見かけを取るようになり、その結果、満足できる生活水準を現存在の最高の目標として人間に対して掲げ、その現実化を保証することになった場合です」(GA77, 214)。ハイデガーによれば、戦争の破局は悪の表層的な帰結にすぎず、悪の本質は近代の主体性の形而上学の支配のうちにある。ナチスもたしかに「悪質なもの」だったことは間違いない。しかし「悪質なもの」の本質をなす意志の形而上学はナチスとともに消え去ったわけではなく、平和的秩序、生活の豊かさの保障という無害さの装いのもとで世界を規定し続けている。

それゆえドイツが無条件降伏した一九四五年五月八日に、彼は次のように語ることもできるわけだ。「世界がおのれの勝利を祝福し、世界が数世紀来すでにおのれ自身の反乱により打ち負かされたものであることをいまだに認識していない、その当の日に」(GA77, 240)。「悪質なもの」はナチスの崩壊によって戦争が終結した「戦後」においてもなお世界を支配し続けていると言うのである。

このように「存在史的」観点からすれば、彼にとって「戦後」は何か特別な意味をもつものではなかった。ハイデガーはまさにこうした見解をヤスパース宛ての書簡でも示している(一九五〇年四月八日付け)。「個々人の責罪は、消えることなく残りますし、また本人がいっそう個別性に徹していればいるほど、その責罪はいっそう消し難く残り続ける傾向を強めるものです。けれども、悪の問題は、終わってはいません。その問題は今や初めて世界的規模の段階に入り始めたのです[29]」。

ここに見られる「個々人の責罪」と「悪の問題」の区別は非常に興味深い論点を含んでいる。例えば戦争責任の問題を考えてみた場合、戦争を支えた国民一人一人は上からの命令に従ったにすぎず、自分の責任を感じないことが普通だろう。より具体的に、戦争犯罪者として裁かれる人々のことを考えてみてもよい。彼らも往々にして、自分は上官の命令を忠実に果たしたにすぎず、それゆえ自分には責任がないと釈明する。このような事態は、そうした個々人が国家の権力増大のために動員され、それに貢献せよとの要請に従属していることを反映している。個々人はそのような要請に完全に身を委ねている限り、おのれの責任を感じることはない。

しかし他方で個々人は、あくまで原理上は国家の要請を拒否することも可能である以上、そのように拒否しなかったことに対する責任を問いうることも事実である。ハイデガーがヤスパース宛ての書簡で述べているように、この責任は個々人が個別性に徹していればいるほど、強く感じられることになるだろう。逆にそうした個別性をもたないタイプの人々、つまり体制順応に抵抗感をもたない人々は自分の責任を感じることは一切ないはずである。

こうした個々人の罪についての問いは、それはそれとして重要な問題である。しかし個々人の責任の問題とはまったく別のレベルで、おのれの勢力拡大のために人々を動員し、利用するハイデガー的意味での主体性（力）の問題が存在する（第三章第二節参照）。本節で論じたように、彼はこの主体性を悪質なものと呼んでいた。こうした悪質なものは、戦争終結後、個々人の戦争責任の問題を片付けたとしても消え去るわけではなく、むしろそのまま存続し続けている。そしてその限りにおいて、主体性としての国家に動員された人々が知らず知らずのうちにその悪に巻き込まれるといったことも後を絶たないであろう。

　このような国家や企業などといった組織レベルでの悪は、個々人の倫理感や道徳感の強化といったことによっては決して解消できない問題である（われわれは組織的犯罪が個人の責任だけに解消できないことを正確に理解しており、そのことを「組織によるトカゲのしっぽ切り」という言い方で表現したりする）。ハイデガーが悪の考察において、悪の道徳的理解を批判し、悪質なものとしての悪を導入しているのもまさにこの点に由来する。既存の倫理学の根本的な欠陥は、個人の倫理感によっては対処できない悪質なものとしての悪を問題にできていないことにあると言えるだろう。

　いずれにしても戦後も悪質なものがそのまま存続しているというのは、ハイデガーの基本的な認識だった。「黒ノート」の一九四六年に書かれた覚書では、ナチスの終焉が悪の終焉ではないことが、例のごとく「黒ノート」に固有の挑発的な仕方で次のように語られている。「ヒトラーとその共犯者がのし上がり、権力を奪取し、権力によって身を滅ぼすことがなかったと仮定したとき（……）、そのことによってアメリカとロシアが今日そうであるような現実は（本質的に考えたとき）わずかばかりでも変わっていただろうか」（GA97, 150）。

　もっともこうしたハイデガーの議論に対しては、当然のことながら、批判も多い。例えばナチスの崩壊によって強制収容所から解放された人々に、悪は平和的秩序という装いのもとでなお存続しているなどというのは純然たるシニシズムではないだろうか[30]。またナチスが崩壊してもなお悪質なものが存続しているということにより、ハイデガーは自身のナチス加担の罪を矮小化しようとしているのではないだろうか。

これらの批判に対しては次のように答えられるだろう。すなわちナチスの悪を形而上学的な次元において捉えることは、決して自身の免責のために遂行されているのではなく、むしろ彼がかつて加担しようとしたものの正体が何であったかの解明という意味をもち、すなわち自分が犯した過ちに対する反省としてなされている、と。

先ほど引いたヤスパース宛ての書簡で、ハイデガーは自分が学長を任期途中に異例の形で退いたことに触れたあとで次のように述べている。「私が今このようにお伝えしたからといって、それで何かが弁明されるということは全くありません。ただこのようにお伝えすれば、いかに年々歳々、『悪質なもの』がいよいよ多く出現してくればくるほど、かつてこの地で直接間接にそれに参画したという『羞恥（Scham）』もまたつのってきたかを、御説明することができるのではないかと思っただけです[31]」。ここに示されているとおり、もとよりハイデガーもナチスに加担した「罪」を認めていないわけではない。ただその罪の意味を深く考えると、それは自分がナチスという「悪質なもの」に引き込まれ、それを助長してしまった点に見て取られるわけだ。

自身の「誤り」についての反省

しかしそうだとすると、ハイデガーはなぜ、のちに悪質なものだということが明らかになる体制に加担してしまったのだろうか。彼は戦後、一九三三年に自分が犯した過ちについてたゆまず考察を続けている。そうした「一九三三年の誤り（Irrtum）」についての考察が、とりわけ一九四六年一月に大学評議会で自身の処分が下されてから数か月のあいだに書かれた「黒ノート」の覚書で繰り返し展開されている。「注記Ｉ」に見られるそうした反省のうち、もっとも早い時期のものでは、次のように述べられている。

「一九三三年の学長職」の真の誤りは、私が他の賢明な人々のようには「ヒトラー」をその「本質」において認識できず、そのあとの時期、彼らとともに不平をこぼしながら傍観しなかったことではない（……）。ヒトラーとともにではなく、おのれの西洋的運命のもとでの民族の目覚めとともに、今こそ原初的‐歴史的になるときだと考えてしまったことである。学長就任演説参照。／（……）誤りはただ「とき」だけを急ぎすぎたことにあった。ときは「長い」ということ――変化は「作用」や「一撃」によって生み出したり、そもそも作り出したりできるものではないということ、こうしたことをまだはっきりと見て取れていなかったことである。（GA97, 98）

ここで自分の誤りは、そもそも変化をもたらすために行動したこと、ないしはそれを裏づけていた自分の思想にあったのではなく、「とき」を急ぎすぎたことにあったとされている。つまり変化を作用や一撃によってもたらしうると考えた性急さに誤りがあったと言うのである。このように劇的な変化をもたらすことができるという信念が、ナチズム運動、より具体的にはドイツ学生団の勢威に過度の期待を抱くことにつながったとハイデガーは考えているのだろう。彼は今の引用箇所の直後で、この誤りは哲学の可能性を過大評価したというよりは、その本質を過小評価してしまったことに由来すると述べている（GA97, 98）。つまりきわめて長い時間をかけて作用する哲学固有の力を信頼することができず、それゆえ目の前にある運動の大きな力に頼ろうとしたことに、おのれの過ちを見て取っているのだろう。

今見たような「性急さ」の誤りについては、一九四六年に書かれた「注記II」の覚書でも次のように語られている。

「国民社会主義」と「ファシズム」は、もしうまくいっていれば、「ヨーロッパ」とその「教養」とその「精神」を「コミュニズム」に備えて成熟させ、心構えをもたせるひとつの道となっただろう。しかし――それはあまりに早すぎた。というのもすべては単に「政治的に」捉えられ、形而上学的に捉えられることすらなく、まして存在史的に捉えられることもなかったからだ。一九三三年の私の思索の性急さ――そして知的な者たちの無思慮、彼らはただ不快なにおいを放つうわべのものに対して鼻にしわを寄せ、この彼らの自称高貴な、しかし非常に下賤な鼻を認識と熟慮の基準と見なしているのである。教養人の無力――しかしまたあら

ゆる方面における党的なものもすべてを混乱させていた。（GA97,130）

ここでコミュニズムと言われているのは、単なる政治体制としてではなく、本書第三章で詳しく分析した存在史的な意味でのコミュニズムと捉えるべきである。ここでのハイデガーの主張は以下のようにまとめられる。コミュニズムの本質を主体性の形而上学と見定めて、それと対決することをナチズムに期待したのはあまりにも性急であった。ナチズムはコミュニズムを政治的に——ということは、単に政治体制として——捉え、ソ連のボルシェヴィズムを敵対視するだけであった。まして知識人も傍観者としてふるまうだけで、ナチズム運動に秘められた積極的な可能性を引き出すことにまったく関心をもたない孤立無援の状況では、自分の試みはあまりに拙速だったと見なさざるをえない。つまり「変化」にはもっと時間がかかるということを覚悟すべきだった。

しかしここではいずれにしても、ナチス加担を動機づけていた自分の思索が誤りだったことは認められていない。つまり当時の状況を存在忘却というニヒリズムによって規定されたものと捉え、その克服を目指していた自身の立場は決して否定されないのである。なお今見たようなハイデガーの反省は、そのナチス加担が当時の彼の哲学の主意主義的な性格——つまり彼の哲学が「意志の形而上学」を完全に払拭できていなかったこと——に由来するという巷によく見られる解釈を裏づけるものと見なされるかもしれない。しかし彼がここで問題にしているのは、自分の思索の内容ではなく、むしろその思索に対して人々がどの程度、準備ができているか、ないしはその思索を人びとに浸透させるのにどれくらいの時間が必要かについての誤認であることに注意すべきだろう。つまり右の自己批判では、彼は当時の自分の思索そのものの意義、ないしはそれによって人々を導く必要性は否定していないのである。

それゆえハイデガーは「黒ノート」の「注記Ⅰ」の覚書では、ナチス支配の一二年間を否定し、一九三二年以前の状態に戻りさえすればよいとする発想を次のように厳しく批判する。

> 今、互いに結束している何も学ばなかった者たち。実際、あたかもこの一二年間、われわれのもとでは何も起こらなかったかのようである――失敗者たちが一九三二年以前の状態を引き継ぐことと、そのことに対する外国の賛成。人々はこういったものか、ナチズムの残虐行為かのどちらかしか知らないのである。しかしこのあれか－これかは真の誤謬である。なお別のことが起こっていたのだ。しかしこれは隠されたままである。(GA97, 98)

一九三二年以前の健全な状態への回帰としての戦後、ハイデガーはこうした捉え方を根本的に否定する。それはそこで実際に起こっていた「なお別のこと」、つまり悪質なもの、換言すれば意志への意志の形而上学の恒常的な支配から目をそらすことにすぎないのである。実際、ハイデガーは「注記Ⅱ」の覚書で、人々が一九三三年以前の時代を引き継ごうとし、しかも「一九一八年から一九三三年のあいだ望まれていたものが、真に『ある』ものに対して盲目だったこと」をいまだに認識していないことのうちには、はなはだしい眩惑が示されていると述べている（GA97, 127）。「真に『ある』もの」とはまさに悪質なものの支配を指している。現代のニヒリズムの本質としてのこの悪質なものを認識せずに、性急に現実変革を望んだことがナチスの支配を生み出したにもかかわらず、そのことをいまだに見て取れていないことがここで問題視されているのだろう。

こうした議論において、ハイデガーがあたかも自分のナチス加担の罪を相対化、矮小化するために、ワイマール時代や戦後もナチス時代と本質は変わらないのだとうそぶいているだけのように見えるかもしれない。しかしこれまでも見てきたように、彼はナチスを一時期、支持したことの過ちを否定しておらず、むしろそれを表立って認めてもいる。しかもそれは戦後になってはじめてというわけではなく、ある意味で学長を辞任したこと自体がそうした過ちの認識に基づいている。その後のナチズムとの思想的対決はそれ自身、かつて自分がそれに加担したことに対する自己批判という意味をもっている。そしてこうした自身のナチズム批判に忠実である限り、ナチズムと同様に主体性の形而上学によって規定されている戦後の体制を是認するわけにもいかなかったのである。

それゆえハイデガーは、世間が期待するような形で「謝罪する」ことをマルクーゼ宛ての書簡（一九四八年一月二〇日付け）では、次のように拒否するのである。

一九四五年以降に過ちを認めることは私にはできませんでした。なぜならナチの信奉者たちは嫌悪を催させるような仕方でその変心を表明しましたが、私は彼らと共通するところは何

もなかったからです。（GA16, 431）

この引用箇所の前後で彼自身が指摘しているように、彼はすでに一九三四年から一九四四年にかけて、講義や演習でナチズムに対して明確に批判的な態度を取っていたし、また戦後の体制が悪質なものとしての主体性の形而上学をそのまま温存している限り、かつての自分の行為を謝罪するという形で、戦後社会に帰依を表明することはできないと言うのである。

ハイデガーのこうした戦後社会の捉え方を否定することは、彼の存在の思索そのものを否定することに他ならない。つまりハイデガーの戦後に対するスタンスを認めるかどうかは、究極的には存在の思索の意義を認めるかどうかにかかっている。彼は世間の常識に抗って戦後における悪の存続を主張することにより、自分の思索者としての立場を貫いたのである。ハイデガーに対する非ナチ化の処分が紆余曲折をたどり、奇妙に曖昧で、かつある種の陰険さを感じさせるものになったのも、こうした彼の哲学的－政治的スタンスに対する人々の困惑、ないしは反感を反映したものと言えるだろう。逆に彼が戦後社会に「恭順」の意を表明していれば、ハイデガーの処分があれほど厳しいものになることもおそらくなかったはずである。

今も述べたように、ハイデガーは戦後においても悪質なものの支配を真に「ある」ものと見定め、それとの超政治的対決を自身の課題とした。この観点からすると、彼の戦後の重要な業績と見なされている技術論も、まさに悪質なものの今日的様相を捉える努力と見なすことができる。次節では彼の戦後の技術論を概観し、彼が悪質なものをより具体的にいかなるものとして捉え、またその認識を時代に応じた仕方で、そのつどどのように深化させているかを見ていくことにする。

第三節 戦後の技術論

挑発としての技術的開示

ハイデガーの悪についての議論にも示されているように、ハイデガーは戦前・戦中と戦後の断絶を認めていなかった。つまり彼にとって、ナチスの崩壊は悪の終焉を意味するものではなかった。むしろ戦前・戦中において社会を規定していた悪は、平和な日常において自明なものとしてそのまま存続しているのである。ハイデガーはその悪の本質を意志と見なしていたが、この意志とは結局のところ、主体性のあり方そのものを意味するのであった。

第二次世界大戦後のハイデガーの哲学的営みについては、通常の哲学的言説から隔絶した存在の思索にますます沈潜していくというイメージを多くの人が抱く一方で、技術についての哲学的考察を新たに展開している点に注目する人も少なくないだろう。ハイデガーの技術論と言えば、通常は一九四九年の「ブレーメン講演」や、その内容をもとにして一九五四年に発表された論文「技術への問い」（『講演と論文集』所収）に代表される戦後の形態がよく知られている。というより、これまで基本的にはそれしか知られていなかった。というのも、第三章で見たような彼の一九三〇年代後半の技術論は、その時代の覚書が一九九〇年代になってハイデガー全集として刊行されることにより、ようやくわれわれにも接近可能となったが、それらが技術論としてまとまった形で一般に紹介されることはこれまでほとんどなかったからである。[32]

こうしてハイデガーの技術論と言えば、戦後のものしか知られない時代が長く続いていた。ただ今も述べたように、彼は一九三〇年代後半から講義や覚書で技術についての考察を展開しており、技術論の骨子はすでにその時代に確立されている。そして戦後の技術論は一九三〇年代の問題意識を直接的に引き継いだものである。ただし戦後になると、ハイデガーはつねに同時代の技術進歩に目配りしつつ、その基本構造をより具体的に分節化しており、技術に対する認識の深まりを確認することができる。そこで以下では、ハイデガー技術論を戦後の成熟した形態において捉えるべく、この時期のもっとも重要な論文「技術への問い」の叙述に沿う形で、技術の基本構造を㈠技術的開示のあり方、㈡技術的開示の対象、㈢技術的開示を担う存在者（人間）という三つの観点から順に検討することにしたい。

㈠ 技術的開示のあり方

まずハイデガーが技術的開示のあり方をどのように捉えているかを見ることにしよう。彼は一九三〇年代と同様、ここでも近代技術を存在者の開示のひとつの様式として規定している。それによると、近代技術のうちで支配的な「開示（Entbergen）」は「自然に向かって、採掘して貯蔵できるようなエネルギーを提供せよと無理強いする挑発（Herausforderung）」である（GA7, 15）。一九三〇年代に「前に - 立てること」と特徴づけられていた技術的対象化のあり方が、ここではより具体的に記述されていることがわかるだろう。

このときハイデガーは、昔の風車にも近代技術と同じことが言えるのではないかと自問する。この問いに対する彼の答えは、風車の羽は風に吹かれて回りはするが、吹き付ける風まかせであって、気流のエネルギーを貯蔵するために取り出したりはしないといったものである。つまり風車は風をエネルギーとしてではなく、まさに風として開示していると言うのである。（逆に今日、至るところに見られるようになった風力発電の風車は、まさにエネルギーを取り出すために気流を挑発するものだと言えるだろう。）

ハイデガーは技術的開示の特徴を炭鉱や鉱山の例を用いて示そうとしている。そこで「ある地域が石炭や鉱石の採掘のために挑発され」、「地面は今や石炭の鉱区としておのれを現し、土地は鉱床としておのれを現す」（GA7, 15）。それに対して、昔の農夫はそれとはまったく違った仕方で土地に関わっていた。すなわち「農夫の仕事は農地を挑発しない。農夫の仕事は穀物の種をまいてからは、種を成長力にゆだね、その成長を見守る」（GA7, 16）。ハイデガーによると、農夫の「耕作（Bestellen）」は「育てる」とか「世話をする」といったことを意味していたが、今日ではそれが自然を挑発するという意味での“Bestellen”へと変化してしまっている。それに応じて、農業も「動力化された食品産業」へと変質してしまった（GA7, 15f.）。（なお“Bestellen”という語は「世話をする」といった意味もたしかにもつが、現代では「注文する」、「発注する」という意味で用いられるのが普通である。ハイデガーは技術的対象化の動向を表示するためにこの語を用いるとき、この後者の用法を念頭に置いている。つまり技術的開示は自然をあるがままの姿で開示するのではなく、それを特定の目的のために「注文する」こととして捉えられるのである。）

今見たように、ハイデガーは近代技術の開示を「挑発するという意味での立てること」と規定する。彼によると、こうした開示は「自然のうちに隠されているエネルギーが開発され、開発されたものが変形され、変形されたものが蓄積され、蓄積されたものが再び分配され、分配されたものが新たに転換されるといった仕方で起こる」。つまり開示することは「開発、変形、蓄積、分配、転換」といったさまざまな開示の様式から成り立っている。開示することは、そうした様式がさまざまな形で組み合わされた経路を開示することを意味するが、これはそうした経路を制御するという仕方で行われる。しかもこのような制御はどこにおいても保障されていなければならない。ハイデガーはこうした制御と保障が、挑発する開示の根本的特徴だと言うのである（GA7, 17）。

今述べたことからもわかるように、開示とは単独の対象化から成り立っているわけでなく、種々の対象化が組み合わされたひとつの全体として存在する。この点については、同論文でハイデガーが挙げている水力発電所の例を見ればイメージしやすいだろう。

水力発電所がライン川の中に立て置かれる。水力発電所はライン川をその水圧を目当てに立て、この水圧はタービンを回転することのために立て、この回転は機械を駆り立てるが、その機械の駆動が電流を産出する。この電流のために中央配電所とその電力供給網が送電を目的として注文される。電気エネルギーを注文して用立てる、こうした相互にかみ合わさった系列の圏内では、ライン川も注文されたものとして現象している。(GA7, 16)

こうした電力供給システムは、先ほど述べられていた「開発、変形、蓄積、分配、転換」といった諸種の開示の組み合わせとして成り立っていることがわかるだろう。電力供給システムは、まさにこの全体を見渡し、制御することに基づいている。この制御はどこかで途切れることがないように、つねに保障されねばならない。というのも、そのうちのどこかに不具合があれば、電力供給システムそのものがストップしてしまうからである。

(二) 技術的開示の対象——在庫

今の水力発電所に関するテクストの末尾で、電気エネルギーの伝達経路の内部において「ライン川も注文されたものとして現象している」と述べられていた。ここでは挑発する開示に対して、そこで開示されているものがいかなる仕方で現れているかが問題とされている。挑発する開示はおのれが関わる存在者を「注文されたもの」として開示する。このように「挑発して立てること」によって成立するものは、「その場で持ち場に立つこと」、すなわち「さらなる注文が可能であるような仕方で立つこと」を注文される（GA7, 17）。「挑発して開示すること」に対して、今述べたようなあり方で現れてくる事物をハイデガーは「在庫（Bestand）」と名づけている。

彼によると、このような在庫は「対象（Gegenstand）」といった存在様式とは区別されねばならない。もちろん空港に置かれた飛行機も単なる対象と見なすことは可能だが、そのことによって飛行機の本来のあり方は隠されてしまう。飛行機はおのれの役割を果たす限り、輸送の可能性を確保するために注文されたものとして、あくまで在庫としてそこに存在するのである（GA7, 17）。

(三) 技術的開示を担う存在者――人間

以上で見てきたのは、技術的開示がエネルギーを取り出すために挑発するという性格をもつこと、そのような挑発することに対して、存在者は在庫として現れているということである。ハイデガーがそれらの次に問題にするのは、こうした開示において人間がどのような位置を占めているかである。というのも、技術的開示を行うのは人間であり、したがって人間がまずもってそれを引き受けない限り、そうした開示が起こることはないからである。

しかしこのことは、そのつど存在者がどのような仕方で現れてくるのかを人間が意のままにできることを意味しない。むしろ人間は自然を挑発するような開示の様式に自分を適合させていかねばならないのだ。「人間がすでに自然エネルギーを採掘するように挑発されている限りにおいてのみ、このような注文する開示が行われうる」（GA7, 18）。在庫として開示される事物とは異なったレベルで、人間自身がこうした開示を担うよう挑発され、そのように注文されているのである。

すでに一九三〇年代の技術論でも、存在者全体の動員において人間がそのような動員を行うことへと、それ自身、独特の仕方で動員されていることが指摘されていた。ハイデガーは戦後においても、現代技術における注文する開示は人間によって生み出されたものではなく、むしろ人間はそうした注文することへと招集されるものであることを強調している。「（……）われわれは現実的なものを在庫として注文することへと人間を立たせるあの挑発を、それがおのれを示しているとおりに受け取らなければならない。あの挑発は注文することへと人間を招集するのである。この取り集めるものは、現実的なものを在庫として注文することへと人間を結集する」（GA7, 20）。

駆り立て－組織

ハイデガーはこの「取り集めるもの（das Versammelnde）」、すなわち「顕現するものを在庫として注文することへと人間を招集する、あの挑発する要請」を「駆り立て－組織（Ge-stell）」と名づけている（GA7, 20）。駆り立て－組織とは「注文するという仕方で現実的なものを在庫として開示するように人間を立て、挑発する、あの立てることからなる取り集めるもの」である（GA7, 21）。

ここで「駆り立て－組織」と訳した“Gestell”は、通常は「台架」、「棚」などを意味する語である。“Ge-”は名詞の前つづりとして何かの集合を指す。また“Stall”は「場所」を意味する“Stall”を語源とするが、ここでは同様に“Stall”から派生した動詞“stellen”、すなわち「立てること」との連関が強調されて、“Gestell”は「立てること」の集まりを示す語として用いられるのである。既存の訳語としては「立て組み」、「集立」、「巨大収奪機構」、「総駆り立て体制」などがある。それらの訳語はそれぞれなりの仕方で、今、説明した“Gestell”という語の成り立ちを反映させていることがわかるだろう。後二者はそれを踏まえて、さらに総動員との関係性を強調したものである。本書では、一九三〇年代に技術の本質とされていた「前に‐立てること」のうちに含まれる「引っ立てること」、「駆り立てること」というニュアンスを汲み取りつつ、同時に技術がさまざまな「立てること」の組み合わせから成り立っていることを表現し、またそれが事実上、今日われわれが「組織」と呼んでいる現象を捉えている点も考慮に入れて、「駆り立て‐組織」と訳すことにしたい。

先ほども述べたように、挑発的な開示は単独の「注文すること」から成り立っているわけではなく、さまざまな「注文すること」と組み合わされてひとつの経路を形作っている。すなわち個々の「注文すること」はこうした全体のうちではじめてその意味を獲得するのである。先ほどのダムの例で言うと、水力発電所によって川からエネルギーを取り出すだけでは、電力供給システムは成り立たない。それは変電所、送電網、その電力を使用する電気器具などと組み合わされることによって、はじめておのれの存在意義を得る。ハイデガーが「取り集めるもの」と呼んでいるのは、こうした「立てること」の組み合わせ全体を指している。この組み合わせの全体がすでに成立していることを前提として、個々人はそのうちのある特定の「立てること」を引き受けるよう要請され、集められるのである。

一九三〇年代後半は技術的対象化が「前に‐立てること」と呼ばれていた。そのときも人間はこうした対象化を意のままにできず、むしろそれによって動員されることが強調されていた。しかし「前に‐立てること」という表現はなおも、人間が任意に発動できる個別的な行為という印象を与えやすい。それに対して、駆り立て‐組織は技術的対象化が単独で存在するものではなく、さまざまな注文することの連関として生起することを明示している。そのことによって、人間をも含む存在者を取り集めながら、それ固有の論理で作動する技術の非人称性、すなわちわれわれ人間にとっての外在性がより明確に表現されているのである。

駆り立て‐組織とは、われわれが今日、企業とか組織と呼んでいるものを捉えていると言ってさしつかえないだろう。もっとも企業自体も単独で存在しているわけではなく、それ自身、他の企業、原材料生産者、消費者との連関のうちで存在している。そうだとすれば、駆り立て‐組織はサプライ・チェーンや流通システムなどと呼ばれる連関の全体を指すといったほうが適切かもしれない。このサプライ・チェーン、流通システムは建物、原材料、機械、製品、人間などを寄せ集めただけのものではない。むしろそれらは「立てること」の連関の中で適切に位置づけられることにより、はじめてその意義を得るのである。個々の人間の役割もそうしたシステムから割り当てられ、それを満たすことを要請される。つまりシステムはその成員に対してある種の外在性、超越性をもち、彼らの意のままになるものではない。われわれもこうした事態をよくわきまえており、そのことを「自分は組織の歯車でしかない」などという言い方で表現したりする。

人間が駆り立て－組織という意味での技術の主人ではないということは、一九六五年の講演「思索の事柄を規定することへの問い」では、次に見るようにより明確に述べられている。「技術のとどまることを知らない発展がもたらした見渡しきれないほどの成果は、なるほど人間が技術の主人であるかの見かけを依然として与えている」が、「実際は、人間は一切の技術的な製造を貫いて支配する力の奴隷である」。すなわち「挑発して立てることとしての力が、この力によって、またこの力のために要求され、立てられた（……）死すべき者へと人間を仕立て上げる」（GA16, 627）。人間は技術の主人であるかのようでいて、しかし実は駆り立て－組織によって必要とされ、用いられる奴隷でしかない。人間の方がこの駆り立て－組織におのれを適合させていかなければならないのである（このことは今日の「義務」教育や職業訓練、無業者に対する就業への圧力を見れば明らかだろう）。

以上でハイデガーの技術論のもっとも成熟した形態を、戦後の論文「技術への問い」に即して概観した。彼の技術論は一九三〇年代後半の議論を見てもわかるように、もともと第一次世界大戦の総力戦体制のもとで顕在化した資源や人材の総動員といった現象を強く意識したものだった。戦後の技術論における駆り立て－組織も、あらゆるものを在庫として用立てるように人間を挑発するものとして、このような総動員というイメージを明瞭に引き継いでいる。

しかし一九三〇年代には、存在者を計算可能、作成可能なものとして「前に－立てること」が技術の本質とされているだけで、そうした「立てること」の連鎖としての駆り立て‐組織といった構造はまだ表立って示されていなかった。それに対して、戦後の技術論は技術的開示を駆り立て‐組織として捉えることによって、かつては単に「前に‐立てること」として規定されていた技術的開示の内的構造をさらに詳しく分節化し、そのことによって人間の意のままにならない技術の自律的、自己膨張的な性格をより具体的に描き出しているのである。

技術の本質としてのサイバネティックス

このようにハイデガーの戦後の技術論は一九三〇年代の問題意識を引き継ぎつつも、技術的開示の内的構造に関してはより詳細な分節化を示している。こうしたことと並んで、戦後の技術論についてさらに特筆すべき点は、彼が原子力技術や宇宙開発、遺伝子科学などといった技術進歩の新たな展開につねに目配りしつつ、それをそのつど自分の議論に反映させているということである。

第二次世界大戦後、ハイデガーがまず注意を向けるのは原子力技術である。この原子力技術の発展を人びとが最初に意識したのは兵器としての使用によってだが、やがて一九五〇年代に入ると、原子力の平和利用が喧伝されるようになった。ハイデガーはこうした風潮に抗して、一九五七年の講演「根拠律」では「原子力エネルギーが平和的に利用されるか、戦争に動員されるか、一方が他方を支えたり、要求したりするかどうかは、二次的な問いである」と述べ、「それ以前に、それを越えて、そこから立ち返って」次のような問いを問わねばならないとする。それは「世界歴史の時代が原子力エネルギーとその解放によって特徴づけられるのはいったい何を意味するのか」という問いである（GA10, 179）。

同講演ではこの問いに対する答えは「充足根拠律の要求」の支配に求められている。充足根拠律とは「何ものも根拠なしには存在しない」と定式化される思惟の根本原則である。これは存在するものすべてについて、その根拠を追求しうることを意味し、またそうである以上、根拠を追求せねばならないという要求を含んでいる。この充足根拠律の要求に従うことは、根拠を開示することを意味するが、これは結局、存在者をその根拠において「前に－立てること」に他ならない。こうした根拠の探求がまさに西洋形而上学とともにはじまり、また近代科学や近代技術を基礎づけている限り、原子力エネルギーの発見も根本的には充足根拠律によって可能になったと見なされ、とどのつまりは西洋形而上学そのものの帰結と捉えられるのである。

さらに一九六〇年代に入ると、ハイデガーは一九四七年にアメリカのノーバート・ウィーナー（一八九四－一九六四）によって提唱されたサイバネティックスに注目し、それを技術的な開示の究極的なあり方を示したものとして解釈するようになる。ウィーナーの規定によれば、サイバネティックスは動物と機械における制御とコミュニケーションを扱う学問であり、それは数学、統計学、機械工学、生理学、心理学などといった従来の学問分野を横断的に統合する一種の学際的な科学として構想されていた。以下では、ハイデガーが現代技術の展開の最終的様相をどのように捉えていたかを、一九六七年の講演「芸術の起源と思索の使命」におけるサイバネティックスに関する議論に即して見ることにしよう。

同講演でハイデガーはサイバネティックスを近代科学の「方法（Methode）」の究極的な帰結として位置づけている。その議論によれば、近代科学の方法はすべてのものをあらかじめ計算可能なものとする「世界企投」である（企投を意味するドイツ語“Entwurf”は、通常は「構想」、「下図」といった意味で用いられる。したがって、すべてのものを計算可能なものとする世界企投とは、要するに世界をそのようなものとしてあらかじめ前提すること、構想することを意味する）。こうしていかなる個別科学もすべてのものが計算可能であるという前提に服しているのである。「計算可能性によって世界は人間にとって至るところで、またいつでも制御可能なものとなる。方法は世界に対して、人間にとっての全面的な利用可能性を要求する勝ち誇った挑発である」（DE, 141）。

これに続いて、ハイデガーはまさにこのような「方法の勝利」が今日、サイバネティックスというその究極的可能性において展開されていると述べている。彼によると、この「サイバネティックス的な世界企投」は「すべての算定可能な世界の諸過程の基本的特徴が制御であることをあらかじめ想定している」（DE, 141）。そして次に述べられているように、この制御はまさに「情報」の媒介によって行われる。

ある過程の別の過程による制御はメッセージの伝達によって、すなわち情報によって媒介される。制御された過程のほうも自身を制御している過程に対して自分の消息を返信し、こうしてその過程に情報を与えている点で、制御は情報のフィードバックという性格をもつ。／したがって、こうした諸過程の相互的関係における行ったり来たりの制御は円環運動として遂行される。こうした制御系（Regelkreis）がサイバネティックス的に企投された世界の基本的特徴と見なされる。（DE, 141f.）

制御するものは制御されるものに対して情報を入力する。制御されたものはその結果を情報として制御する側にフィードバックする。このように円環運動として遂行される制御されるものと制御するものの相互関係が制御系である。

サイバネティックスはもともと生物の神経系機能と機械の自動制御を等しいものと捉えており、つまり生物と機械を同じように制御系と見なしている。サイバネティックスのこうした特徴について、ハイデガーは次のように述べている。「サイバネティックス的に表象された世界において、自動的な機械と生物の差異が消えさる。その差異は情報の無差別的過程へと中和される。サイバネティックス的な世界企投、『学問に対する方法の勝利』は無生物的世界と生物的世界に関する、例外なく一様な、またこうした意味で普遍的な算定可能性、すなわち制御可能性を可能にする」（DE, 142）。サイバネティックスにおいて、生物と機械は同じように制御可能なものとして捉えられている。ハイデガーはこのことのうちに、あらゆる存在者を計算可能なものとして一様に対象化する方法の勝利を見て取るのである。[33]

サイバネティックスと人間科学

今述べたような仕方で生物と機械の差異を無化するサイバネティックスが、人間そのものに適用されるのは当然の帰結であろう。人間に対するサイバネティックスの適用の一例として、彼は講演「芸術の起源と思索の使命」では遺伝子工学に言及している。彼によると、人間に関するサイバネティックス的な科学は、科学的人間学のための基礎を「生物化学（Biochemie）」と「生物物理学（Biophysik）」のうちに求めている。なぜならそこでは科学的方法の中心的な要請、すなわち算定可能性を調達することがもっとも確実に実験によって満たされるからである。ハイデガーが次で述べているように、生命のうちで算定可能性をもっともわかりやすい形で示すものとして注目されるのが胚細胞、さらに言うとそこに見出される遺伝子である。

（……）人間の生命のうちで、方法の尺度に即して範例的な意味で生命的なものは胚細胞です。胚細胞はもはやかつてのように完全に成長した生物のミニチュア版とは見なされていません。生命化学は胚細胞の遺伝子のうちに生命の設計図を発見しました。この生命の設計図は遺伝子に書き込まれ、そこに貯蔵されている指示であって、成長のプログラムです。科学はすでにこの指示のアルファベットを知っています。「遺伝子情報のアーカイブ」が話題になっています。この知見に基づいて、人々はいつの日か人間の科学的－技術的な産出可能性と育種を手中に収めるというたしかな見通しを抱いています。(DE, 142f.)

一九五〇年代に入るとジェームズ・ワトソン（一九二八－　）とフランシス・クリック（一九一六－二〇〇四）によってDNAの二重らせん構造が解明され、遺伝情報がDNAの塩基配列として符号化されていることが明らかになった。この発見に基づいて、DNAを人為的に操作することで、新たなタンパク質を産出したり、新たな形質をもつ生物を生み出したりする遺伝子工学への道が開かれた。そして今日では、ヒトについても受精卵の段階で遺伝子操作を行うことにより、生まれる子どもに望ましい形質をもたせることも実際に試みられるようになっている。

ハイデガーによると、自由に計画し行動する人間はサイバネティックスにとって、さしあたり「障害要因」となってきた。しかし今日では「未来学（Futuorologie)」という学問が「行動する人間の可能的未来の探求と計画」にも取り組んでおり、「計画可能なものとして人間に到来する事柄についての情報」をあれやこれや計算している。ハイデガーはこの未来学のうちにも、サイバネティックスの人間への適用を見て取っている（DE, 143)。ハイデガーはここでとくに未来学の具体例を挙げていないが、こうした未来学の成果としては一九七二年に国際シンクタンク、ローマクラブによって発表された『成長の限界』などを思い浮かべることができよう。これは当時の人口増加と経済成長がそのまま続く限り、一〇〇年以内に成長は限界に達すると警告するものだった。この手の未来予測は地球温暖化の予測などをその典型として、今日ではさまざまな場面で適用されており、これなしにはいかなる国家の政策決定や企業経営上の意思決定も不可能であろう。

もちろんサイバネティックスの適用は遺伝子工学や未来学だけに限られない。例えば人間の思考や知覚を情報処理過程として捉えるＡＩ（人工知能）研究や認知心理学なども、人間に関するサイバネティックス的科学と見なすことができる。自動運転車や無人機、その他さまざまなロボットもサイバネティックスの応用そのものだろう。また今日ではいわゆる「ビッグデータ」に基づいた人間の行動予測が防犯や治安維持のために利用され、また商業的、政治的目的をもったインターネット上でのマーケティングなどでも大々的に用いられている。このように今日ではサイバネティックス的制御が人間的生のあらゆる領域に浸透し、それを規定しているのである。

ハイデガーは講演「芸術の起源と思索の使命」で、こうしたサイバネティックス的‐未来学的学問において、人間が「社会的存在」として捉えられている点に注意を促している。彼によると、「社会」とはこの場合、「産業社会（Industriegesellschaft）」を意味している（DE, 143f.）。人間はこうした社会的存在へと埋没することによって、「私性」、「主体性」を失ってしまうように見えるかもしれない。しかし今日ではむしろ、ハイデガーが次の引用でも指摘するように、産業社会そのものが主体となり、またそこではおのれに拠って立つ、存在者の取り扱いの恣意性という意味での私性が支配しているのである。

むしろ産業社会は究極まで高められた私性、すなわち主体性である。産業社会のうちで人間はただひたすらおのれ自身に立脚し、おのれ自身によって諸機関として整備された、自分の経験世界の諸領域に立脚している。産業社会がそれ自身でありうるのは、ただそれがサイバネティックスによって支配された科学、および科学的技術の基準に従属するときのみである。

(DE, 144)

人間が産業社会において社会的存在として捉えられているということは、人間が産業社会の要請に従った存在としてのみ許容され、それに即した存在として一様化されていることを意味する(この点はすでに一九三〇年代終わりにコミュニズムによる人間の一様化、均質化として取り上げられていた)。この産業社会が存在者を在庫として注文する駆り立て‐組織と同じものを指していることは明らかだろう。一九六〇年代には駆り立て‐組織による開示がサイバネティックス的な制御として捉え直されていくのである。このようにしてハイデガーの技術論はその発展の最終段階において、まさにわれわれが今日サイバー・テクノロジー、IT(情報技術)と呼んでいるものを視野に納めるに至ったのである。

今日、巨大IT企業が提供する「プラットフォーム」は基本的に存在者を制御するためのフィードバック・ループの確立を本質としており、その核となるのが情報の収集、処理、媒介である。そして製造業、サービス業、さらには農林水産業もそうした情報プラットフォームによる管理という形態に収斂しつつある。ハイデガーはこうした今日の情報化社会に特徴的な動向を一九六〇年代にサイバネティックスの支配としてすでに問題にしており、それを西洋形而上学の究極的な帰結として捉えたのである。

技術と民主主義

本節ではこれまで、ハイデガーの戦後の技術論を時代ごとの関心の推移にも注意しながら概観してきた。一九三〇年代の技術論がナチズムに体現された近代国家の本質との対決という政治性をはらんでいたのと同様に、戦後の技術論も同時代の政治的現実との対決という意義をもっている。ハイデガーは戦後にしばしば民主主義に対する懐疑を表明しているが、これも彼の技術論と密接に関係するものである。以下ではこの点を検討し、戦後社会に対する彼の独自のスタンスを明らかにしていきたい。

ハイデガーは一九六六年に行われた雑誌『シュピーゲル』によるインタビュー（ハイデガー全集第一六巻『演説と生涯のその他の証』所収）で、彼がかつて民主主義を「中途半端なもの」と評したことについて問われている。彼は自分がそのように述べたことは否定しながらも、民主主義が「中途半端なもの」であること自体は否定しないと答えている。なぜならば、「私は民主主義のうちに技術的世界との真の対決を見出さないからですし、私の見るところ、民主主義の背後には、技術はその本質において人間が手中に収めているものであるとの解釈が依然として潜んでいるからです」。しかし彼はこのような技術の捉え方を真っ向から否定する。「技術とはその本質において、人間が自分では支配することのできない何ものかなのです」(GA16, 668f.)。

この発言に対して、インタビュアーは少しあとでハイデガーに次のように問いかけている。「ひとはあなたに対してきわめて素朴にこう反論するかもしれません。ここで何が支配されるべきなのでしょうか。すべてがうまく機能しているじゃないですか。ますますたくさんの発電所が建設されています。ものすごい量のものが生産されています。人間は地球上の高度に技術化された地域で何不自由なく生きています。われわれは豊かな生活を送っているのです。実際のところ、ここで何が欠けているというのでしょうか」(GA16, 669)。

このインタビューから五〇年以上が過ぎた現在、われわれはさすがにここまで楽観的にはなれないかもしれない。今日ではとりわけ地球温暖化、環境汚染などといった環境問題への対処が差し迫った課題として認識されており、「豊かな生活」の持続可能性はさすがに自明視できなくなっている。しかしまさにこうした状況において、人々は民主主義こそが大企業をはじめとする既得権益層の支配を打ち破り、環境問題を解決しうると捉えており、民主主義に対する期待はますます高まりつつあるようにも見える。

ハイデガーがインタビューで疑問を呈しているのが、まさにこのような期待を支えている、民主主義が技術を統御しうるといった考え方に対してである。現代社会において民主主義に否定的な態度を取ったりすれば、それだけで政治的に危険な人物であるとの烙印を押されかねない。ましてハイデガーはナチス加担という後ろ暗い過去の持ち主でもある。そのような彼が右のような発言をすれば、あらぬ誤解を招きかねないことは彼自身、よく理解していたであろう。しかしそうした危険を冒してまでも、彼はなぜ民主主義を批判するのだろうか。

ハイデガーはすでに一九三〇年代後半の技術論において、技術による人間の動員、画一化を民衆は自分たちの権力の奪取であるかのように捉えていることを指摘し、これを「民主主義の仮象」と呼んでいた。このように駆り立て‐組織による人間の包摂、同化が、当事者には技術的手段を自分たちの手中に収めることとして意識される。しかしハイデガーがつねに強調するように、実際のところ人間は技術を意のままにコントロールする存在ではなく、むしろ駆り立て‐組織によってそれに適合することを要求される存在でしかないのである。このように近代的な民主主義は技術の支配に基づいた現象であり、しかも人々はそこで、自分たちが技術を支配していると信じてもいるため、民主主義が技術の本質を根本から問題にすることは原理的に不可能だと見なされるのである。『シュピーゲル』インタビューで、民主主義は技術的世界との真の対決ではないとハイデガーが述べていることの背景には、こうした技術と民主主義との関係についての見解が潜んでいる。

ハイデガー技術論に対する批判

ハイデガーの技術論は近代技術に関する哲学的考察の代表例としてしばしば引き合いに出される。しかしたいていの場合、彼の技術論は近代技術を一括して否定する非現実的な議論として批判され、退けられてしまう。技術それ自体は価値的に中立的な手段にすぎず、人間の設定する目的次第で良いものにも悪いものにもなりうるといった常識的な考え方からすれば、ハイデガーの技術に対する態度はあまりにも一面的に見えるからである。

もちろんハイデガーの技術論を否定する論者も、技術の進歩がさまざまな弊害をもたらしていることを認めないわけではない。しかしそれは閉鎖的な専門家集団や企業の利益追求にすべてを委ねることに起因するとされ、技術の開発や適用の過程においてより多くの当事者が関与することにより、技術をより良いものにすることは可能であるし、またそうせねばならないと主張する。つまりそうした論者は人々の「民主的な」参加により、技術の発展を望ましい方向に制御することができると考えるわけである。

こうした見方が民主主義によって技術を抑制することはできないというハイデガーの主張と真っ向から対立することは明らかだろう。以下では技術の民主化を唱える立場からハイデガーの技術論に対して加えられた批判を具体的に検討し、そのことによって彼の立場の独自性を際立たせていきたい。ここではそうした批判をもっとも典型的な形で示したものとして、アメリカの「技術哲学」

の代表的な論者アンドリュー・フィーンバークや、こうした動向を日本で積極的に紹介している村田純一の議論を取り上げることにする。[34]

フィーンバークと村田はハイデガーの技術論を「技術決定論」と特徴づけている。村田によると、技術決定論とは「近代社会では、技術は文明のなかで支配的位置を占めるようになり、文明や文化のなかのどの部分も技術的合理性の影響を受けないものはない」という「技術の全面性」を強調し、それゆえ「技術を社会的、政治的、あるいは倫理的に制御する試みは『原理的には』不可能な試みだ」とする考え方である。[35] 村田はこうした技術決定論について、それが技術のさまざまな種類の区別を度外視し、また「技術をデザインし、制作し、社会へ導入するといったプロセスの個々の段階がもつ特有性や、それぞれが抱えている問題などに関しても、それらを議論することの重要さ」を見失わせるとして、技術決定論の「抽象性」を批判する。[36]

こうした技術決定論に対して、村田は「社会構成主義」の技術論における、技術をめぐる「解釈の柔軟性」といった論点を対置する。村田の説明によると、この社会構成主義の議論では、ある技術の、現在ではこの上なく自明となったデザインも、その形成過程における「さまざまな社会的グループのあいだの利害関心や権力争い」といった「さまざまな解釈の争い」から生み出されたものとして捉えられる。このような意味で、技術は決して効率や合理性といった独自の論理だけで構成されているわけではない。[37] すなわち「技術の形成過程には社会的、政治的、価値的要素がさまざまな仕方で影響を与えており、実現された形態以外のさまざまな他の可能性に開かれていたことが明らかにされ、技術的製品や技術システムなどの人工物は、さまざまな解釈に開かれた『解釈の柔軟性』をもつことが示されるのである」[38]。

こうした社会構成主義は基本的には、技術形成の事実的、歴史的過程を記述する「記述的概念」であるが、村田はこれを「規範的概念」として技術のデザイン過程に積極的に適用することによって、技術の形成過程をその内部から変えていくことを提唱する。村田は「解釈の柔軟性」が規範的に機能した例として、エイズ患者が試験段階にある治療薬のできるだけ早い使用を求め、その臨床試験への参加を勝ち得たという事例を挙げつつ、これについて次のように述べている。

これらの事例が示しているのは、問題に巻き込まれた人々がイニシャティヴを握って運動を起こすことをきっかけにして、制作者と使用者、専門家と素人、医者と患者との間の相互作用が成立する「公共空間」が形成され、新たな人工物や人工物の使用方法が実現されることになった過程であると考えることができる。このように考えることが可能である限り、現代においても技術の進行に対して「ブレーキをかけたり、方向づけたりする」ことによって、広い意味で技術を「民主主義的」なものにするという試みは不可能ではなく、この点で、技術決定論を形而上学化したようなハイデガーの主張をそのまま認める必要はないということになる。[39]

フィーンバークの議論も基本的には村田と同じ方向性をもったものである。彼によると、技術は元来さまざまな文脈を集めうるものであるが、ハイデガーは資本家の「ヘゲモニー」の要求にしたがった技術の特殊的形態――合理性、効率性、自然の支配だけを一面的に追求し、他の文脈をそぎ落とす――を「技術の本質」へと絶対化することで、そうしたあり方とは異なる技術の可能性を閉ざしていると批判し、次のように述べている。

近代技術が複数の文脈を「集める」ことができない理由は存在しない。実際、近代技術は、環境からみて健全な技術、人間の自由と尊厳を考慮に入れた医療技術の応用、人間が生きる空間をつくる都市の設計、労働者の健康を保護し、彼らの知性の範囲を与える生産方法などに対する現代の要求を解釈する一つの方法なのである。もしこうした要求によって、近代技術を再構成し、技術に対する自然で人間的で社会的な環境をたんなる資源に還元するのではなく、むしろ技術がそれ自身により広い範囲の文脈を集めるようにすることが要求されるのでないとすれば、この要求はいったい何なのであろうか。／ハイデガーは、近代技術を、社会と乖離したもの、純粋な権力を目指す本来的に文脈をもたない力であるとして物象化していたため、こうしたオルターナティブをまじめに受け取ろうとしなかった。これが技術の「本質」であるとすれば、変革はたんに外面的なものにとどまることになろう。[40]

このフィーンバークの議論に従えば、今日の技術が引き起こすさまざまな問題は、必ずしも技術にとって本質的なものではない。それらは現行の技術にたまたま体現されている資本主義的事業家のヘゲモニー（覇権的支配）のあり方に由来し、したがってそのヘゲモニーに挑戦することで技術の変革をもたらすことができると言うのである。

以上のように、村田やフィーンバークは、ハイデガーが技術の合理性、効率性といった側面のみを「形而上学的な本質」に祭り上げることによって排除された、技術の形成に関与しうるさまざまな社会的要求をその形成過程に積極的に取り込むことによって、技術を変革し、制御することが可能だと主張する。そして彼らはこのように広範な社会的要求を取り込むことを、技術を民主主義的なものにすることと捉えている。こうして彼らは民主主義のうちに技術をコントロールする可能性を見出すのである。

駆り立て – 組織の自己隠蔽に抗う超政治

ここまでで村田やフィーンバークによるハイデガー技術論に対する批判の概要を紹介した。この批判の妥当性という点に関してここでまず指摘できるのは、村田やフィーンバークの議論は、ハイデガー技術論の誤った理解に立脚しており、そのためそれに対する批判として根本的に的を外しているということである。

彼らはハイデガーが合理性、効率性を技術の本質と見なしているとする。しかし本書ですでに見てきたように、ハイデガーは決してそのようなことを主張しておらず、存在者の対象化を技術の本質と規定している。技術の形成過程において合理性や効率性とは異なるさまざまな文脈が作用しうることを認めたとしても、そこで生み出される技術的産物は、それが技術である限り、やはり存在者の対象化に基づいていることに変わりはない。実際、村田やフィーンバークが挙げている自転車、蒸気船のボイラー、エイズ治療薬のどの例を取っても、それらが現在とは異なるデザインを取ることになったとしても、また最初の意図とは違った目的で使用されていたとしても、さらには他のありえたデザインと比べて効率性などを犠牲にしていようと、それらはすべて存在者を計算可能性、作成可能性において対象化することに基づいている。

したがって、そもそも技術が本質的にさまざまな文脈を集め、さまざまな社会的要求を取り込みうることも、ハイデガーの技術論を批判する論拠にはなりえない。むしろ村田やフィーンバークが挙げている例こそが、技術がさまざまな社会的要求を取り込み、またその過程でより広範な人々を巻き込みながら、おのれの支配を拡大していく、技術による人間の動員プロセスをこの上なく明確に示している。つまりそうした多様な社会的要求を技術形成のプロセスに反映させる、より広範な人々の民主的な参加は、おのれの支配の拡大のためにあらゆる存在者を動員する技術の本質によって要請されるものである。

まさにこのように技術がますます多くの人々を「集め」、成長していく動態を、ハイデガーは技術の本質を駆り立て－組織と規定することによって捉えようとしたのである。その際、各人は自分の「自由意志」で技術形成過程に参加していると捉えているかもしれないが、実際は技術の要請に従っているにすぎない。ハイデガーがこうした事態を「民主主義の仮象」と呼んでいたのは、第三章ですでに見たとおりである。

ここで興味深いのは、技術に対する適切な目的設定を主張する村田やフィーンバークの議論は、学問の価値中立性という見方を否定して、学問に政治的な目的設定に従うことを要求するナチスの「政治的学問」という考え方と見事に重なり合っているということである。この政治的学問も、象牙の塔に閉ざされた「生に疎遠な」学問を批判し、学問を民衆にとって有意義なものにしようとする学問の民主化運動だったことを忘れてはならない。

村田やフィーンバークの議論は技術が非政治的で価値中立的な営みであることを否定し、それがある特定の政治的要求の支配下にあることを暴くとともに、人々の福利厚生への要求を意識的に技術デザインに反映させるという形での技術の「政治化」を求めるものである。まさにこれと同じことをナチスの政治的学問は既存の学問に対して要求していたのである。

村田やフィーンバークはさまざまな立場の人間が技術の形成プロセスに「民主的」に参加することで、技術の改良をはかることができると主張するが、こうした言説がそれ自身、技術的対象化に参与せよという駆り立て－組織の要請をストレートに表現したものになっている。つまり皮肉なことではあるが、彼らの議論は駆り立て－組織の普遍的な支配をむしろ裏づけるものとなっている。

もちろんハイデガーにしても技術の存在を前提とする限りで、市民による技術形成過程への参加が、技術的産物の改良という点で何らかの望ましい結果をもたらしうることは否定しないだろう。ただそのような議論はあくまで「存在者」レベルの議論にすぎない。つまりハイデガー技術論の批判者は技術を存在者として捉えており、ハイデガーが技術の本質として主題化している、存在者のある固有の開示様式という問題次元を取り逃がしてしまっている。

ハイデガーは先ほど取り上げた論文「技術への問い」で「技術の本質は決して技術的な事物ではない」と述べ、つまり「技術への本質的な省察」が技術的存在者に関わるものでないことを強調していた（GA7, 36）。ハイデガー技術論の批判者は技術との対決がなされるべき本来の次元を見て取ることができず、それゆえ彼らが期待をかける「民主主義」も「政治的なもの」の本来の領域には到達できていない。こうして彼らの技術論は技術的対象化に参与せよという技術そのものの命令を無自覚に反復し、技術への無批判的な追従を奨励する役割を果たすことになるのだ。

ハイデガーは戦後に書かれた「存在の問いに向けて」（『道標』所収）で「力への意志の本質には、それが掌握している現実を、力への意志自身が実際にそうであるような唯一の実相において現象させないということが属している」と述べている（GA9, 390）。ハイデガー技術論の批判者が展開している右のような議論こそが、こうした力への意志がおのれ自身の真の姿を隠蔽するイデオロギーとして機能している。ハイデガーの戦後における民主主義批判は、まさにこのような隠蔽に抗う超政治として遂行されていたのである。

第四節　放下の思索

力に基づいたナショナリズム

前節でハイデガーの戦後の技術論を概観した。その技術論は基本的には一九三〇年代終わりに成立した技術の省察を引き継いでいる。ただ当初は「前に-立てること」として規定されていた技術の本質が、戦後になると駆り立て-組織として捉え直され、技術的対象化の構造がより具体的な形で示されている。彼はさらに技術進歩の新たな様相にもつねに注意を払い、それを技術に関する考察に反映させていった。こうして一九六〇年代に入ると、彼はサイバネティックスのうちに技術の本質の究極的な表現を見て取るようになる。

すでに見たことからも明らかなように、ハイデガーの技術への問いは単に技術の現状を確認、ないしは追認するといったものではない。すなわちその背景には、われわれは技術に対してどのように関わるべきか、また究極的にはこうした技術の支配をいかにして克服するのかという問いが潜んでいる。そうだとすると、ハイデガーはこの克服をどのように捉えていただろうか。本節ではハイデガーの技術論に関する考察の締めくくりとして、この点について検討することにしたい。

ハイデガーは「ル・トールのゼミナール　一九六九年」で、当時の技術進歩の新たな状況を見据えつつ、宇宙空間の征服よりも気がかりなこととして「生物学の生物物理学への変化」を挙げている。この変化により「人間がある特定の計画にしたがって、何か技術的対象のように制作されうる」ようになった。こうした状況においては、われわれにとって「科学がしかるべき時に停止することができるのかどうかという問い以上に自然な問いはない」（GA15, 358）。しかし彼によると、こうした科学の停止は単に人間の知識欲に制限を加えるだけでは不可能である。なぜなら、「出来事の根拠はむしろ力に対する現代的な関係、すなわち政治的な関係である」からだ（GA15, 358）。

いったい「力に対する現代的な関係、すなわち政治的な関係」が、科学の進歩とどのような関係をもつと言うのだろうか。すでに第三章で詳しく見たように、ハイデガーは一九三〇年代後半の技術に関する考察で、技術の本質を「力」として捉えていた。力はそれ自身の本質に従って、物事をおのれの意のままにすることを志向するが、このことはその物事を制作可能、計算可能なものとして対象化することに他ならなかった。逆に何かが制作可能、計算可能でないところでは、力はおのれの限界に突き当たり、つまり無力になるのである。したがって力が力であろうと欲すれば、そうした限界の克服をつねに目指さざるをえず、このことから力は本質上、絶えず自身の力の拡大を目指すという性質をもつことになる。ハイデガーがこのような力の分析において、つねに近代国家の動向を念頭に置いていたことは前章で指摘したとおりである。

今述べたことから、「ル・トールのゼミナール」の先ほどの議論は、今日の政治が存在者の技術的な支配に他ならない力の増進を目的とする以上、技術の進歩を止めることは今日的な意味での政治の自己否定でしかないことを指摘していると解釈できるだろう。前節でも見たように、そもそも民主主義もこうした力によって要請される人間の動員の積極的な肯定を意味するため、原理的に技術に歯止めをかけるものではありえないのだった。

ハイデガーはこのゼミナールの同じ箇所で、現代国家の自己主張のあり方を「ナショナリズムの新たな形式」と呼び、これは「技術的な力に基づいており、もはや（……）諸民族の固有性に基づくものではない」と述べている（GA15, 358）。実際、今日ではあらゆる国家がその政治体制の違いを超えて、経済力、軍事力という形での国－力の増進を目指している。そして経済成長にしても、軍事力増強にしても、それは根本的には技術的イノベーションの競争になるわけだ。つまり国力の増進を目指す国家にとっては、技術進歩を止める動機はそれ自身の内部からは出てこないのである。

「意志しないこと」としての放下

そうだとすると、われわれはこうした力によってなすすべもなく押し流されていくしかないのだろうか。われわれはこのような力の支配のうちでどのようにふるまえばよいのだろうか。ハイデガーは単に技術に追随するのではない、技術に対するしかるべき態度を「放下（Gelassenheit）」として主題化しているので、以下ではその議論を見ていくことにしたい。

彼の放下についての議論は、一九五五年の講演「放下」においてはじめて一般に示された。それが小冊子として刊行される際に、『野の道の対話』に収録されている最初の対話「アンキバシエー野の道における研究者、学者、知者による三者の対話」のうち、放下について論じている部分も採録された[41]。この『野の道の対話』に収録された三つの対話篇は戦争終結直前に記されたものであるから、「放下」という概念自体は講演の一〇年前にはすでに彼の思索の中で練り上げられていたことがわかる。ここでは、まずこの「アンキバシエー」における放下の説明を検討することにしよう。

本章第二節で見たように、この『野の道の対話』の三番目の対話「夜の対話」では「悪」が主題とされていた。その議論によると、主体性、すなわち意志は、それ自身が悪質なものという意味で悪と捉えられるのであった。われわれは意志的主体である限り、悪質なものとして存在する。しかしそうだとすると、われわれはここで次のような疑問を抱かないではいられないだろう。そもそもわれわれのうちで意志をもたない人間がどこにいるだろうか。意志が悪だというのならば、それとは別のいかなる可能性があるだろうか。つまり悪の克服はそもそも可能なのだろうか。

このように「夜の対話」では、意志は悪質なものとして捉えられていた。それに対して「アンキバシエー」では、まさに「意志しないこと（Nicht-Wollen）」の可能性が対話者によって論じられている（GA77, 105ff.）。ここではさらに、この「意志しないこと」が放下と言い換えられている。そしてこの放下がより具体的に「近辺への放下（Gelassenheit zur Gegnet）」と規定される（GA77, 122）。

この放下の原語“Gelassenheit”は形容詞“gelassen”から派生した名詞だが、この“gelassen”は中世の神秘主義の用語として「神に身を委ねた」といった意味をもち、やがてそれが一般化されて「平静である」とか「落ち着いた」という意味で用いられるようになった。仏教の禅宗で一切の執着を捨て去ることを放下と言うので、それとのつながりを意識して、神秘主義と深い関係をもつ“Gelassenheit”という語に放下という訳語を当てるわけである。

またここで「近辺」と訳した“Gegnet”はハイデガーの造語で、おそらくは「辺り」や「近傍」を意味する“Gegend”との連関を意識しつつ、さらに“begegnen”や“entgegnen”という語の一部として用いられているが、今では単独で使われない“gegnen”の「向かってくる」といった含意を取り込んだ語である。この“Gegnet”は人間の意のままにならないものとして人間に近接し、またそのことによって人間をその本来の姿においてあらしめる、人間にとってもっとも近しいものという意味で、ここでは「近辺」と訳することにした。

この近辺について、対話者のひとりである知者は「間として生起する拡がり」と規定し、この拡がりは「すべてのものを集めつつ、おのれを空け開いて、その結果、そのうちで開けがすべてのものを自身の成り行きにおいて立ち現させるように保たれ、促される」と説明している（GA77, 114）。簡単に言うと、近辺とはそこにおいて存在者が技術的対象化によって支配、操作の対象とされることなく、むしろおのれの本来のあり方において存在することを許されるような領域を指している。

これは結局、本書でこれまで論じられてきた存在者全体、世界と同じものを指している。

ハイデガーはこのような近辺への放下のうちに、西洋的思惟を特徴づける「超越論的‐地平的表象」に代わる新たな「思惟の本質」を見て取っている。「放下は近辺への帰属に基づいて超越論的‐地平的表象からみずからを解放しますが、この超越論的‐地平的表象がこれまで支配的な思惟の本質だとすると、放下において思惟がこのような表象から近辺の待ち受けへと変化します」(GA77, 122)。

近辺は人間の表象によって「前に‐立てられたもの」ではなく、「自身のうちで放下をあらしめ、それゆえ放下を自身に帰属させる」もので、その結果、思索の本質は「近辺が放下をおのれ自身のうちで近辺に同化させる」こととなる(GA77, 122)。つまり人間が世界を表象することをやめ、存在者をそれ固有のあり方においてあらしめる場としての近辺におのれを適合させることが放下の意味である。ハイデガーは学長期に、存在者全体に圧倒されつつ、同時にそれをおのれの運命として開示する原初的な知について語っていたが、近辺への放下も結局、それと同じものを指している。

ものへの放下

さて、『野の道の対話』におけるこのような放下の規定を踏まえて、今度は一九五五年の講演における放下の説明を見ていくことにしよう。この講演はハイデガーの故郷メスキルヒで行われ、一般市民を対象としていることもあり、ここでの放下の説明は『野の道の対話』の説明よりもはるかに平明になっている。

この講演では、われわれが技術時代に「土着性（Bodenständigkeit）」をいかに取り戻すことができるかが問われている。ハイデガーは技術的な事物がわれわれにとって不可欠となっている今日、「見境なく技術的世界に突進していくのも愚かしいことですし」、またそれとは反対に「技術的世界を悪魔の仕業として非難しようと思うのは近視眼的です」と述べ、技術に対する無条件の追随と全面的な拒否という両極端の態度を退けている（GA16, 526）。ここで彼は、技術に対して適切な距離を取ることの難しさについて次のように語っている。「われわれは技術的対象に委ねられています。しかも技術的対象はさらなる改良をするようわれわれを挑発しています。しかしわれわれはいつのまにか技術的対象にあまりに強固に縛り付けられてしまう結果、われわれは技術的対象への隷属に陥ってしまうのです」（GA16, 526）。

そうだとすると、われわれには単なる追従でもなく、また拒否でもないような、いかなる態度が可能だろうか。ここでハイデガーが提示するのが、「ものへの放下（Gelassenheit zu den Dingen）」という態度である。彼はこれについて次のように説明している。

われわれはなるほど技術的対象を使用するものの、しかし同時に、どこまでも事柄に適った使用にもかかわらず、技術的対象から距離を取り、そうやってそれらをいつでも手放せます。しかしわれわれは技術的対象を、それらが使用されるべき仕方で使用することができます。しかしわれわれはこれらの諸事物を同時に、われわれのもっとも内奥にある固有なものには関わってこないものとして、そのままにしておくこともできます。われわれは技術的対象の必要不可欠な使用に対しては「然り」と言うことができ、同時にわれわれは、われわれを独占的に占有して、そのようにわれわれの本質をねじ曲げ、かき乱し、ついには荒廃させることをそれら技術的対象に禁ずる限りで、これに対し「否」と言うことができます。(GA16, 526f.)

ハイデガーはこうした「技術的世界に対して同時に然りと否を言う態度」を「ものへの放下」と名づけている。このように技術的世界に対して然りと否を同時に言う放下は、いかにも中途半端で煮え切らない態度に見える。しかしこうした放下という態度を取るためには、事物に対する技術的な関わりを絶対視せず、それとは異なる仕方で事物に関わる可能性を視野に入れていることが前提となる。われわれは技術的対象の使用とは異なる、事物への関わり方を知っているからこそ、技術的対象の使用がそうした関わり方を歪め、覆い隠すことを拒否できるのだ。

ハイデガーは前節で取り上げた論文「技術への問い」において、挑発して注文する技術的な開示について語るときに、つねにそれと対比する形で、技術的な開示とは対極的な開示の様式についても語っていた。例えば「注文する」という意味での"Bestellen"に対して、土地はそこから鉱物資源が取り出される鉱山や炭鉱として現れているが、それとは対照的に「耕作する」という意味での"Bestellen"に対しては、土地は作物の成長を委ねる場として現れていると述べられていた。

また前節では、論文「技術への問い」におけるハイデガーの水力発電所についての記述を紹介したが、その箇所の直後では水力発電所が昔ながらの木橋に、また水圧供給者として捉えられたライン川がヘルダーリンの詩作品に歌われたライン川に対置されている。

発電所は数世紀の間、岸と岸を結んでいた古い木橋のようにライン川に立てられるわけではない。むしろ川は発電所のうちに押し込まれるのである。川は今やそれが川としてそうであるところのもの、すなわち水圧供給者であるが、それは発電所の本質に基づいてのことである。われわれはここで支配している異様な事態をおぼろげながらでも推し量るために、次の二つの名称において語り出されている対立に少し目を向けてみよう。発電所（Kraftwerk）へと無理やり押し込められた「ライン川」と、ヘルダーリンの同じ名を持った讃歌という芸術作品（Kunstwerk）によって語られた「ライン川」。（GA7, 16f.）

このようにハイデガーは技術的な開示について語るとき、つねにそれとは対極的な開示のあり方にも言及し、これとの対比で技術的な開示の本質を際立たせている。そうだとすれば逆に、技術的開示とは異なる開示はいったいどのようなものとして規定されるだろうか。またそうした開示に対して、事物は在庫というあり方ではなく、どのような仕方で現れているのだろうか。項を改めて、以下ではこの点について検討することにしよう。

存在者に対する本来的な関わり

存在者に対する本来的な関わりについては、すでに以前から、例えばハイデガーの学長時代の言説などでは真の「労働」として主題化されていた。もっともその当時は、存在者に対する非本来的な関わりの現代的な様態、すなわち近代技術を分析の俎上に載せるまでには至っていなかった。しかしその時代においてもすでに、存在者がある固有の世界によって存在せしめられていることを忘却し、もっぱら存在者の操作のみを目指す現存在の非本来的なあり方に対して、存在者に対する真正な関わり方としての労働が対置されていたのである。

その後、ハイデガーはナチスから離反するとともに、存在者に対する本来的な関わりをもはや労働と呼ぶことはなくなる。逆に労働はもっぱら存在者への技術的な関わりを意味する語として用いられるようになる。つまり学長在任中は国民社会主義ドイツ労働者党が依拠すべき労働の概念を自身の哲学的立場に引き付けて語っていたが、ナチスを見限ったあとは、ナチスが擁護している労働は本質的に民族の世界を破壊するものでしかないと見定め、労働については否定的な仕方でしか言及しないようになるのである。[42]

しかしもちろん、学長在任中に労働という語によって指し示されていた存在者に対する本来的な関わりは、ハイデガーの思索においてそのつど呼び名は変わるものの、つねに何らかの仕方で取り上げられている。彼は一九三〇年代半ば、例えば『形而上学入門』では、存在者の根源的な開示を「暴力－行為（Gewalt-tätigkeit）」と呼んでいる（GA40, 159）。それ自身、暴力的なピュシスの圧倒的な支配に晒されつつ、あえてそれに立ち向かい、ピュシスを開示しつつ担う現存在の動向が、このように名づけられるのである。

さらに『哲学への寄与論稿』では、そうした存在者への関わりには「救出（Bergung）」という表現が与えられている。この救出とは「存在の真理」、「存在の明るみ」を存在者のうちに保存することだと規定される。ハイデガーによると、「明るみはそれを開放性のうちに保持するものを必要とする」が、「それはそのつど異なった仕方で存在者（もの－道具－作品）である」（GA65, 389）。つまり存在とは必ず存在者の存在である以上、存在は存在者をとおしておのれを告知する。そのことに応じて、存在の支配を承認するという仕方で存在者を扱うことが、存在者に対する本来的な関わり方とされるのである。

例えばある生き物を考えてみよう。その生き物はある特定の世界においてのみ存在でき、その生き物の存在はそうした世界と切り離すことができない。したがってまた、その生き物が絶滅したとき、そのことは生き物が根ざしていた固有の世界も消失したことを意味するだろう。つまりその生き物をあらしめるということは、その生き物が生息する世界を保全することを意味し、逆に世界を保全することはこの生き物をあらしめることを意味するわけだ。世界とは何かそれ自体として人間が直接、関わることができるようなものではない。それは存在者の存在を可能にするという仕方でつねに存在者を介しておのれを示すという性質をもち、逆に人間はその存在者をあらしめることによって世界の維持に関わっているのである。

このようにある存在者への関わりを通じて、その存在者が根ざしている世界、存在者全体の支配を認め、そのような仕方で世界を保護することをハイデガーは救出と呼ぶわけである。われわれは通常、存在者との関わりのうちには存在者との関わり以上のものを見ることはない。それに対して、ハイデガーが存在者との関わりを救出と規定するとき、存在者との関わりのうちに、その存在者の存在を可能にしている世界との関係を見て取り、そうした世界の救出、保全を存在者との関わりの真の意味として際立たせようとしているのである。

ものと四方界

第二次世界大戦後はこうした考察がさらに洗練されていき、「もの（Ding）」と「四方界（Geviert）」をめぐる思索として展開されていく。この議論は、ハイデガーが戦後の長い沈黙期間を経て、はじめて公的場面に復帰した一九四九年のブレーメン連続講演のうちの最初の講演「もの」に示されているので、以下でその要点を見ることにする。

この講演でハイデガーは、「もの」の本質を捉える手がかりとして瓶を例にとり、その記述を行っている。それによると、瓶は容器として空洞をもっている。この空洞は液体を受け入れ、保存するものだが、このように液体を収容することは、液体を注ぐためになされている。ハイデガーはこうした瓶の記述に基づいて、瓶の本質、すなわち「瓶性」を「液体を集め注ぐこと」と規定する（GA79, 11）。

このように瓶の本質は「液体を集め注ぐこと」として捉えられるわけだが、ハイデガーはこの本質規定に続いて、「液体を集め注ぐこと」のうちに含意されている事柄をあらわにすることを試みている。例えばワインという飲み物を集め注ぐことであれば、ワインは大地の養分と天空の太陽によってもたらされたブドウからできているから、そこには大地と天空が宿っている。また集め注がれるワインは「死すべき者のための飲み物」である。さらに瓶による集め注ぎは、神々に捧げるために行われることもありうる。このとき液体のひと注ぎは「不死の神々に捧げられた飲み物」である。このように液体の集め注ぎのうちには死すべき者と神的なものがそれぞれ異なった仕方で宿っている。以上のことをまとめてハイデガーは次のように述べている。

液体の集め注ぎのうちに、同時に大地と天空、神的なものと死すべき者が宿っている。この四つはおのずとひとつになり、ひとつの全体を形作っている。それらはあらゆる現前するもののうちに出来しつつ、単一の四方界へと織り込まれている。／液体の集め注ぎのうちに四つの単純な合一が宿っている。／液体の集め注ぎが集め注ぎであるのは、それが大地と天空、神的なものと死すべき者を宿らせることによってである。（GA79, 12）

瓶の集め注ぎは、こうした大地と天空、神的なものと死すべき者の四者を前提としている。逆にそうした四者なしには、集め注ぎは集め注ぎとして成り立ちえない。この大地と天空、神的なものと死すべき者の四者はそれぞれ他のものと切り離されているわけではなく、ある固有の連関を形作っているが、この連関をハイデガーは「四方界」と呼んでいる。瓶はこうした四者を逗留させることによって瓶としての意味をもつ。このことは瓶に限らず、一般に「もの」は四者を「集めること」によって「もの」である。

大地と天空、神的なものと死すべき者が形作る固有の連関について、ハイデガーは次のように説明している。「大地と天空、神的なものと死すべき者は、おのずと合一しつつ、合一的な四方界の一なる単純さに帰属している。四つのどれもがそれぞれの仕方で残りのものの本質を映し出している。その際、そのどれもがそれぞれなりの仕方で四者の一なる単純さの内部において自分を映し出し、おのれ固有のものへと還帰する」（GA79, 18）。つまり四者それぞれのあり方は他の三者のあり方を反映し、換言すると、それらによって規定されている。逆に言うと、それぞれは他の三者のあり方を規定するという仕方で四方界のうちにおのれ自身の姿を映し出し、そのことによっておのれ固有のものを実現するのである。

ハイデガーはこのように四者の映し合いによって形作られた四方界を「大地と天空、神的なものと死すべき者の単純な合一の鏡映‐遊戯（Spiegel-Spiel）」と規定している。そしてこの四方界を「世界」とも言い換えている（GA79, 19）。ものがものとしてあるとき、こうした四者への関係がそこでは成立している。逆にものはこうした四者との関係において、はじめてものとなる。「われわれはものを、その集めるというあり方においておのずと世界になる世界（weltende Welt）から生起させるとき、われわれはものをものとして考えている」（GA79, 20）。通常、われわれは目の前にあるものだけを見て、そのものを捉えたかのように考えているが、それは根本的な誤りである。ものは世界との関係において捉えられたとき、それはものとしての本来のあり方において理解されていると言いうるのである。（ハイデガーの四方界をめぐる議論で、大地、天空、死すべき者が世界の本質的な契機と見なされているのは理解できるとして、神的なものが世界に含まれる必然性に疑問をもたれる方も多いかもしれない。そもそもこの神的なものとは何を意味するのだろうか。ハイデガーの神的なものに関する議論は難解で、私自身、まだ確固たる解釈ができているわけではないので、ここでは暫定的な見解を示しておく。本書でこれまで見てきたように、存在者の存在を可能ならしめる場としての世界、すなわち存在者全体は、人間の意のままにならないものとして人間に襲い掛かり、人間をそのうちに取り込むものだった。ハイデガーはこのような存在者全体の圧倒性のうちに神性を見て取っている[43]。つまり神性は世界の支配そのものに根ざしており、その意味で世界に本質的に帰属するものと捉えられるのである。）

造ることの本質

さて、ものが以上のように規定されるとき、こうしたものに対する人間の関わりはどのように特徴づけられるだろうか。ハイデガーは一九五一年の講演「造る、住む、思索する」（『講演と論文』所収）

で、この問題に取り組んでいる。そこで彼は、死すべき者（人間）は「住む（Wohnen）」という仕方で大地の上に存在すること、そしてこの「住むこと」は大地とともに天空、神的なもの、死すべき者との関係を含むこと、すなわち四方界のうちにあることを指摘する。このことに基づいて、「住むこと」の本質は四重の意味での「保護すること（Schonen）」として次のように規定される。すなわち「大地を救い出すこと、天空を受容すること、神的なものを待望すること、死すべき者に寄り添うことにおいて、四方界を四重に保護することとしての住むことが生起する。保護することは、四方界をその本質において守ることを意味する」（GA7, 153）。

ここでハイデガーは、死すべき者がこうした保護することとしての「住むこと」をいかなる仕方で実現するのかという問いを立てている。先ほど、「救出」についての議論でも述べたように、世界との関わりはつねに存在者――ここでは「もの」――を介してのみ成就されるのだとすると、この四方界としての世界を保護することも、基本的にものへの関わりをとおして実現されるだろう。実際、ハイデガーはこの「住むこと」は、単に大地の上に天空のもとで、神的なものを前に死すべき者とともに滞在することを意味するわけではなく、住むことは「もの」のうちに四方界をかくまうことである点を強調している。「保護することとしての住むことは、死すべき者がそのもとに滞在しているところ、すなわちもののうちに四方界を保存する」（GA7, 153）。

ハイデガーはこの講演では、橋という「もの」を手掛かりに、四方界の保護がどのように実現されるかを示そうとしている。「橋はそれなりの仕方で大地と天空、神的なものと死すべき者をそれ自身のもとに集めている」(GA7, 155)。これに続いて、彼はこうした橋の性格について次のように述べている。「橋はものであり、四方界を集めているが、それは橋が四方界に所在を与えるという仕方で集めているのである。このような所在に基づいて広場や道が定まり、この広場や道によって空間が開かれる」(GA7, 156)。

ハイデガーはこうした「もの」を「建造物(Bauten)」と呼び、このような建造物としての「もの」を産出することが「造ること」を建立すること(Bauen)」の意味だとする。この造ることの本質は、四方界に所在を与える「場所(Ort)」を建立することとして捉えられる。つまり建造物とは、そこにおいて四方界が開かれる「場所」であり、したがって「造ること」はこのように「四方界に所在を与える場所を建立する」(GA7, 161)ことを意味する。このように建造物が四方界に所在を与えることによって、四方界を保護することとしての住むことが可能となるのである。このような意味で、造ることは「もっともすぐれた意味での住まわせること」である(GA7, 161)。以上のことから、ハイデガーは「産出すること(Hervorbringen)」の本質を、単に完成した建物という成果をもたらすことではなく、四方界をもののうちへともたらし、ものを場所として、すでに現前しているもののうちに持ちきたらすことと規定するのである(GA7, 161)。

今述べた点をより一般化すれば、建造することを意味する「造ること」に限らず、より広範な意味での「作ること」は単に存在者を産出することに尽きるものではない。そうではなく、ものを四方界と関係づけ、そのように四方界との関係を蔵したものを既存のもののうちに適切に配置すること、そのことによって死すべき者と四方界を媒介する点にその本来の意義が見て取られるのである。

　これに対して西洋の歴史においては、ハイデガーが講演の続きの箇所で指摘しているように、このような作ることの本質がまったく見落とされてきた。「産出すること」はギリシア語では「ティクトー（τίκτω）」と言われていたが、この動詞は「テクネー（τέχνη）」とも語根を等しくする。ギリシア人にとって、このテクネーは芸術とか手工を意味するのではなく、元来「あれやこれやの存在者を現前するもののうちに現出させること」を意味するものだった。しかしハイデガーからすれば、こうしたテクネーのギリシア的な理解も右で見たような作ることの本質を捉えていない（GA7, 161f.）。彼がここで問題視しているのは、ギリシアのテクネーも含めて、作ることがもっぱら存在者を生み出すこととして捉えられ、存在者のうちに世界（四方界）を宿らせ、そのことによって世界を保全するという側面が見落とされてきた点である。

　結局のところ、ハイデガーのものと四方界をめぐる議論において問題になっているのは、彼が一九三〇年代にすでに労働や救出として捉えようとしていた事態、すなわち存在者との関わりは、本来的にはそうした存在者の存在を可能にしている存在者全体、すなわち世界の支配を承認し、そのことにより世界を保護することとして生起すべきだという点である。それに対して、われわれは通常、存在者との関わりのうちには存在者との関わり以上のものを見て取ることはなく、その存在者の存在が根ざしている世界といった次元はまったく閑却してしまっている。そのとき存在者はわれわれに対してあたかも意のままに操ることのできる対象であるかのように現われ、われわれの存在者との関わりはもっぱら存在者の操作として理解されてしまうのである。（現代の環境保護運動の最大の問題は、人間が「環境」といったものに直接働きかけて改変することが可能だと捉えている点にある。ものと世界の関係をめぐるハイデガーの議論を参照すれば、環境はものをとおしてしかおのれの支配を示すことができず、つまり人間はものとの関わりをとおしてしか環境と関わることができないのである。したがって環境を保護することは、まずもって存在者をそれ固有の存在においてあらしめること、そのことによってその存在を可能にしている環境の支配を承認することによってしか実現されない。現代の環境保護運動は、最初に述べたように環境を直接働きかけることが可能な対象と見なしているが、そのことのうちには環境を存在者と同一視していること、また存在者に対する関わり方として対象化以外のあり方を認めていないという二重の誤謬が含まれている。）

放下は何をもたらすのか？

ハイデガーはものへの放下を技術に対する無条件の追従とは異なる道として提示した。ものへの放下は技術的対象の必要不可欠な使用は認めながらも、それがわれわれの本質を歪めるときには断固として拒否するという「技術的世界に対する同時的な然りと否」として規定されていた。この規定だけを見れば、ものへの放下は技術的対象から気が向いたときだけ距離を取る消極的な姿勢にしか見えないだろう。しかしそれはまさにものへの放下と言われているように、ものへと向かう方向性、つまりものをものとしてあらしめることへの気遣いを含んでいる。そうだとすれば、ものへの放下は実質的には本節でこれまで見てきたような、ものと四方界をめぐる思索そのものと見なすことができる。こうした思索において、われわれは技術的対象を技術的対象として相対化し、そこから距離を取ることを実践しているのである。

ここで注意しなければならないのは、ハイデガーはものへの放下がただちに四方界の生起をもたらすと考えているわけではないということである。それはむしろ、四方界の可能的な到来に備えることとして理解されている。このことは、彼が雑誌『シュピーゲル』のインタビューで、思索の役割を神の到来を待ち受ける態勢を用意することと規定していることのうちに示されている。

> 哲学は今日の世界の状態を直接的に変えることはできないでしょう。このことは哲学だけでなく、人間的な思案や目論見でしかないものすべてにも当てはまります。かろうじて神のみがわれわれを救いうるのです。私は救いの唯一の可能性を、思索と詩作において神の出現もしくは、没落期における神の不在に対する心構えを用意することのうちに見ています[44]。(GA16, 671)

すでに見たように、神的なものは死すべき者、大地、天空といった契機とともに四方界を形作っている。そうだとすると、今の引用で言われている神の出現は四方界の生起そのものを意味するだろう。つまり神の出現に対する心構えは、四方界の生起に対する心構えとして捉え直すことができる。まさにこうした四方界の生起に対する心構えが、ものへの放下として語られていたわけである。

こうした放下という心構えは直接、何かを引き起こすといったものではない。だからといって、それはわれわれの生き方に何の変化ももたらさないわけでもない。われわれは四方界の到来を待望するこうした心構えによって、少なくとも技術的世界を絶対視して、そこに巻き込まれる危険から免れることができるのである。そしてすでに見たように、ハイデガーが技術的世界の主体を国家と捉えているとすれば、今述べたことは国家に対する無条件の追随から距離を取り、その力という本質に対する批判的態度を保ち続けることを意味するだろう。

逆にわれわれが国家の絶対視から脱却できない場合、例えば戦争などの極限状況において典型的に見られるように、国家による組織的犯罪に無自覚に加担してしまうことも起こりうる。放下とはこのような危険をつねに意識し、必要なときにはその遂行を拒否することも辞さない心構えを意味するのである。この観点からすれば、学長辞任後のハイデガーのナチスとの対決も、まさに放下における「否」の表明として解釈することができるだろう。

このように放下には政治の今日的なあり方に対する本質的批判が含意されている。まさに政治に対するこのような姿勢が学長時代には超政治と呼ばれていたのである。こうした存在の思索の政治的含意が一九三三年にはハイデガーをナチス加担へと駆り立て、また学長辞任後はナチスとの対決という形で顕在化した。そして戦後になると、それは民主主義に対する懐疑として姿を現すのである。放下、すなわち存在の思索は四方界の到来をただひたすら待望するだけの消極的で傍観者的な態度と見なされがちである。しかし存在の思索は決してそのような人畜無害の営みではありえない。このことはハイデガーが存在の思索に基づいた現実政治に対する批判的姿勢によって、どれだけの犠牲を払ったかを見るだけでも明らかだろう。

第四章の注

1――フーゴ・オット『マルティン・ハイデガー――伝記への途上で』、四四〇頁以下。
2――同書、四五三頁以下。
3――Heinrich Wiegand Petzet, *Auf einen Stern Zugehen*, S. 52.
4――フーゴ・オット『マルティン・ハイデガー――伝記への途上で』、四九三頁以下。
5――Martin Heidegger, Heinrich Wiegand Petzet, *Ausgewählte Briefe Martin Heideggers an Heinrich Wiegand Petzet, Jahresgabe der Martin-Heidegger-Gesellschaft*, Meßkirch, 2003, S. 22.
6――フライブルク大学の政治浄化委員会の設置に至る経緯については、オットの以下の論文を参照。Hugo Ott, Schuldig-mitschuldig-unschuldig? Politische Säuberungen und Neubeginn 1945, in: Eckhard John, Bernd Martin, Marc Mück und Hugo Ott (Hrsg.), *Die Freiburger Universität in der Zeit des Nationalsozialismus*, S. 243.
7――フーゴ・オット『マルティン・ハイデガー――伝記への途上で』、四七四頁。なお訳語は一部、修正した。
8――同書、四七四頁以下。

9――同書、四七五頁。

10――同書、四七五頁以下。オットの記述に従えば、実際には講演ではなく、ジャン＝ポール・サルトルとの個人的な会合のためにバーデン・バーデンに招待されていた。その際、より大きなグループを前に発表するかどうかはハイデガーの自由意志に委ねるとされていた。雑誌の寄稿については、『ルヴュ・フォンテーヌ』誌からハイデガーの研究論文をフランス語に翻訳して雑誌、ないしは叢書で刊行することを求められたことを指している。その依頼の中では、もし研究論文の刊行が不可能ならば、かわりにアクチュアルな状況、ないしはフランス哲学に関するオリジナルな論文を寄稿してほしいとも述べられていた。

11――同書、四七九頁以下。

12――同書、四八七頁。

13――同書、四八三頁。

14――同書、四八七頁。

15――同書、四九〇頁以下。

16――同書、四九三頁。なお訳語は一部、修正した。

17――同書、四九五頁。

18――同書、五〇三頁。

19――同書、五〇二頁。

20――Dieter Thomä（Hrsg.）, *Heidegger Handbuch. Leben-Werk-Wirkung*, Stuttgart, 2013, S. 560.

21――フーゴ・オット『マルティン・ハイデガー――伝記への途上で』、五〇六頁。

22――同書、五〇七頁。

23――同書、五〇七頁以下。

24――例えばハイデガーに対する厳しい処置を要求するグループのひとりだったランペはこの件について次のように述べている。「自分は現在の出来事にそのような仕方で協力することはまったく不可能であるとハイデガー氏が感じ、その旨を表明した、というようなことを私は前回の評議会でも聞くことがなかった。だとすれば、やはりこれまでと同様に、ハイデガー氏は――わが浄化委員会がここに提出している所見の想定とは異なり――その政治的思考の、少なくとも当然と思われる全面的な転換を、決してみずからにおいては経験していない、ということが必然的に結論づけられる」（フーゴ・オット『マルティン・ハイデガー――伝記への途上で』、四八〇頁からの引用）。

25――ハイデガーの悪の考察を主題的に取り上げた研究としては、以下のものがある。Bernd Irlenborn, *Der Ingrimm des Aufruhrs. Heidegger und das Problem des Bösen*, Wien, 2000.（ベルント・イアレンボーン『反乱の憤怒――ハイデガーと悪の問題』。）同書は本節で詳しく検討するハイデガーの一九四〇年代以降の悪の議論を中心として、それより以前の『存在と時間』も視野に収めた当該主題についての包括的な研究である。

26――ハイデガーがシェリングの『人間的自由の本質』を扱った講義で「悪」を論じていることは、シェリングの論文がもともと悪の問題を取り扱ったものであるからある意味、当然だが、悪の議論は『ヘルダーリンの讃歌『回想』』などにも見られる（GA52, 102）。また、『杣道』所収の「アナクシマンドロスの箴言」では「思索の学問への頽落と信仰への頽落は、存在の悪しき運命（das böse Geschick des Seins）を意味する」（GA5, 353）と述べられている。

27――悪質なもののこうした「破壊的」な性格については、一九三五年の講義『形而上学入門』では次のように言われている。「今やアメリカとロシアでは、とるに足りないものの平均が優位をしめていることは、もはや何か些細で、単につまらないことというのではなく、むしろあらゆる位階や、世界にかかわるあらゆる精神的なものにつかみかかって破壊し、それらを嘘だと言い張るようなものの襲来なのである。これはわれわれがデーモン的なもの（破壊的に悪質なものという意味において）と呼んでいるかのものの襲来なのである」（GA40, 49f.）。

28——イアレンボーンは前掲書『反乱の憤怒』では、悪についてのそれぞれの捉え方を"malum morale"（道徳的悪）と"malum ontologicum"（存在論的悪）と名づけて区別している。

29——ヴァルター・ビーメル、ハンス・ザーナー編『ハイデガー・ヤスパース往復書簡　一九二〇－一九六三』渡邊二郎訳、名古屋大学出版会、一九九四年、三二一頁。

30——Bernd Irlenborn, *Der Ingrimm des Aufruhrs*, S. 270. イルレンボーンはナチズムと戦後の福祉国家的秩序の両方を「荒廃化」と見なすハイデガーの態度を問題視し、荒廃化ということの差別化、つまり悪にも段階があることを認めることが必要だと述べている。このイルレンボーンの指摘は常識には適っているが、そのことによりまさにハイデガーが悪の道徳的表象と呼んでいる水準にイアレンボーン自身が陥っているように思われる。もっともハイデガーにしても、こうした「道徳的判断」がある局面において尊重されるべきであるということは否定しないであろう。しかしその判断にとどまっていては、ハイデガーが「存在の歴史」として語っている次元、つまり彼の思索を独自なものたらしめている事柄にまったく到達しておらず、そもそもハイデガーの哲学をあえて取り上げる理由もなくなってしまう。

31——ヴァルター・ビーメル、ハンス・ザーナー編『ハイデガー・ヤスパース往復書簡　一九二〇－一九六三』、三一九頁。訳は一部、変更した。

32——拙論「技術と国家——ハイデガー技術論の射程」（加藤尚武編『ハイデガーの技術論』理想社、二〇〇三年）は、一九三〇年代後半の技術論を本邦でもっともはやく紹介した論文である。

33——ハイデガーは一九三〇年代に書かれた『哲学への寄与論稿』でも、すべての存在者を「作為されてある」ものとする解釈が「機械的ならびに生物学的思考様式」をもたらしたと述べていた（GA65, 127）。つまり彼は近代科学において、作為性という存在解釈が機械と生物に対して等しく押し付けられていることをこの時期にすでに指摘していた。

34――アンドリュー・フィーンバーク『技術への問い』直江清隆訳、岩波書店、二〇〇四年、村田純一『技術の哲学』岩波書店、二〇〇九年などを参照。ここでは『思想』九二六号、岩波書店、二〇〇一年の「技術の哲学」特集号に掲載されている両者の議論を参照する。

35――村田純一「技術哲学の展望」、『思想』九二六号、一四頁以下。

36――同論文、一四頁以下。

37――同論文、一七頁以下。

38――同論文、一七頁以下。

39――同論文、二八頁以下。

40――アンドリュー・フィーンバーク「民主的な合理化――技術、権力、自由」直江清隆訳、『思想』九二六号、五一頁。

41――Martin Heidegger, *Gelassenheit*, Pfullingen, 1992. 講演「放下」はハイデガーの故郷メスキルヒ出身の作曲家コンラディン・クロイツァー生誕一七五周年を記念して一九五五年一〇月三〇日に行われた。この講演とともに小冊子に収録された対話の題名となっている「アンキバシエー（Ἀγχιβασίη）」は、ギリシア語で「接近」を意味する。ディールス／クランツ編『前ソクラテス期哲学者断片集』に、この一語だけからなるヘラクレイトスの断片が収録されている（断片一二二）。ハイデガーはこの対話の最後で、この断片の解釈を提示している。そこではアンキバシエーは「近傍へと行くこと（In-die-Nähe-gehen）」を意味するとされている。この「近傍」とは、「夜の対話」では近辺と呼ばれていたものを指しているので、アンキバシエーは表象的態度を停止して、そうした近辺におのれの身を委ねることとして解釈されるわけである（GA77, 155）。

42――例えば「形而上学の克服」（『講演と論文』所収）では、労働は「意志への意志のうちで生起するあらゆる現前するものの無条件的な対象化という形而上学的地位を得る」と言われ、さらには「〔世界の〕崩壊と〔大地の〕荒廃は、形而上学の人間、理性的動物が労働する動物へと固 - 定されることにおいて、それにふさわしい仕方で遂行される」と述べられている（GA7, 70）。ここでは労働は存在者の無条件的な対象化として特徴づけられ、「世界の崩壊」と「大地の荒廃」をもたらすものと捉えられている。

43――ハイデガーが神、神性をどのように捉えていたかについては、拙著『存在と共同――ハイデガー哲学の構造と展開』法政大学出版局、二〇〇七年、第三章で論じているので、そちらも参照していただきたい。

44――ハイデガーが学長として大学改革を試みたときは、まだ哲学によって世界を直接的に変革することが可能だと信じていたが、この学長職の失敗がいわゆる「転回」による意志の哲学の放棄を経て、ここで述べられているような立場をもたらしたと解釈する研究者は多い。しかし彼はすでに一九三四年の講演「ドイツ哲学の現状と将来の課題」において、哲学が「存在の変化」を直接引き起こすことはできないことを認めていた。「哲学は存在のこうした変化を無理強いすることはできません。しかし哲学はそれぞれ異なった段階の明瞭性や充実や厳密さにおいて、民族のおのれ自身についての本質的な知として、間接的に民族のうちへと植えつけられる知を生み出すことはできます。（……）この知だけが雷雨の天空をもたらし、この領域で――そもそもそうしたものがあるとすれば――神々の電光がわれわれを撃ち、民族の盛期を告げるのです。／いつこれが起こるのかは誰も知りません」（GA16, 333）。ここでは「民族のおのれ自身についての知」は、「神々の電光」がわれわれを襲いうる領域をもたらすものとされている。しかし神々の電光がわれわれを撃つのがいつかはわからないとも述べられている。つまりこの時期においても、哲学は直接的に「民族の世界」を生起させるものではなく、ただその生起の可能性に対する心構えを与えることしかできないと捉えられていた。

結論

「転回」という神話

本書では、ハイデガーの思索の展開をとくにその政治的含意に注目しながら、一九三三年の学長就任以降、戦後一九六〇年代に至るまでほぼ時系列的にたどってきた。そもそも存在の問いそのものが民族共同体の根拠の追求という意味をもっているため、ハイデガー哲学の政治性の解明は存在の問いの根本的な理解を要求し、逆に存在の問いを根本的に理解するということはその政治性を捉えることに帰着する。ハイデガー自身、存在の問いのこうした政治的性格をとくに強調して、それを超政治と呼んでいる。彼が自身の哲学を超政治と特徴づけるのは、まさにフライブルク大学の学長に就任した直後であった。このことによって、彼は自分の学長としての活動、すなわちナチスへの関与が存在の問いの政治性に基づいていることを明示しようとしたのである。

存在の問いに基づいたハイデガーの民族観は、ナチズムの公式イデオロギーとは似て非なるものであり、その人種主義とは根本的に相容れないものである。それにもかかわらず、彼はナチスのうちに近代のニヒリズムに対する対抗運動という性格を見て取り、その政権獲得を大学における学問の刷新とそれに基づいたドイツ民族の結集のチャンスと捉えていた。彼は大学改革を試みるにあたって、当時、強制的同質化の先兵として大学内で猛威を振るっていたドイツ学生団の若い力に期待をかけ、それを「精神的な」指導によって改革の推進力へと変貌させることを試みたのだった。

しかし彼の期待に反して、学生たちは決して人種主義という「非・精神的」基盤から脱却することはなく、彼らを導こうとしたハイデガーの努力は無に帰したのである。

ハイデガーはこのナチス加担の失敗に対する反省に基づいて、意志と決断によって革命的変化をもたらそうとする自らの意志中心的な立場を放棄し、そのことによって後期の静観的で非政治的な存在の思索への「転回」が起こったという情緒的で俗受けしやすい解釈がしばしば唱えられる。しかしこのような解釈にはまったく根拠がない[1]。第二章以下で詳しく見たように、ハイデガーは学長辞任後も、まさに彼をナチス加担に導いたのと同じ思想的立場に基づいて、ナチズムに対する超政治的な批判を遂行していくのである。（そもそも転回という語は、ハイデガー哲学の術語としては、超越論的‐表象的な思考から存在の思索（放下）への転換を意味するので、ハイデガーの思想が変化したという意味でこの語を用いるのは誤りである。）

もっともハイデガーの思想はナチス加担の失敗ののち、何も変化しなかったというわけではない。彼は一九三〇年代後半になると、近代的学問や近代技術の本質についての洞察を深めていき、これらが主体による存在者の対象化の展開形態であり、またそうした対象化が「力」の増進を唯一の目標とする近代国家の要請であることを認識するに至った。このような主体性の形而上学をめぐる思索それ自身が、おのれの学長職を挫折させた原因の追求という側面をつねにもっている。つまり学長職の失敗は、ニヒリズムの本質に関する認識の深化をもたらすという仕方で、彼の思想に大きな影響を与えたのである。

先ほども述べたように、ハイデガーの超政治はナチスの人種主義に対する批判を内包するものだった。このことからの当然の帰結として、彼は人種主義に基づいたユダヤ人迫害も無意味なものと見なしていた。彼の立場からすると、近代のニヒリズムは西洋形而上学に由来するものであり、したがってユダヤ人の排斥によって解決する問題ではないことは明らかだった。

もっともユダヤ教の創造説がキリスト教を介して、主体性の本質としての作為性のひとつの起源となった限りにおいて、西洋形而上学がユダヤ的なものであることをハイデガーは認めている。それゆえナチスが作為性によって規定され、またこれを極限まで推進した勢力だとすれば、ナチス自身がユダヤ的なものと見なしうることになる。それゆえハイデガーのナチズム批判は、ナチスが一九三〇年代終わりにユダヤ人に対する迫害を目立ってエスカレートさせていったとき、ナチスはユダヤ人を迫害しながら、それ自身ユダヤ的なものに規定されていることを揶揄するという形で表現される。一般にはハイデガーの反ユダヤ主義的姿勢を示すものとして非難されている「黒ノート」のユダヤ的なものに対する言及は、基本的にはすべて今見たようなナチズム批判の文脈に位置づけられるものである。

以上の議論に対して、それらはハイデガーの「公式見解」を鵜呑みにしているだけで、批判的態度に欠けると非難する向きもあるかもしれない。しかし既存のハイデガー・ナチズム論の目指していることが、ハイデガーの思想とナチス加担の関係を解明することだとすれば、この両者の関係を認めて、それについて詳しく説明している彼自身の証言をわざわざ無視する理由はないだろう。彼の釈明の信憑性を疑うにせよ、またナチス加担を動機づけていた彼の思想に賛同しないにせよ、まずは彼が自分のナチス加担について何を語っているかを把握することがハイデガーとナチズムの関係を論じるうえでの大前提となるはずだ。

しかし従来のハイデガー・ナチズム論は本書でこれまで見てきたこと、すなわち彼が学長時代に提示した学問論や労働論をまったく捉えることができておらず、しかもそれらを主題化する必要性さえ認めていない。また一九三〇年代後半にナチズムとの対決が主体性の形而上学に対する批判として展開され、それがナチズムの全体主義的性格を主体性の本質に他ならない「力」の全面的な発動の帰結として捉えるに至っていることも完全に見落としている。

このようにナチズムに対するハイデガー固有のスタンスを取り逃がしてしまうことにより、多くの論者は彼の立場を同時代の保守革命思想の一変種と見なすことしかできなくなる。彼の思想のうちに保守革命的な「決断主義」を読み込んで、決断主義は本質上、一切の倫理的規範を度外視する性格をもつためにハイデガーはナチスに加担してしまったのだといった内容空疎な議論が真顔で主張されたりする。しかしこのように決断主義の「倫理的真空」を説き、決断主義において何に決断するかは任意であると認めてしまえば、ハイデガーがとりたててナチズムを選び取った理由も明らかでなくなってしまう[2]。学長就任演説「ドイツ大学の自己主張」に示された学問論や同時代の労働論を見てもわかるように、倫理的真空とはまったく逆に、むしろある種の「哲学的過剰」がナチズムのうちに積極的な可能性を読み込むことを可能にし、それへの加担を動機づけていたのである。

存在の問い固有の政治性はなぜ見落とされるのか？

ハイデガーのナチス加担の思想的動機を明らかにしようとしているはずの論者が、その点についての彼自身の明解な説明をことごとく無視するのはなぜだろうか。ナチス加担の動機は彼の存在の思索がもつ政治的含意に由来するので、それを解明するためには存在の思索そのものを理解する必要がある。逆にハイデガーが存在ということで何を問題にしていたのかがわからないとき、彼のナチス加担を動機づけていた彼固有の政治的立場も捉えることができない。このように存在の思索の政治的含意を見て取れないとき、論者に残された可能性はハイデガーの立場を自由主義／全体主義、ないしは民主主義／全体主義という、今日の政治理解を規定する二項対立のうちで位置づけることだけである。彼らにしてみれば、自由主義、民主主義に反対するものは全体主義でしかないし、ハイデガーは実際にナチスに加担したのだから自由主義者、民主主義者ではありえず、したがって全体主義の信奉者だと見なされるのである。

しかしここで注意しなければならないのは、ハイデガーは自由主義、民主主義に批判的だったのはもちろんだが、一九三〇年代終わりのコミュニズム論にも示されているように、自由主義に対する対抗運動として現れた全体主義も明確に批判している。またその全体主義は必ずしも民主主義と矛盾するわけではなく、むしろそれなりに民衆に権力が分与されていることを標榜する点を指摘してもいた。つまりハイデガーは自由主義、民主主義と全体主義の対立構図に基づいた政治理解のあり方そのものを問題視している。まさに存在の問いによってあらわにされる「政治的なもの」の新たな次元は、そのような二項対立を超えたところに求められるのである。

ハイデガーはこうした点について、戦時中に書かれた「黒ノート」の覚書（「注記Ⅰ」所収）では次のように述べている。

しかしわれわれは次のこともわきまえなければならない。「民主主義」との対決とその反対者、ファシズムとの対決は決して本質的な対決ではない。なぜならば、その対決は政治的なもののうちにとどまりつつ、形而上学とその本質的な支配こそが決着を求められていることを見落としているからである。そこで政治的な権力形態として押し寄せてくるものは、われわれ自身の近代西洋的な本質である。すなわち人間性、国民性、獣性は主体性の展開の本質的段階であり（……）、この展開は意志への意志の残虐性として完成される。（GA97, 44f.）

まさにここでは、民主主義を否定しファシズムを賛美するにしても、逆にファシズムを批判し民主主義を擁護するにしても、どちらも通常の政治理解の枠内にとどまるものでしかなく、形而上学との対決という真の問題次元には到達できていないことが指摘されている。その次に言及されている「人間性、国民性、獣性」は、一九世紀オーストリアの劇作家フランツ・グリルパルツァー（一七九一―一八七二）の「人間性から国民性を経て獣性へ」という言葉が念頭に置かれている。これはもともとナショナリズムが人間性を喪失し野蛮さに堕したことを批判した警句だが、ハイデガーはそれを主体性の本質的な発展段階として読み替え、そこにさらに「意志への意志の残虐性」という段階を付け加えている。まさにこのような近代の歴史の本質的な過程は、政治を民主主義とファシズムの選択の問題として捉えるとき、まったく見落とされてしまうと言うのである。

こうした形而上学との対決というハイデガー固有の問題次元を捉えられない論者は、あくまで彼の立場を自由主義、民主主義／全体主義の二項対立の枠組みで理解しようとし、それを全体主義の側に位置づけるのである。そのことによって、彼がナチズムを批判している言明は過小評価され、ひどいときにはナチズム賛美と曲解されることになる。またハイデガーが当初はナチスのシンパであったが、のちにそこから離反したことを認める場合も、彼が全体主義から自由主義、民主主義に宗旨替えしたと見なすことはどうしてもできない。そこで彼が存在の思索という、秘教的でまったく非政治的な立場に転向したと捉えることになる。これがいかに誤った見方であるか、つまり彼の存在の思索が徹頭徹尾、政治的だったことは本書のこれまでの内容からすでに明らかだろう。

しかしとにかく、一般的にはハイデガーの後期の思索はまったく非政治的なものだと見なされている。ただしハイデガーはナチスから離反した後も、さらにナチスが崩壊してからも、自由主義や民主主義には公然と批判的であるから、右の二項対立に従えば、やはり潜在的には全体主義に親和的だという疑いをもって見られることになる。こうして戦後になっても、自由主義や民主主義に対して帰依を表明しないハイデガーの姿勢がナチス加担に対する反省の欠如として受け止められ、彼に対する非難が今日に至るまで、繰り返し延々と続けられることになるのである。

自由主義批判の陥穽

今も見たように、これまでのハイデガー・ナチズム論の混乱と不毛は、ハイデガーの存在の思索の政治的含意を完全に見落としていること、またこれと軌を一にして、ハイデガーの政治的立場を自由主義、民主主義／全体主義という二項対立のうちに位置づけていることに由来する。しかしまさにハイデガー自身が、この二項対立に基づいた政治的思惟を主体性の形而上学の帰結としてつねに一貫して批判している。彼はナチズムに対する批判においても、自由主義に対して単に全体性や公共性といったものを対置するだけでは自由主義の真の克服にはなりえない点を強調していたのである。例えば学長辞任直後の講義『論理学』で、彼は自由主義が人間を主体性として解釈することに由来することを指摘したうえで、ナチズムが自由主義に対する批判としていかに中途半端であるかを次のように述べている。

自由主義との闘いは、存在と知全体の真の変革のかわりに、使い古された決まり文句のうちを動いているだけである。それゆえひとがもっとも大声で叫んでいるところでこそ、もっとも甚だしい退行が起こっていることも異とするに足りない。われわれの日常的思考様式は、

自由主義の克服されざる基礎のうちにまだ徹頭徹尾はまりこんだままである。（GA38, 149）

ここではナチスがいかに自由主義を批判しようと、それは結局、自由主義と同じ形而上学によって規定されたままであることが揶揄されている。そもそもハイデガーのナチス加担そのものが、ナチズムのうちに潜むこのような「退行」の危険を見越して行われていたのだった。彼は「存在と知の真の変革」により、自由主義に対する素朴な批判が必然的に陥る退行を妨げようとしたのである。

したがってナチズムがこのような自由主義との真の対決を遂行できないことが明らかになったとき、ハイデガーはその反動性を厳しく非難することになる。全体性への献身は個人の見地からは自己犠牲を要求するものであり、一般的にはこのことが悪しき個人主義の克服と捉えられる。しかしこのとき主体性の担い手は個人から集団へと移行しているにすぎず、主体性の形而上学は克服されていないのである。ハイデガーはこのことを一九三八年の講演「世界像の時代」（ハイデガー全集第五巻『杣径』所収）の注では次のように述べている。

主体的エゴイズムにとっては、たいていの場合そうと知ることなく、私（das Ich）があらかじめ主体として規定されているが、そうした主体的エゴイズムは私的なものをわれわれ（das Wir）へと組み込むことによって克服されうる。このことによって主体性はただ力を増すだけである。技術的に組織された人間による惑星規模での帝国主義において、人間の主体主義はその頂点に達するが、ここから主体主義は組織された均質性の平面に居を構え、そこで自分の調度を整えていくことであろう。この均質性は大地に対する完全な支配、すなわち技術的な支配のもっとも確実な道具となる。(GA5, 111)

われわれは主体的エゴイズムを問題視するとき、「私」に対して「われわれ」、すなわち民族全体を優先するという仕方でそれを克服しようとする。これによりたしかに個人的主体の我意、恣意性は抑制されうるが、このとき主体性の担い手が集団に移行しているにすぎないのである。つまりこのように民族全体のために個人の自由を制限するといったような考え方は、ハイデガーが『哲学への寄与論稿』で述べていることによると、「『自由主義的な』『私』‐思想と『生』の維持という経済的な表象を『民族主義的に(völkisch)』拡張したものでしかない」(GA65, 319)。(ちなみにここで「民族主義的に」と訳した〝völkisch〟は典型的なナチスの用語なので、ここでもナチズムが皮肉の対象となっていることは明らかである。)

しかもこのとき、人々は自由主義的な私という「悪」を克服したと信じており、すなわちおのれの道徳的正当性を確信しているので、今や民族全体が担うものとなった主体性――実はこの主体性こそ「悪質なもの」として真に悪なのだが――は一切の道徳的制約を免れ、絶対化されてしまう。こうして人びとはこの民族的主体に何の疑いも抱くことなく積極的に参与し、つまり人々はそこにおいて均質化され、「技術的に組織された人間による惑星規模での帝国主義」が完成されるのである。

以上の議論には、人々がなぜ自由主義に対する対抗運動に惹きつけられ、しかもそれが容易に暴力に転化していくのかが示されている。自由主義批判は民族や国家といった「公的なもの」のための自己犠牲を唱えることにより、最高度の道徳性の装いを備えている。他方でそれは民族的主体を全面肯定し、絶対化するものであるため、そこでは主体性の「悪質なもの」という本質が一切の制約を受けることなく解き放たれてしまうのである。

ハイデガーは一九三〇年代後半になると、このような主体性の絶対化によってもたらされる政治体制をコミュニズムとして主題化しているが、そこでは事実上、今日われわれが否定的な意味でナショナリズムや全体主義と呼んでいる現象が問題にされている。主体性の形而上学をめぐる省察として展開されている彼の近代国家批判は、全体主義との哲学的対決と見なしうるし、それは実際、ナチズムとの対決でもあった。既存のハイデガー・ナチズム論はハイデガーのナチス加担から、彼の思索がナチズムと親和的だという結論を導くことを常とするが、そのことによって今述べたようなハイデガーのナチズム、ひいては全体主義に対する根本的な批判は完全に度外視されてしまうことになる。

没政治的ハイデガー解釈の限界

ハイデガー・ナチズム論、さらには既存のハイデガー研究全般が、存在の思索の政治的含意をまったく捉えることができていないため、それらの研究による存在の思索そのものについての理解も必然的に没政治的なものにとどまることになる。『存在と時間』では、存在の問いはなお既存の哲学用語に依拠する形で表現されているため、読者がそこから何らかの伝統的な哲学的主題との連関を見つけることは比較的容易である（実際のところ、このとき存在の問いの固有性はすでに見失われてしまっているのだが）。しかし、やがてハイデガーが存在の思索の固有性にふさわしい独自の言語表現を用いるようになったとき、それまでのように既存の哲学的問題と結びつけて理解することが不可能になり、多くの読者や研究者は途方に暮れてしまう。当惑した彼らは、ハイデガーの後期の思索が空虚でわけがわからないという苦情を申し立てるのである。

しかし本書でも確認したように、彼は後期の思索においても同時代の政治的状況との明確な対決を遂行しており、空虚であるとか神秘主義的であるとかいったようなありきたりのハイデガー像とはまったくかけ離れた姿を示している。つまり研究者はハイデガーの存在の思索から勝手にその政治的含意を取り除いた上で、その抜け殻に対して中身がないとこぼす独り相撲を演じているだけなのだ。

このような研究者が、それでもハイデガーの政治問題に対して何らかの態度を示さねばならなくなったとき、彼らはあらかじめ政治的含意を抜き取られたハイデガーの存在の問いからあらためて彼のナチス加担の思想的根拠を探し出そうとしたり、あるいはそれに基づいて彼の政治哲学なるものの再構築を試みたりする。ところがここでは、ハイデガーが「政治的なもの」についてあれだけ明確に論じているにもかかわらず、そうしたものは端から無視されている。そうである以上、彼らの試みがうまくいくはずはないし、それゆえ論者も実際、「空虚な決断主義」や「革命の思索」以上のものを見出すことはできないのである。

例えば多くの論者が『存在と時間』第二篇第五章「時間性と歴史性」に見られる共同体、民族の生起としての「共同運命（Geschick）」についての議論のうちに、ナチス加担の哲学的根拠を見て取っている。[3] ハイデガーがナチス加担の哲学的背景について、加担している最中やそれ以後にも繰り返し明確に語っているにもかかわらず、それにはまったく触れずに、わざわざその数年前に刊行された『存在と時間』だけに依拠して議論を展開するのである。

もちろん『存在と時間』の当該箇所も、それはそれで存在の問いの政治的含意を示しており、その一節をナチス加担と結びつけることは誤りではない。しかしここだけを取り上げて、そのあとの時代の「政治的なもの」に対するより直接的な言及を無視するのは、そうすれば後期の著作を読む手間を省くことができるという以外にいかなる理由があるのか不明である。

いずれにしても、ハイデガー自身の説明をほとんど無視する形で構築されたナチス加担の思想的動機なるものは、必然的に恣意的で説得力の乏しいものにならざるをえない。自分自身でも説明がうまくいっていないことにうすうす気づいている論者は、この責任をハイデガーに押し付けて、彼がまだ何か大切なことを隠蔽しているのではないかと勘ぐりだすのである。ハイデガーのナチス加担問題を扱う論者に共通して見られる、彼の隠蔽に抗って事実を暴かねばならないといった真相追及の姿勢もここに由来する。しかし問題はハイデガーの側にあるのではなく、むしろ存在の問いの昔ながらの非政治的な読解に囚われ、その問いにはらまれた政治性をことごとく見落としてしまう論者の側にある。

このように存在の思索からその政治的含意を抜き去ってしまうと、そこにはたしかに無意味なたわごとしか見出せないだろう。とはいえ『存在と時間』であれば、そうした非政治的な読解でも、既存の哲学的な問題設定との関連が捉えやすい分、そこからそれぞれなりの仕方で有意義なものを読み取ることはまだ可能である。『存在と時間』は高く評価する一方で、後期の思想は評価しないという研究者が多いのはこうした点に起因する。

ただこのように『存在と時間』を高く評価するとしても、そこから倫理的、政治的に意味ある内容を見出すことはいずれにせよ難しい[4]。このとき人々はハンナ・アーレントの政治哲学やエマニュエル・レヴィナスの他者の倫理学に飛びついて、それをハイデガー哲学に欠落した実践哲学的な側面を補うものとして高く評価するのである。そして「黒ノート」のユダヤ的なものをめぐる覚書に示された（と一般には見なされている）反ユダヤ主義は、ハイデガーの思索の倫理的破綻をさらに強く印象づける一方で、アーレントやレヴィナスの哲学の優位性を一層、際立たせることになった。

これまでのこうした非政治的なハイデガー受容に対して、私は本書で、ハイデガーの存在の問いがいかなる政治的含意をもつか、またそれが政治的なものの思索としてどのような今日的意義をもつかを明らかにしようと試みた。彼は存在の思索において、現代政治の形而上学的基盤をあらわにするとともに、政治的なものに関するこれまでとは「別の思索」を提示しようとしていたのである。存在の問いにはらまれた、こうした独自の政治性を強調して、彼は学長時代に自身の哲学を超政治と呼んだのだった。

ハイデガーは学長辞任後の一九三四／三五年冬学期の講義をヘルダーリンの書簡（一八〇一年一二月四日付け、ベーレンドルフ宛て）から次の言葉を引用して締めくくっている。

国民固有のもの（das Nationelle）の自由な使用を学ぶことほど難しいことはない。[5]

すでに彼のナチス加担が「国民固有のもの」の正しい解釈によってナチズムを導こうとする試みだった。彼は学長職の挫折によって、まさにこの「国民固有なもの」の自由な使用を学ぶことがいかに困難であるかを痛感したに違いない。そうした意味で、この言葉はハイデガー自身のナチス関与の総括と見なすことができるだろう。

そしてこの難しさは今日のわれわれにとっても無縁なものではない。この困難に無関心でいる者こそ、そのことによってかえって悪しき「国民固有なもの」に陥らざるをえないこともこの難しさのうちに含まれている。そうだとすれば、われわれは今なお、そして今こそ、この「国民固有なもの」をめぐる思索として、ハイデガーの存在の問いを真摯に受け止める必要があるだろう。

結論の注

1――基本的にはハイデガーに同情的な立場を取るシルヴィオ・ヴィエッタやホルガー・ザボロースキーもハイデガーの学長期の言説のうちに、それ以後には見られないような「力への意志」の形而上学やある種の政治的急進化を見て取っている。シルヴィオ・ヴィエッタ『ハイデガー：ナチズム／技術』、二五～二七頁。**Holger Zaborowski**, *Eine Frage von Irre und Schuld? Martin Heidegger und der Nationalsozialismus*, **S. 351ff.** 彼らがそのような誤った解釈を取るのは、学長就任演説「ドイツ大学の自己主張」に示されているようなハイデガーの学問の本質をめぐる言説を、その具体的内容において捉えられず、そのために「意志」や「決断」に関係する言葉の多用という表面的な事実から与えられる印象だけに依拠して議論を進めていることに由来する。つまり彼らのハイデガー擁護論に欠けているのは、存在の問いの根本的な理解であり、それゆえ彼らはハイデガーのナチス加担を動機づけている彼の根本的な哲学的‐政治的立場も正確に捉えることができないのである。

2――ウォーリンは決断主義の「倫理的真空」について次のように述べている。「決断主義のこうした『倫理的真空』の帰結は、近代的な生活世界に対するハイデガーの保守革命的な低評価の偏見的な性格と結びついて、一九三三年におけるハイデガーの不名誉な人生上の選択の背後に潜む、否定しがたい理論的一貫性を示している。決断主義は『道徳的慣習』の拒否において（……）伝来の倫理的パラダイム全体に対しては明瞭に無政府的にふるまう。このため『存在と時間』における暗黙の政治理論（……）はファシズムの魅力に対する倫理政治的な砦になるような根本的な『自由主義的確信』を欠いたままである」（ウォーリン『存在の政治――マルティン・ハイデガーの政治思想』、一一四頁以下）。このようにハイデガーの哲学を決断主義と特徴づける解釈は非常に古典的なもので、ハイデガーの弟子だったカール・レーヴィット（一八九七‐一九七三）

がすでに、ハイデガーの哲学を「なにに向けてかが確定していないただの決意性」と特徴づけ、それを後年のナチス加担の根拠とする見解を示している（『ナチズムと私の生活――仙台からの告発』秋間実訳、法政大学出版局、一九九〇年、四八頁以下）。

3――一応、該当箇所を引用しておく。「しかし運命にしたがった現存在は世界-内-存在として、本質的に他者との共存在において実存しているのであるから、現存在の生起は共生起であり、共同運命として規定される。われわれはそれでもって共同体、民族の生起を名指している。共同運命は個別的な運命から合成されず、そのことは共同存在が多数の主体が一緒に出来することとして理解されえないのと同じである。同じ世界における共同存在と、特定の可能性に対する決意性において、複数の運命はあらかじめすでに導かれている。伝達と闘いにおいて、共同運命の力がはじめて解放される。現存在の運命的な共同運命は自分の『世代』において、またそれとともに現存在の完全な本来的生起を構成する」（SZ, 384）。

4――例えばジョージ・スタイナーはハイデガーについての一般向けの解説書で次のように述べている。「ハイデガーの思索は、認識論的・現象学的・美学的洞察に満ちている。それは、アリストテレスやスコラの論理学とレトリックのある種の側面の再評価をもたらしている。それは自分で宣言しているように、存在論や実存の事実性についてわれわれが有するもっとも包括的な議論である。しかし、それはいかなる倫理学も含まないし、そうした含意もない」（ジョージ・スタイナー『ハイデガー』生松敬三訳、岩波同時代ライブラリー、一九九二年、四〇頁）。スタイナーはハイデガーのナチス加担も彼の哲学のこうした没倫理性に由来するものと見なしている（同書、四一頁）。

5――Friedrich Hölderlin, *Sämtliche Werke*, Band 6: *Briefe*, Stuttgart, 1959, S. 456.

あとがき

ハイデガーの存在の問いの政治的含意について意識するようになったのはいつ頃のことだっただろうか。私が哲学の勉強をはじめた一九八〇年代末は、ちょうどハイデガー・ナチズム問題が欧米でいろいろと騒がれた時代であった。その頃はようやく『存在と時間』を読み始めた程度でしかなかったので、この件については自分なりの見解を抱きようもなかった。ただ当時、私が興味をもっていたフランス現代思想の論者がこの問題を取り上げていたので、そのときにこの主題の重要性が何となく印象に残ったということはあるかもしれない。

まだ大学院生だった私がハイデガー全集を片端から読み漁っていた一九九〇年代後半は、ハイデガー哲学の政治性が前面に押し出されている一九三〇年代後半の覚書集がいろいろ刊行された時期でもあった。だいたいこの頃に、存在の問いの政治性が私のうちで徐々に、明確な像を結びだしたと言ってよいだろう。たいていのハイデガー研究者は同時期に刊行されつつあった初期の講義録を好んで取り上げていたが、私はそちらにはあまり関心が向かず、むしろ「政治的な」覚書の方を熱心に読んでいた。

本書の内容のもとになったハイデガーの悪の概念や労働論、技術論などについての論文を発表しはじめたのが、だいたい二〇〇〇年前後である。また二〇〇三年頃には、学長就任演説をはじめとするハイデガーの政治問題に関する重要な資料を含むハイデガー全集第一六巻『演説と生涯のその他の証』の翻訳を依頼された。この仕事はその後、断続的に作業を進めつつも、まことに申しわけないことに、十数年が過ぎた今もまだ刊行できていない。そのうちに日本語版全集の刊行が創文社から東京大学出版会へと移管されることになってしまった。それはともかく、本書の執筆にあたっては、この翻訳作業をとおしてハイデガーの学長期の言説や非ナチ化をめぐる文書に親しんでいたことが大いに役立ったことも事実である。

二〇〇七年に刊行したはじめての単著『存在と共同――ハイデガー哲学の構造と展開』（法政大学出版局）も、存在の問いが共同体の基礎づけという意義をもつことを強調したものだった。それ以後、ハイデガーの技術論、またそれと密接に結びついた近代国家批判、学長就任演説「ドイツ大学の自己主張」などについての論考を折に触れて発表してきた。

二〇一四年からは、存在の問いの政治的含意がもっともあからさまに示されている「黒ノート」が刊行されはじめ、ハイデガー哲学の政治性の解明にとって重要な資料はほぼ出そろったと言える状況になった。本書でも取り上げたように、そこに含まれたいくつかの覚書は反ユダヤ主義の嫌疑を受けて激しい非難を浴びている。私自身はすでに以前から、存在の問いがユダヤ－キリスト教との対決をひとつの動機としていることは認識していたので、「黒ノート」のユダヤ性をめぐる覚書に意外な感じはしなかった。まさにそのような立場から、この問題について私なりの解釈を示す論文を日本語やドイツ語で発表した。

二〇一七年に『ハイデガー『存在と時間』入門』(講談社現代新書)を上梓したときに、自分なりにハイデガーの存在の問いが何を意味するかについて、一応の見通しがついたという感じがした。しかし同書では、存在の問いの政治的含意についての議論は表に出さなかった。そこで今度は、右で述べたような既発表の諸論考をまとめる形で、存在の問いの政治性を前面に打ち出しつつ、ハイデガー・ナチズム問題に明快な見通しを与え、しかも同時に『存在と時間』以降のハイデガーの思索の歩みも概観できるような書物の刊行を構想するようになった。

このような書物の企画を漠然と考えていた頃、ちょうど『ギリシア哲学30講 人類の原初の思索から(上)――「存在の故郷」を求めて』(明石書店、二〇一八年)を上梓されたばかりだった立命館大学名誉教授の日下部吉信先生に、同書の担当編集者の柴村登治さんを紹介していただいた。柴村さんと面会し、自著の構想のことをお話ししたところ、出版企画として取り上げていただくことになった。これが二〇一九年一月のことである。

その後、二〇一九年四月より、もともと予定されていた一年間の研究滞在のためドイツ・ミュンヘンに居を移した。当地では毎日、バイエルン州立図書館に通って、執筆作業を進めた。最初は大学生や大学入学資格試験を受ける高校生に混じって勉強していた。程なくして人文系の研究者向けの研究スペースがあることを知ったので、それ以来、そこで毎日仕事をするようになった。図書館は日曜日も開館されており、祝日のみ閉館になる。朝、図書館に行って閉館になっていることから、その日が祝日であることを知ったことが何回かあった。そうした祝日と旅行でミュンヘンを離れた数日以外は、ほぼ皆勤である。本書の執筆を進めるには実に理想的な環境であった。

すでにドイツ渡航前に、これまでの論文をつなぎ合わせた大ざっぱな下書きは作成していたので、最初は原稿の手直し程度で済むかと考えていた。しかしこちらでハイデガーの学長時代の大学の状況を調べるために、ナチス時代の大学の歴史に関する書物を何冊か参照しているうちに、学長時代から戦後の非ナチ化にかけてハイデガーを取り巻いていた状況について、これまでよりはるかに具体的なイメージが得られ、本書の内容をかなり肉付けすることができた。それらの書物は日本でも手に入るものではあるが、自分の勤務校だと他の大学図書館から借りなければならないものも多く、入手には時間がかかっただろう。バイエルン州立図書館の書物は基本的に閉架式で、オンラインで希望の図書を予約すると少し時間を置いて所定の場所に取り置かれる形になる。いろいろな書物を芋づる式に参照できたので、やはりここでなければここまで研究ははかどらなかっただろう。私のこれまでの研究はほとんどハイデガー全集の読解に依拠したものだった。しかし本書はハイデガー・ナチズム問題を取り上げる以上、やはりある程度は歴史的事実に踏み込まなければならないので、研究が他の資料に依存する比重がどうしても高くなる。その意味で当地の図書館を利用できたことは大変、時宜に適ったことであった。

ドイツではこの書物の執筆作業だけをしていたわけではないが、とにかくこちらに来て数か月が過ぎ、一〇月下旬の落ち葉の季節になってようやく完成のめどがついた。最初はできる限り、簡潔に短く書こうと考えていたが、こちらで調べたことをあれやこれやと盛り込んだり、柴村さんの要望に応えて、議論をかみくだいたり、補足説明を加えているうちに、あっという間に分量が数万字、増えてしまった。最終的にはどちらかと言うと、ハイデガー哲学の政治性に関する重要なトピックをすべて網羅する形になった。

本書の刊行に当たっては、明石書店をご紹介いただいた日下部先生にまずは心より感謝したい。日下部先生は日本のギリシア哲学研究者としては例外的にハイデガーを高く評価されており、存在の問いの政治性をめぐる私の研究にも早くから理解を示してくださった方である。

またハイデガーについて資料的根拠に基づいた偏りない情報を伝えたいという筆者の願いを共有し、熱意をもって拙著の編集を担当していただいた柴村さんにも心より感謝申し上げたい。原稿を精読し、読者の視点に立った多くの貴重な助言をいただいた。文章を書くのは根本的に面倒なところがあり、本来説明が必要なことを無意識に省いてしまいがちとなるが、そうした点を丹念に指摘していただいたことはありがたかった。校正段階での大幅な加筆、修正にも我慢強く付き合っていただいた。本書の内容が少しでも充実し、読みやすくなっているとすれば、柴村さんのおかげである。

先ほども述べたように、この書物の執筆はドイツでの研究滞在によって与えられた十分な研究時間と研究環境によって大いに促進された。こうした在外研究を許可していただいた私の勤務校である防衛大学校には心よりお礼申し上げたい。また私を客員研究員として受け入れて、このような充実した環境で研究する機会を与えてくださったミュンヘン大学のトマス・ブフハイム教授にも心より感謝したい。

なおブフハイム教授は日独文化研究所所長の大橋良介先生にご紹介いただいた。大橋先生も私のハイデガー哲学の政治性に関する研究にもっとも早い時期から関心を示してくださり、その成果の発表機会を多数、与えてくださった。これまでの私の研究に対する先生の多大なご支援に心からの感謝を表明したい。

ドイツに来て痛感するのは、当地におけるハイデガーに対する冷淡とも言えるほどの関心の低さである。今やハイデガー研究は日本の方がよほど盛んであるし、私が出したような『存在と時間』の入門書が一般読者に広く受け入れられるといったような状況はこちらでは考えられない。ただでさえ存在の思索が哲学的に何か意味のあることを言っているのだろうかという疑念がぬぐえなかったところに、反ユダヤ主義の疑惑が出てきて、この問題が体よくハイデガーを厄介払いするための格好の口実にされてしまったかのようである。

とにかく、今のドイツでは、ハイデガーがそのテクストで実際に何を述べているのかを示そうとするだけで、倫理的、政治的に不適切な行為と見なされてしまう。本書のような内容は、もとよりそうしたドイツの言説空間において歓迎されるといったものではないが、今後こちらでも何らかの形で世に問うことができればと考えている。

二〇一九年一二月二七日　ミュンヘンにて　　轟　孝夫

参考文献

一．ハイデガーの著作の邦訳（本書で言及したもの、全集版の翻訳については凡例を参照）

『存在と時間』高田珠樹訳、作品社、二〇一三年（『存在と時間』の邦訳はこれ以外に多数あり）。

「ドイツ的大学の自己主張」、エトムント・フッサール、マルティン・ハイデッガー、マックス・ホルクハイマー『30年代の危機と哲学』清水多吉、手川誠士郎編訳、平凡社ライブラリー、一九九九年所収。

『形而上学入門』川原栄峰訳、平凡社ライブラリー、一九九四年（これには「シュピーゲル・インタビュー」も収録されている）。

『シェリング講義』木田元、迫田健一訳、新書館、一九九九年。

『ニーチェⅠ　美と永遠回帰』細谷貞雄、杉田泰一、輪田稔訳、平凡社ライブラリー、一九九七年。

『ニーチェⅡ　ヨーロッパのニヒリズム』細谷貞雄、加藤登之男、船橋弘訳、平凡社ライブラリー、一九九七年。

『ヒューマニズムについて――パリのジャン・ボーフレに宛てた書簡』渡邊二郎訳、ちくま学芸文庫、一九九七年。

『技術への問い』関口浩訳、平凡社ライブラリー、二〇一三年。

『技術とは何だろうか』森一郎訳、講談社学術文庫、二〇一九年。

『根據律』辻村公一、ハルトムート・ブフナー訳、創文社、一九六二年。

『ハイデッガー選集15　放下』辻村公一訳、理想社、一九六三年。

ヴァルター・ビーメル、ハンス・ザーナー編『ハイデガー・ヤスパース往復書簡　一九二〇－一九六三』渡邊二郎訳、名古屋大学出版会、一九九四年。

二　その他の参考文献

アンダーソン、ベネディクト『定本　想像の共同体――ナショナリズムの起源と流行』白石隆、白石さや訳、書籍工房早山、二〇〇七年。

アーレント、ハンナ『イェルサレムのアイヒマン』大久保和郎訳、みすず書房、一九九五年。

――『全体主義の起源　1〜3』大久保和郎、大島通義、大島かおり訳、みすず書房、二〇一七年。

Bach, Hermann, Körperliche Wiederaufrüstung: Die Einführung des Pflichtsports für Studenten, in: Eckhard John, Bernd Martin, Marc Mück und Hugo Ott (Hrsg.), *Die Freiburger Universität in der Zeit des Nationalsozialismus*, 1991.

Dahms, Hans-Joachim, Aufstieg und Ende der Lebensphilosophie: Das philosophische Seminar der Universität Göttingen zwischen 1917 und 1950, in: Heinrich Becker, Hans-Joachim Dahms und. Cornelia Wegler (Hrsg.), *Die Universität Göttingen unter dem Nationalsozialismus*, München, 1998.

Denker, Alfred/Holger Zaborowski (Hrsg.), *Heidegger und der Nationalsozialismus, Heidegger-Jahrbuch* 4, Freiburg/München, 2009.

デリダ、ジャック『精神について』港道隆訳、人文書院、一九九〇年。

ファリアス、ヴィクトル『ハイデガーとナチズム』山本尤訳、名古屋大学出版会、一九九〇年。

フィーンバーク、アンドリュー「民主的な合理化――技術、権力、自由」直江清隆訳、『思想』九二六号、岩波書店、二〇〇一年。

Grosser, Florian, *Revolution denken. Heidegger und das Politische 1919-1969*, München, 2011.

Grüttner, Michael, *Studenten im Dritten Reich*, Paderborn, 1995.

―― Wissenschaft, in: Wolfgang Benz, Hermann Graml und Hermann Weiß (Hrsg.), *Enzyklopädie des Nationalsozialismus*, München, 2007.

Heidegger, Gertrud (Hrsg.), *»Mein liebes Seelchen!« Briefe Martin Heideggers an seine Frau Elfride 1915-1970*, München, 2005.

Heidegger, Martin, *Gelassenheit,* Pfullingen, 1992.

Heidegger, Martin/Heinrich Wiegand Petzet, *Ausgewählte Briefe Martin Heideggers an Heinrich Wiegand Petzet, Jahresgabe der Martin-Heidegger-Gesellschaft,* Meßkirch, 2003.

Homolka,Walter/Arnulf Heidegger (Hrsg.), *Heidegger und der Antisemitismus. Positionen im Widerstreit,* Freiburg, 2016.

Hölderlin, Friedrich, *Sämtliche Werke,* Band 6: *Briefe*, Stuttgart, 1959.

Ireland, Julia A., Naming Φύσις and the "Inner Truth of National Socialism": A New Archival Discovery, in: *Research in Phenomenology* 44, 2014.

Irlenborn, Bernd, *Der Ingrimm des Aufruhrs. Heidegger und das Problem des Bösen*, Wien, 2000.

Jaspers, Karl, *Philosophische Autobiographie,* Erweiterte Neuausgabe, München, 1977.

John, Eckhard/ Bernd Martin, Marc Mück und Hugo Ott (Hrsg.), *Die Freiburger Universität in der Zeit des Nationalsozialismus,* Freiburg/Würzburg, 1991.

ユンガー、エルンスト『労働者』川合全弘訳、月曜社、二〇一三年。

Kaesler, Dirk, Die Zeit der Außenseiter in der deutschen Soziologie, in: Karl-Ludwig Ay, Knut Borchardt (Hrsg.), *Das Faszinosum Max Weber. Die Geschichte seiner Geltung,* Konstanz, 2006.

河上徹太郎、竹内好他『近代の超克』冨山房百科文庫、一九七九年。

小林正嗣『マルティン・ハイデガーの哲学と政治――民族における存在の現れ』風行社、二〇一一年。

高坂正顕、西谷啓治、鈴木成高、高山岩男『世界史的立場と日本』中央公論社、一九四三年。

ラクー＝ラバルト、フィリップ『政治という虚構――ハイデガー、芸術そして政治』浅利誠、大谷尚文訳、藤原書店、一九九二年。

レヴィナス、エマニュエル『困難な自由』内田樹訳、国文社、二〇〇八年。

レーヴィット、カール『ナチズムと私の生活――仙台からの告発』秋間実訳、法政大学出版局、一九九〇年。

リオタール、ジャン＝フランソワ『ハイデガーと「ユダヤ人」』本間邦雄訳、藤原書店、一九九二年。

Martin, Bernd, Universität im Umbruch: Das Rektorat Heidegger 1933/34, in: Eckhard John, Bernd Martin, Marc Mück und Hugo Ott（Hrsg.）, *Die Freiburger Universität in der Zeit des Nationalsozialismus*, 1991.

――, Die Entlassung der jüdischen Lehrkräfte an der Freiburger Universität und die Bemühungen um ihre Wiedereingliederung nach 1945, in: *Schicksale. Jüdische Gelehrte an der Universität Freiburg in der NS-Zeit. Freiburger Universitätsblätter* 34, Heft 129, Freiburg, 1995.

村田純一「技術哲学の展望」、『思想』九二六号、二〇〇一年。

中田光雄『政治と哲学――ハイデガー・ナチズム論争史の一決算』（上下二巻）岩波書店、二〇〇二年。

――『哲学とナショナリズム――ハイデガー結審』水声社、二〇一四年。

奥谷浩一『ハイデガーの弁明――ハイデガー・ナチズム研究序説』梓出版社、二〇〇九年。

小野紀明『ハイデガーの政治哲学』岩波書店、二〇一〇年。

オット、フーゴ『マルティン・ハイデガー――伝記への途上で』北川東子、藤澤賢一郎、忽那敬三訳、未来社、一九九五年。

Ott, Hugo, Schuldig–mitschuldig–unschuldig? Politische Säuberungen und Neubeginn 1945, in: Eckhard John, Bernd Martin, Marc Mück und Hugo Ott（Hrsg.）, *Die Freiburger Universität in der Zeit des Nationalsozialismus*, 1991.

Petzet, Heinrich Wiegand, *Auf einen Stern Zugehen*, Frankfurt am Main, 1983.

プラトン『プラトン全集11　クレイトポン　国家』藤沢令夫訳、岩波書店、二〇〇五年。

ロックモア、トム『ハイデガー哲学とナチズム』奥谷浩一、小野滋男、鈴木恒夫、横田栄一訳、北海道大学図書刊行会、一九九九年。

ザフランスキー、リュディガー『ハイデガー――ドイツの生んだ巨匠とその時代』山本尤訳、法政大学出版局、二〇〇七年。

Schnabel, Thomas, Die Universität Freiburg im Krieg, in: Eckhard John, Bernd Martin, Marc Mück und Hugo Ott (Hrsg.), *Die Freiburger Universität in der Zeit des Nationalsozialismus*, 1991.

シュネーベルガー、グイード『ハイデガー拾遺――その生と思想のドキュメント』山本尤訳、未知谷、二〇〇一年。

スタイナー、ジョージ『ハイデガー』生松敬三訳、岩波同時代ライブラリー、一九九二年。

田村栄子『若き教養市民層とナチズム』名古屋大学出版会、二〇〇二年。

田邊元「危機の哲學か哲學の危機か」、『田邊元全集　第八巻』筑摩書房、一九六四年。

Thomä, Dieter (Hrsg.), *Heidegger Handbuch. Leben-Werk-Wirkung*, Stuttgart, 2013.

Tilitzki, Christian, *Die deutsche Universitätsphilosophie in der Weimarer Republik und im Dritten Reich* Teil 2, Berlin, 2002.

Trawny, Peter, *Heidegger und der Mythos der jüdischen Weltverschwörung*, Frankfurt am Main, 2014.

――「ハイデガーと『世界ユダヤ人組織』と近代」陶久明日香訳、ペーター・トラヴニー、中田光雄、齋藤元紀編『ハイデガー哲学は反ユダヤ主義か――「黒ノート」をめぐる討議』水声社、二〇一五年。

ヴィエッタ、シルヴィオ『ハイデガー：ナチズム／技術』谷崎秋彦訳、文化書房博文社、一九九七年。

和辻哲郎『日本倫理思想史』、『和辻哲郎全集　第一二巻』岩波書店、一九七七年。

――「日本の臣道」、『和辻哲郎全集　第一四巻』岩波書店、一九九〇年。

ウォーリン、リチャード『存在の政治――マルティン・ハイデガーの政治思想』小野紀明、堀田新五郎、小田川大典訳、岩波書店、一九九九年。

山之内靖、ヴィクター・コシュマン、成田龍一編『総力戦と現代化』柏書房、一九九五年。

山本尤『ナチズムと大学』中公新書、一九八五年。

Zaborowski, Holger, *Eine Frage von Irre und Schuld? Martin Heidegger und der Nationalsozialismus*, Frankfurt am Main, 2010.

三 本書のもとになった筆者の著作、論文

「ハイデガー『形而上学入門』における〈この運動の内的真理と偉大さ〉という一節の意味について」、実存思想協会編『実存思想論集 16』、二〇〇一年。

「ハイデガーの〈メタ存在論〉構想」、哲学会編『哲学雑誌』第七八八号、二〇〇一年。

「ハイデガーにおける労働の概念について――ナチス加担問題の再検討に向けて」、日本倫理学会編『倫理学年報 第五一集』、二〇〇二年。

「技術と国家――ハイデガー技術論の射程」、加藤尚武編『ハイデガーの技術論』理想社、二〇〇三年。

「戦後の『京都学派』像――あるいは戦後における『哲学』の不在」、大橋良介編『京都学派の思想』人文書院、二〇〇四年。

「『寄与論稿』におけるナチスとの対決」、『創文』四七九号、二〇〇五年。

「風土と歴史――和辻哲郎のハイデガー批判をめぐって」、『防衛大学校紀要（人文科学分冊）』第九一輯、二〇〇五年。

『存在と共同――ハイデガー哲学の構造と展開』法政大学出版局、二〇〇七年。

「国家・主体性・力――ハイデガーの近代国家批判」、『理想』第六八二号、二〇〇九年。

「ハイデガーにおける悪の概念――『戦後』思想の一断面」、『防衛大学校紀要（人文科学分冊）』第一〇六輯、二〇一三年。

「根拠律に対するハイデガーの立場」、ショーペンハウアー協会編『ショーペンハウアー研究』第一八号、二〇一三年。

「ハイデガーの労働論」、実存思想協会編『実存思想論集　28』、二〇一三年。

Staat und Technik bei Heidegger und in der Kyôto-Schule, in: Alfred Denker, Holger Zaborowski（Hrsg.）, *Heidegger und das ostasiatische Denken, Heidegger-Jahrbuch* 7, Freiburg/München, 2013.

「テクノロジーとデモクラシー――ハイデガー技術論の観点から」、『情況』一一月・一二月合併号、二〇一三年。

「学長ハイデガーの大学改革構想――『ドイツ大学の自己主張』」、秋富克哉、安部浩、古荘真敬、森一郎編『ハイデガー読本』法政大学出版局、二〇一四年。

「総力戦時代の哲学――ハイデガーと京都学派」、軍事史学会編『第一次世界大戦とその影響』錦正社、二〇一五年。

Gerechtigkeit aus japanischer Sicht: Unter besonderer Berücksichtigung des *Nihon rinri shisô-shi* von Tetsurô Watsuji,『防衛大学校紀要（人文科学分冊）』第一一〇輯、二〇一五年。

「ハイデガー『黒いノート』における反ユダヤ主義は何を意味するのか」、ペーター・トラヴニー、中田光雄、齋藤元紀編『ハイデガー哲学は反ユダヤ主義か――「黒ノート」をめぐる討議』水声社、二〇一五年。

『ハイデガー『存在と時間』入門』講談社現代新書、二〇一七年。

Was bedeuten Heideggers Äußerungen über das Judentum in den „Schwarzen Heften“?, in: Alfred Denker, Holger Zaborowski（Hrsg.）, *Hermeneutik der Schwarzen Hefte, Heidegger-Jahrbuch* 11, Freiburg/München, 2017.

「ハイデガー『黒ノート』のメタポリティーク論――『存在の思索』による超‐政治」、『現代思想　2月臨時増刊号　総特集ハイデガー』青土社、二〇一八年。

「〈いのち〉はいかに語りうるか――ハイデガー技術論の観点から」、香川知晶、斎藤光、小松美彦、島薗進、安藤泰至、轟孝夫、大庭健、山極壽一『〈いのち〉はいかに語りうるか？――生命科学・生命倫理における人文知の意義』日本学術協力財団、二〇一八年。

年譜

以下の年譜は、おもに『演説と生涯のその他の証』（ハイデガー全集第16巻）所収の諸資料と巻末年譜、ホルガー・ザボロースキー『過ちと罪の問題か？　ハイデガーと国民社会主義』（Holger Zaborowski, *Eine Frage von Irre und Schuld? Martin Heidegger und der Nationalsozialismus*）の巻末年譜、ディーター・トーメ編『ハイデガー・ハンドブック　生－作品－影響』（Dieter Thomä (Hrsg.), *Heidegger Handbuch. Leben-Werk-Wirkung*）所収の「編年史　時代の文脈におけるマルティン・ハイデガーの生と作品」に依拠しつつ、さらに他の資料に基づいた内容を盛り込んで作成した。

一八八九年

九月二六日　ドイツ南西部メスキルヒに生まれる。ヒトラー、ウィトゲンシュタイン、和辻哲郎も同年の生まれ。

一九二七年

四月　『存在と時間』刊行。「存在の意味」を時間として解明することを目標として謳う。しかし、既刊部分では、現存在の実存論的分析だけが遂行され、存在の時間的意味の解明が予定されていた下巻は未完にとどまる。

一九二八－三〇年

講義『論理学の形而上学的な原初諸根拠』、『哲学入門』、『形而上学の根本諸概念』で、「存在者全体」（世界）を主題化する学を形而上学（メタ存在論）として提示。これにより『存在と時間』では明示的に論じられなかった存在の意味が、時間的地平からなる「世界」として示される。

一九二八年

一〇月一日　フッサールの後任として、フライブルク大学哲学第一講座の教授に就任。

一九二九年

七月二四日　教授就任講義「形而上学とは何か」で、学問がその本質根拠（存在）から切り離され、大学が専門主義的学問の寄せ集めでしかなくなった現状を批判。

一九三〇年

「黒ノート」への書き込みが始まる（一冊目は紛失。全集版は一九三一年以降に書かれた二冊目のノートから収録）。

一九三一／三二年冬学期

講義『真理の本質について』で、プラトン『国家』の「洞窟の比喩」解釈を展開し、洞窟人を救済する哲学者の使命を強調。

一九三三年

一月三〇日　ヒトラー、首相に任命。

三月五日　総選挙。ナチ党は連立を組む国家人民党の議席と合わせて、過半数を獲得。

三月二三日　全権委任法が成立。

三月三〇日　友人ブロッホマン（半ユダヤ人）に宛てた手紙で、ナチズム運動に対する期待とそれが通俗的な「政治」にとどまることへの危惧を表明。

四月七日　公務員職再建法が成立。

四月二一日　フライブルク大学学長に選出。

五月三日　妻エルフリーデとともにナチ党に入党（入党日はさかのぼって五月一日とされる）。

五月初旬　「黒ノート」で、形而上学（存在への還帰）の遂行そのものとしての「超政治」に言及、またドイツ学生団の「精神的未熟さ」を批判。

五月二〇日　ヒトラーに対して、大学連盟理事に対する謁見を「当地でとりわけ必要とされる強制的同質化という意味での大学連盟に対する指導が成し遂げられる時点まで」見送ることを電報で要請する。

五月二七日　学長就任演説「ドイツ大学の自己主張」。学問の本質を「民族の世界」の開示と規定し、ナチスの人種主義と一線を画す。ドイツ学生団に「知の奉仕」を要求。

六月一四日　学長就任後、はじめて評議会を開催する。同僚のあいだには、ハイデガーの独裁的ふるまいに対する不満がくすぶる。

七月一二日　ユダヤ人の同僚フォン・ヘヴェシー、フレンケルを公務員職再建法による免職の対象から外すようバーデン州文部省に嘆願する。
九月二九日　シュタウディンガーに対する調査の開始。
九月三〇日　ベルリン大学への招聘を断る。
一〇月一日　バーデン州政府、新たな大学条例に従って、ハイデガーを学長に任命。ハイデガーは法学部長にヴォルフを、医学部長にフォン・メレンドルフを任命。
一〇月四－一〇日　トートナウベルクで学術キャンプを実施。ハイデルベルク大学グループによりかく乱される。
一〇月中旬　ミュンヘン大学への招聘を断る。
一一月一一日　ライプツィッヒで、国際連盟脱退をめぐる国民投票への呼び掛けを行う。
一一月二五日　入学式典演説「労働者としてのドイツの学生」で、「民族の世界」についての知を労働の本質とする独自の労働論を展開する。
一二月一六日　バウムガルテンの所見をゲッティンゲン大学ナチ大学教官団指導者に送付。
一二月下旬　学長職の限界を認識する。「黒ノート」で「自己主張」を担うことができない大学の無力を嘆く。

一九三四年

一月二二日　演説「市の失業者救済事業対象者のために大学で行われる講習会の開講にあたって」で、学者の知と労働者の知は「民族の世界」の開示という点で本質的な違いはないことを強調。
一月三〇日　講義『真理の本質について』で、前日フライブルクで講演を行ったナチスの御用作家コルベンハイヤーの生物学主義を激しく攻撃する。
二月一〇日　公務員職再建法の適用によるシュタウディンガーの免職を求める。
二月下旬　バーデン州文部省参事官フェーレと大管区学生指導者シェールから、医学部長フォン・メレンドルフと法学部長ヴォルフの解任を求められる。
三月五日　シュタウディンガーに対する態度を軟化させ、免職の代わりに年金付き退職を提案。
四月一四日　文部大臣によるヴォルフ解任の要請を受けて、学長辞任を申し出る。
四月二七日　学長の任を解かれる。
五月二日　学長職引継ぎ式典に参列せず。
夏学期　講義『言語の本質への問いとしての論理学』で、労働を「気遣い」として規定。突撃隊の制服を着用した学長を揶揄する。

六月三〇日　突撃隊の粛清が行われる（「長いナイフの夜」）。
八月二九日　大学教官アカデミーに対する提言「教官学校の設立について」を送付。
一九三四／三五年
講義『ヘルダーリンの讃歌『ゲルマーニエン』と『ライン』』、『形而上学入門』で、ナチスの「新しい学問」（政治的学問）の反動性を批判し、それらは「ナチズムの内的真理」とは何の関係もないと述べる。
一九三六年
イエズス会との関係が疑われ、親衛隊保安部（SD）によるハイデガーの監視が始まる。
一九三六－三八年
『哲学への寄与論稿』執筆。自由主義的学問と民族的学問の相互依存関係を喝破。ユダヤ－キリスト教の創造説を作為性（主体性）の起源と捉える。
一九三七年夏学期
ゼミに参加していたハンケ博士が親衛隊保安部の委嘱で監視を行っていたことを告白。
一九三八年
この年から新聞や雑誌でハイデガーに言及することが禁じられる。
四月二七日　エトムント・フッサール死去。ハイデガーは葬儀に参列せず。当日、病気で寝込んでいたためと後年、釈明する。
六月九日　講演「形而上学による近世的世界像の基礎づけ」。ナチ系の新聞『アレマン人』で酷評される。同じ紙面でシュタウディンガーの講演予告がなされる。
一一月九日　ナチスによりシナゴーグやユダヤ人商店の焼き討ち、ユダヤ人の殺害が行われる（「水晶の夜」）。フライブルクでも大学に隣接するシナゴーグが焼け落ちる。これ以降、「黒ノート」にナチズムを「ユダヤ的なもの」と揶揄する覚書が見られるようになる。
一九三八／三九年
『省察』執筆。近代技術の本質を計算可能性、制作可能性において存在者を「前に－立てる」作為性として規定。
一九三九年
九月一日　ドイツのポーランド侵攻により第二次世界大戦勃発。ミュンヘン郊外イッキングへの疎開を検討。原稿を安全な場所に移すことを気遣う。

一九三九／四〇年
「コイノン——存在の歴史より」（『存在の歴史』所収）で、「力」の無条件的肯定を本質とする近代国家の体制を「コミュニズム」と呼んで批判。戦争を主体性（力）の形而上学の「自己無化」と捉える。

一九四一年
六月二〇日　独ソ戦の開始。「黒ノート」で「世界ユダヤ人組織」も作為性の拡散という近代の歴史の根本動向を左右できないと述べ、陰謀理論を否定。

一九四二年
ナチ党により『精神的伝承年報』に掲載された論文「プラトンの真理論」の言及と論評が禁止される。同論文では「不死の魂の救済」や「理性の陶冶」と並んで「身体の育種」（ナチスの人種主義）が、プラトンの形而上学に由来するヒューマニズムの一例として言及される。

一九四四年
一一月八日　国民突撃隊に招集。
一一月二三日　ライン左岸の防衛に向かうも、同地はすでにフランス軍に占領されていたため、途中で足止め。
一一月二七日　フライブルク空襲。大学も破壊される。
一二月　国民突撃隊を除隊。大学に休暇届を出し、自転車でメスキルヒに疎開。同地に自身の原稿を移すことに尽力。

一九四四／四五年
『野の道の対話』所収の三つの対話篇を執筆。意志を悪そのものと断じ、「意志しないこと」としての放下について語る。

一九四五年
三月　フライブルク大学哲学部、ドナウ川上流地帯にあるヴィルデンシュタイン城に疎開。
四月二一日　フライブルクがフランス軍に占領される。
五月八日　ドイツ無条件降伏。ハイデガーは同時期に書かれた「ロシアの捕虜収容所での年少者と年長者のあいだの夜の対話」（『野の道の対話』所収）で、戦争が終わっても「悪質なもの」の支配に変化はないと主張。
六月末　フライブルクの自宅に戻る。
七月一六日　蔵書と自宅の接収通告に対して、フライブルク市長に抗議する。完全な接収は免れるが、その後、二年間フランス軍人の家族との同居を強いられる。
七月二三日　フライブルク大学政治浄化委員会による尋

問を受ける。

夏ごろ　学長時代を回顧する「学長職一九三三／三四年事実と思想」を執筆（一九八三年公開）。

九月　政治浄化委員会、ハイデガーに好意的な所見を起草し、「限定された教職の可能性を伴った定年退官」を提案する。

九月末　サルトルとの会合のため、バーデン・バーデンへの招待を受ける。また『ルヴュ・フォンテーヌ』誌より、哲学的業績のフランス語訳の刊行の申し出を受ける。

九月二八日　フランス軍政府により「自由裁量可能」と認定。

一〇月　ハイデガー反対派が新たな批判材料を用意して巻き返しを図る。大学評議会は政治浄化委員会の所見を受け入れないことを決議。

一〇月一〇日　哲学部に定年退官願いを提出する。

一二月初旬　政治浄化委員会による尋問がふたたび行われる。23点もの質問を畳みかけられ返答に窮する。ハイデガーはヤスパースに所見を依頼することを要請。

一二月一五日　浄化委員会委員長フォン・ディーツェに、ヒトラー宛ての電報についての釈明「説明と根本的なこと」を送る。

一二月二二日　ヤスパース、ハイデガーについての所見を執筆。バウムガルテンに対する所見を反ユダヤ主義的だとして厳しく批判。「年金を伴った数年間の教職禁止」を提案。

一九四六年

一月一七日　ヤスパース所見の内容を知らされたハイデガーは、フォン・ディーツェにバウムガルテン所見は自分の所見をもとにした党官僚の写しだと釈明。

一月一九日　大学評議会はハイデガーの「教職放棄を伴った定年退官」を決議。決議内容は学長よりハイデガーに口頭で伝達される。その際、公的活動も控えるよう求められる。

時期不詳　フランス軍政府の指令により、地方浄化委員会が設置される。ハイデガーの案件もそこに付される。

二月－五月　精神的衰弱に陥り、バーデンヴァイラーの療養所でゲープザッテル教授の心身医学療法を受ける。

時期不詳　宛先不明の手紙の下書きで、自分の非ナチ化がいまだに解決していないのは、ナチズムとは関係なく、既存のあらゆる政治的立場と相容れない自分の思索のうちに不穏なものを見て取り、それを追い払うためだと述べる。

一一月二三日　ジャン・ボーフレに書簡「ヒューマニズムについて」を送る。ヒューマニズムはすべて形而上学的なものであり、存在の真理に閉ざされていると批判。

一二月二八日　フランス軍政府、ハイデガーの教職禁止を決定する。年金給付は辛うじて認められる。

一九四七年

ベルンで『プラトンの真理論　付ヒューマニズムについての書簡』刊行。

九月　次男ヘルマンがロシアから帰還。

三月一一日　バーデン州文部省より、ハイデガーに教職禁止処分が書簡で伝達される。哲学部長より教職禁止は一時的な処分で、ハイデガーの大学での地位に変化はないと伝えられる。

七月　蔵書がふたたび接収の危機に晒される。コンラート・グレーバーなどの介入により難を逃れる（同年秋）。

一九四八年

一月二〇日　マルクーゼへの返信書簡で、ナチ加担について「謝罪」を拒否。戦後に悔い改めた人々とは違い、自分は一九三〇年代からナチスを批判していたと主張。

一九四九年

一月九日　教職禁止の解除と定年退官を願い出る。

三月一五日　政治浄化のための国家委員会により、ナチの「同調者」、ただし「制裁なし」との認定を受ける。

四月一日　年金局の通知により、免職された公務員として扱われていることを知る。

五月一八日　大学評議会は哲学部によるハイデガーの定年退官の申請を承認する。

九月三日　フランス軍政府により、教職禁止処分の解除と退官が承認される。

一二月一日　ブレーメン連続講演。「もの」、「駆り立て－組織」、「危険」、「転回」の四つの講演を行う。

一二月　長男イェルクがロシアから帰還。

一九五〇年

二月　バーデン州政府により、定年退官は規定の年齢に達していないとの理由で却下。学長との協議により、いったん年金付き退職したのち、定年退官に移行することを取り決める。

四月八日　ヤスパース宛ての書簡で、ナチスに加担したことに対する「羞恥」に言及。

六月六日　講演「もの」で、四方界（世界）を集めることを「もの」の本質として規定。

七月一三日　年金付き退職（発効日はさかのぼって一九五〇年四月一日）。

八月二、一三日　哲学部長、学長それぞれに書簡で、免職処分が取り消されない以上、退官教授の資格で講義は行わないことを宣言する。

一九五一年

八月五日　講演「造る、住む、思索する」で、四方界を「もの」のうちにもたらし、それにより四方界に所在を与える場所の建立を「造ること」の本質と規定する。

九月二六日　定年退官。

一九五三年

一一月一八日　講演「技術への問い」。技術の本質を、存在者の挑発的開示へと人間を招集する「駆り立て－組織」と規定。

一九五五年

一〇月三〇日　講演「放下」で、「技術的世界に対して同時に然りと否とを言う態度」を「ものへの放下」として推奨する。

一九五七年

『根拠律』刊行。同書において、原子力技術を「充足根拠律の要求の支配」の帰結と捉える。

一九六六年

九月二三日　雑誌『シュピーゲル』のインタビュー（死後発表）。民主主義のうちには技術との真の対決を見いだせないと述べる。哲学の使命を神の出現、もしくは神の不在に対する心構えを用意することと規定。

一九六七年

講演「芸術の起源と思索の使命」。サイバネティックスのうちに、すべてのものを計算可能なものと捉える近代科学の方法の究極的帰結を見て取り、その主体を「産業社会」と呼ぶ。

一九七六年

五月二六日　フライブルクにて死去。

轟 孝夫（とどろき・たかお）

1968年生まれ。東京大学経済学部、教養学部卒業、東京大学大学院人文社会系研究科博士課程修了。現在、防衛大学校人文社会科学群人間文化学科教授。博士（文学）。専門はハイデガー哲学、現象学、近代日本哲学。著書に『存在と共同――ハイデガー哲学の構造と展開』（法政大学出版局）、『ハイデガー『存在と時間』入門』（講談社現代新書）などがある。

口絵1　ナチ党員徽章を付けたハイデガー（1933年頃）

口絵2　フライブルク大学大講堂で学長就任演説を行うハイデガー（1933年5月27日）

口絵3　ハイデガー、セザンヌゆかりのサント・ヴィクトワール山を望む（1968年9月）

ハイデガーの超-政治

ナチズムとの対決／存在・技術・国家への問い

二〇二〇年二月二五日　初版第一刷発行

著者――轟　孝夫

発行者――大江道雅

発行所――株式会社　明石書店

〒一〇一-〇〇二一　東京都千代田区外神田六-九-五

電話　〇三-五八一八-一一七一

FAX　〇三-五八一八-一一七四

振替　〇〇一〇〇-七-二四五〇五

http://www.akashi.co.jp

印刷――モリモト印刷株式会社

製本――モリモト印刷株式会社

（定価はカバーに表示してあります）

ISBN 978-4-7503-4956-5

西田幾多郎の実在論
AI、アンドロイドはなぜ人間を超えられないのか

池田善昭 著

■四六判／上製／256頁 ◎1800円

世界は存在するのか、しないのか。生命とは、人間とは何か。西田幾多郎の哲学は世界のあり方を問う実在論であった。生命論を手がかりに西田哲学と一体化する池田哲学の真骨頂が展開する。ピュシスの発する声に耳を傾けた、『福岡伸一、西田哲学を読む』の続編。

内容構成

まえがき
第一章　西田幾多郎の根本的思想――実在、時間、宇宙意識
第二章　西田幾多郎の実在論――アンドロイドはなぜ人間を超えられないのか
第三章　生命と場所――福岡伸一と西田幾多郎
第四章　カントにおける近代科学の論理をどう乗り越えるか
第五章　愛と時――他者問題をめぐる西田幾多郎の思想について
あとがき
西田幾多郎について